简明自然科学向导丛书

揭开地理奥秘

主 编 张祖陆

山东科学技术出版社

主　编　张祖陆

副主编　聂晓红　张晓青　郭玉华

编　者　(以姓氏笔画为序)

刁琳琳　王宏艳　王林林　宁吉才

张　迪　张祖陆　吴姗姗　张　艳

张晓青　陈　敏　周　强　宫巧玉

郭玉华　郭正鑫　聂晓红　梁春玲

管延波

前言

一个人的一生,与地理学的联系是非常密切的,对居住空间、对家乡、对生存环境的认识,对身边自然的、人文的事物的揭示与理解,对整个地球乃至对星外文明的了解等,无不与地理学有着千丝万缕的联系。

国际地理联合会(1992年)通过的《地理教育国际宪章》中指出:"地理学教育为今日和未来世界培养活跃而负责任的公民所必需。"美国教育部认为,以地理教育为基础的公共政策,会成为未来几十年和平生活的关键。地理教育是人们认识世界的基础。由此可见,地理知识的普及程度是衡量一个国家国民素质的标志之一。

可以设想,国民如果没有地理学的教育会付出什么样的代价,他不认识地图,被剥夺了对空间关系的认识,直到成人还是个地理学文盲;他不懂得什么是地理学视角,不知道怎样应用空间与尺度等概念去分析问题、解决问题。通过地理学,国民能够正确地评价地球自然环境及其对人类社会的影响,能正确地利用和节约资源,能知道如何保护全球环境的质量,能理解其他领域文化所需的公民世界知识,能知道如何参与全球经济竞争。

新中国成立以来,我国地理学发展取得了光辉成就,地理学理论建设取得了重要进展;地理科学技术快速发展,特别是以地理信息系统(GIS)为代表的3S技术发展更是突飞猛进;同时,地理学为国民经济建设与发展作出了巨大贡献。然而,也不得不承认,我国地理学发展并非尽如人意。我国幅员辽阔,历史悠久,地理学的发展源远流长,但是公众与社会一直对地理学缺乏真正的认识,古代地理学时期是将其与"风水"相提并论的;现代地理学时期以来,地理学教育的内容主要是介绍各国、各地的山川河流、物产民俗,这些也就被曲解为地理学的全部。自20世纪80年代以来,全球经济快速发展,环境问题日益严重,人类提出了可持续发展的理念,各国相继制定并实施了一系列有关政策,伴随着地理学新技术的广泛应用,社会发展和国家需求层面发生了变化,这一方面凸显了地理学的重要性,社会对地理学提出了更高的要求;另一方面社会(包括决策阶层与公众)对地理科学依然了解较少。有鉴于此,地理科学工作者有责任致力于地理学教育,有义务尽力做好地理科学的科普宣传工作。也正是基于上述的背景与认识,我们积极参与了《简明自然科学向导丛书》的编写工作,以期通过我们的工作,夯实广大读者的地理科学知识基础。

依据本丛书统一编写要求,又考虑到地理科学复杂的体系及其与其他自然学科交叉较多的特点,本书撰写并未完全拘泥于严格的学科知识体系,而是侧重于身边的地理学知识,更多地介绍了新的和社会公众不太熟知的、又是属于地理学学科范畴的知识。限于我们的学识水平,书中疏漏或谬误之处在所难免,敬请同道专家和广大读者不吝批评指正。

本书的编写,除参考了许多书籍资料外,还得益于网络中的巨量信息。中国地理学会、中国科学院地理科学与资源研究所、中国科学院海洋研究所、中国科学院应用遥感研究所、国家环境保护局、国家气象局、国家地震局、水利部等主办的网站,中国科普博览网、地学科普网等专业性网站,长期致力于地理科学知识的普及,其中许多科普文章立论准确,表述生动,文笔精到,让人读之不忍割舍,故编者将此精华较大篇幅编入书中,敬请诸作者理解,编者在此致以由衷的谢意!

编 者

目录

一、地理科学概述

什么是地理学/1

地理学家在研究什么/2

地理学科的分支/4

重新认识地理学/5

地理系统是"开放的复杂巨系统"/5

地球内部圈层和岩石圈系统/7

大气圈系统/8

水圈系统/10

生物圈系统/11

人类智慧圈系统/12

地理学的新领域/13

日地空间环境与空间天气/14

二、认识地球

俯瞰地球村/17

人类认识地球形状的历史/18

地球的年龄/20

地球的年龄序列/21

沧桑巨变话地球/23

地球历史的见证物——化石/24

三叶虫化石——燕子石/26

远古瑰宝——硅化木/27
植物世界的盛世——石炭纪/28
重返侏罗纪/30
令人恐怖的时代——白垩纪/32
地球经历过几次冰期/33
科学家恢复的地球历史气候/34
地球的神秘地带——北纬30°/36
地球内部是什么样子/38
时刻运动的地壳/40
地球大陆在漂移/42
海底在扩张变化/44
拼合在一起的岩石圈板块/45
大陆边缘的岛弧/46
孕育生命——太阳辐射/47
太阳辐射在地球表面的分布/48
多种多样的气候带/48
丰富多样的自然带/50
自然带是怎样形成的/51
生命之源——水/52
地球上水的宝库——海洋/53
人类必需的水资源/54
地球的水循环/55
地球之肾——湿地/56
未来的新水源——边缘水/58

三、地球的表层

蓝色的"水球"/61
七大洲五大洋/61

海与洋/68

海洋水的来源/68

世界海岛知多少/69

海陆相交的海岸/71

金沙银沙铺起的沙质海岸/72

坦荡无垠的淤泥质海岸/73

层林尽染的红树林海岸/75

雄伟壮丽的基岩海岸/76

风光绚丽的珊瑚礁海岸/77

我国的海洋资源/79

地球表面的山地带/80

地球的第三极——青藏高原/80

世界第一山脉——喜马拉雅山/82

大自然的宫殿——阿尔卑斯山/83

北美洲的山地公园——落基山/84

南美洲的脊梁——安第斯山/86

我国的三山五岳/87

风神造就的土地——黄土高原/90

风吹磨蚀,鬼斧神工/92

神奇的云贵高原/93

壮观的火山熔岩地貌——五大连池/95

河流——大地的血脉/97

世界第一长河——尼罗河/98

世界第一大河——亚马孙河/99

流经国家最多的河——多瑙河/100

俄罗斯的母亲河——伏尔加河/101

亚洲第一大河——长江/102

泥沙之河——黄河/103

南方大动脉——珠江/105

我国南北分地理界线——淮河/107

世界奇观——三江并流/108

地球屋脊之河——雅鲁藏布江/109

湖泊与湖盆趣谈/111

冰川的杰作——冰川湖/113

我国最大的咸水湖——青海湖/114

长白山天池/115

地球表面上的气象、天气和气候/116

说说影响气候的因素/117

我国南北气候分界线/119

二十四节气/120

看风识天气/121

千变万化的云/123

电闪雷鸣/125

看电视云图/126

听天气预报/127

四季气候变化与健康/128

气候环境如何"塑造"人类/129

引导我们高质量生活——气象指数/130

气候资源浅谈/131

四、人文地理

人类的生产活动与地理学/134

农业地理区位的选择/135

工业最优区位的选择/137

一寸土地一寸金/138

土地资源/139

人口和城市/140

"城"与"市"的形成/141

城市经济的集聚与扩散/142

城市化对地理环境的影响/143

21世纪城市发展的模式——生态城市/145

自然环境与人类生存/146

人地关系的矛盾焦点/147

环境问题的表现/148

环境问题的分布/150

人类活动与自然环境平衡/151

以地为生　人地协调发展/152

全球变化科学/154

五、地理学的基本工具——地图

历史的见证/156

地图的三要素/157

地图比例尺/159

地图投影——地图"大厦"的根基/160

海拔高度/161

地形图是怎样测绘出来的/162

等高线与地貌/163

电子地图与数字地图/165

综观一览　心中有数/166

知己知彼　百战不殆/167

地图与生活/168

野外旅游迷途中的地理常识/169

郑和下西洋与航海地图/170

沙盘的特点和用途/172

六、地理学的现代技术

地理信息系统(GIS)/174

GIS 的组成/175

GIS 对空间地物的抽象/177

地理信息系统与相关学科的关系/178

GIS 的发展趋势/179

让空间信息数字化/181

GIS 的作用与功能/182

GIS 与政府管理/183

GIS 与土地管理/184

GIS 与城市基础设施管理/186

GIS 与环境保护/187

GIS 与智能交通/188

GIS 与防灾减灾/189

GIS 与数字农业和精准农业/190

GIS 与森林防火/193

全球定位系统(GPS)/194

GPS 系统的组成/195

GPS 的特点和用途/197

遥感不遥远/199

运筹帷幄　决胜千里/200

去伪存真　明察秋毫/201

遥感技术前途光明/203

中国遥感事业的辉煌/204

GIS RS GPS 集成的"3S"技术/206

数字地球/207

"数字地球"与现代测绘/209

数字城市/210

虚拟现实/211

珠峰三维景观和三维 GIS/212

GIS 网络的 4 种模式/214

赛博 GIS/216

万维网 Web GIS/217

一、地理科学概述

什么是地理学

什么是地理学?这是19世纪末期世界科学界普遍存在的一个问题。

在19世纪以前,地理学采用形态描述的方法以记载地理知识为主体,是人类认识周围环境的一种知识领域。19世纪中期,近代地理学刚刚起步的时候,是一个相当庞大的学科,包含大气科学、地质科学、海洋科学等。当时人们对地理学的认识也比较笼统,"上知天文,下晓地理"就是这种笼统性的一种说法和体现。20世纪30年代以后,随着大气、地质等其他地学学科的高速发展,特别是研究手段和研究方法上的暂时领先,曾给地理学带来了更大的压力,学科产生了分化,地理学家把海洋留给了海洋科学家,把大气留给了大气学家……地理学在缩小它的范围。更致命的是,技术方法的落后导致了认识的肤浅。那时候,地理学在地球科学系统中的地位比较低,以至于在人们的认识中,地理学的知识仅局限于解释诸如从北京到广州怎么走、有什么山、有什么河流等相对简单的问题。

近代地理学(19世纪至20世纪50年代)在对地球表面的各种现象进行条理化描述和定性解释过程中,逐渐在理论和方法方面走向世界范围的一元化。地理学在这一阶段,摆脱了古代地理学的自然语言,代之以哲学语言,逐渐形成了自己的科学概念体系和进行学科研究的程序。

地理学的定义在中文里也是不言自明的,就像物理学是研究实物的"理"一样,地理学就是研究"地"的"理","地"是地球的表层,"理"是地球表层中发生的多种尺度的现象、过程、机制和变化规律等。近50年来的现代地理学,是地理学发展的新阶段。随着科学技术的飞速进步及社会、经济的高速发展,人类活动对地球表层的改变和影响日趋加大,已成为主要的动力因素。地理学的对象逐步趋向于以人类社会为主体的地理环境(即地球表层系统),地理学的核心问题也发展成为人地关系。在现代地理学发展过程中,更新更实用的数学方法和技术手段不断被地理学家所采用、改进。他们不仅采用综合因素地域分析方法,还引入概率论、数理统计方法等大量数学模型,以及遥感、计算机等先进技术手段,使现代地理研究逐渐趋向推理逻辑化、体系严密化、理论模式化。

曾有学者给地理学下了一个非常通俗的定义:没有人的地球环境,是地质或地球科学等其他学科的研究对象;有了人的地球环境,是地理学的研究对象。由此看来,地理学是综合的,是更包容的。

这种包容背后,最大的支撑是什么呢?地理学在综合其他各学科之后,形成一种全局、整体的眼光,这种全局性、整体性是地理学的生命。因为当今世界面临与人类息息相关发展的人口、资源、环境重大问题,全球化潮流和一些重大国际研究计划,如国际地圈—生物圈计划(IGBP)、全球环境变化国际人文因素计划(IHDP)、世界气候研究计划(WCRP)等都是综合性的问题,不是某一学科单独研究就可以解决的,必须通过多学科的共同研究才可以做到。在研究过程中,与地理学相关学科的专家,往往只从本学科的角度看待问题、解决问题,而地理学家则善于综合各个方面的成果,提出全面解决问题的办法。此外,还有一些区域性问题的研究,也充分印证了这一点。

地理学家在研究什么

目前,地理学已成为一门解决众多实际问题的现代科学,同时,也给地理学家提出了更高的要求。

在地理学界有这样的说法:一个人可能在20岁的时候成为成功的数学家,在30岁的时候成为成功的物理学家,在40岁的时候成为化学家或者生物学家,但是你只有在50岁的时候才能成为一个合格的地理学家——因为你要在50岁之前的前30年中,用掉每个10年使自己先后成为数学家、物理学家、化学家或者生物学家,而这一切都是因为地理学是综合性的。另外,还需要更多时间去熟悉、认识广阔的地域环境,这是对地理学综合性在地理学者思想中的地位的最好概括。

整体性是地理学的生命。地理学研究内容涉及生态、环境、资源、城市化、区域发展、自然灾害、信息等许多热点内容。地理学作为可持续发展的重要学科基础,在社会发展中日益凸显出不可或缺的重要作用。目前,地理学除主要从事当今世界面临的人口、资源、环境重大问题,如国际地圈—生物圈计划(IGBP)、全球环境变化国际人文因素计划(IHDP)、世界气候研究计划(WCRP)等一系列重大国际研究计划及其区域研究外,还在国土资源、环境保护、信息工程、城市规划建设、水利、农林等行业发挥着重要的基础作用,以至决策作用。

竺可桢先生认为:"地理学是研究地理环境的形成、发展与区域分异以及生产布局的科学,它具有鲜明的地域性与综合性的特点,同时具有明显的实践作用,与国民经济建设的各个部门有着极其密切的关系。"因此,地理学的研究对象和范畴会受国家体制与政策的影响,中国地理学家与国外地理学家在研究方向上差别很大。近50年来,中国地理学家逐渐找到了自己的位置,在20世纪50年代我国进行综合自然区划、农业区划,以及20世纪80年代进行国土开发整治的工作中,地理学家做出的贡献之大其他学科不能望其项背。中国地理学会理事长陆大道院士则把50年来地理学的贡献总结为七大成就:青藏高原隆升研究、西北干旱地区研究、黄土高原研究、黄淮海综合治理、中国国土资源开发、农业区划与发展问题研究,以及目前在很多领域广泛使用的GIS模型,也是由地理学界率先开发的,这在我国具有开拓性意义。

早在黄淮海平原治理之初,大面积种植水稻的呼声很高,现代地理学家黄秉维先生提出了"黄淮海地区能否发展耗水量大的高产作物"的疑问。后续的地理学家继承他的疑问进行研究,最终得出该地区适合发展旱作农业的科学结论。

在20世纪80年代初,第一个大胆公开地提出中国"地大物不博"观点的人,就是地理学家。本世纪初,我国实施了西部发展战略,又是地理学家首先提出了生态环境建设是大开发的切入点。这种立足整体的观念,已成为国家战略决策的重要依据。

地理学科的分支

由于地理学学科研究对象的复杂性，决定了其研究的综合性特点，依照现代地理学的观点，地理学在学科体系上可分为3个层次。

第一层次属于综合性、全球性、共同性的地理学科，如普通地理学、系统地理学、理论地理学、应用地理学、古地理学、区域地理学等。这些分支学科是在对地理学的整体认识的层次上，既立足自然，又联系人文；既研究理论，又结合应用；既探索空间过程，又追溯时间过程；既追求哲学的认识分析，又讲究地理学的方法论。

第二层次是按照地理学研究的要素划分出3个次一级学科，即自然地理学，人文地理学，地图学与遥感、地理信息系统学等。自然地理学是以自然要素及其相互作用为研究对象，是地理学的科学基础；人文地理学则以人地关系为主线，研究探讨各种人文现象的分布、变化、扩散以及人类活动的空间结构；地图学是地理学进行研究所特有的技术方法与手段，现代发展起来的遥感、全球定位系统、地理信息系统工程技术（即"3S"技术）等是现代地理学发展所依托的主要技术手段，它们共同构成了现代地理学的技术方法学科。

第三层次的分支学科是自然地理学，人文地理学，地图学与遥感、地理信息系统学各自所属的部门地理学科，如自然地理学属下的地貌学、气候学、水文学、土壤地理学、植物地理学等。人文地理学属下的经济地理学、城市地理学、文化地理学、政治地理学等。

一般来讲，对应于现代自然科学的基本划分，地理科学也可分为理论地理学、应用地理学和实验地理学三大基础学科体系。

自20世纪70年代以来，全球面临着人口增长、资源短缺、环境恶化和区域可持续发展等一系列重大问题和矛盾，这都属于人地关系的综合性重大课题，都必须从自然科学与社会科学的相互交叉共同进行探讨，寻求解决途径。显然，面对新世纪"全球化"和人类发展的新浪潮，素以人地关系的地域系统研究为主线的地理科学，既面临着挑战，也迎来了发展的机遇和希望。

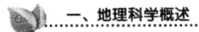

重新认识地理学

我国历史悠久,国土辽阔,地理学有着久远的历史与广阔的天地空间。历史上,我国古代地理学与"风水"一直是相提并论的。随着现代地理学传入我国,受当时国外地理学的影响,学校开设的地理学课程主要内容局限于介绍不同地区的河流、山脉、人口、物产、交通等,这些被误解为地理学的全部内容。因此,地理科学在我国长期受到漠视,其发展不尽如人意,人们对地理学科了解不多。另一方面,地理学本身如何更积极地为国家建设服务,如何更多地对社会发展和科学进步做出更大的贡献,如何更好地发展中小学地理基础教育、培养大学地理学人才,都有待于做出更多的努力。

20世纪最后30年,地理学在世界上得到迅速发展。这一时期,我国地理学的革新与发展更是日新月异,突飞猛进,甚至是一场悄悄的"革命"。同美国等发达国家一样,地理学的理论与研究方法,目前也在我国建设与社会发展的诸多领域受到重视和应用。众多学科研究,特别是多学科交叉的综合研究的前沿,如城乡规划、环境科学、资源科学、区域经济学、社会学、人类学、保育生态学、国际关系学等领域,都离不开应用地理学的视角、应用空间与各种尺度等地理学概念、各种地理学研究的技术方法。

我国正处在社会、经济转型的关键时期,地理学大有用武之地,其影响正远远地扩展、渗透到地理学专业从业的范围之外。

目前,跟上世界全球化发展潮流,需要地理学;建设和谐社会、节约型社会,需要地理学;可持续发展,需要地理学;尤其是在国际贸易中,对投资国和贸易伙伴国资源及国家背景的了解,更需要地理学家先走出去。

我国地理学家通过努力与奋斗,为国家建设做出了很大的贡献,希望我们不要像美国那样,要等几十年后,人们才能认识到地理学的重要性。真正地认识地理学,运用地理学的视角、观念和工具,正确地使用地理学人才,这不仅能促进祖国建设发展,而且将更有力地推进地理学科的自身发展。

地理系统是"开放的复杂巨系统"

20世纪90年代初期,钱学森先生曾从系统科学、系统学、系统论哲学观点的视角阐述了对地理科学的见解。他认为,地理科学作为科学技术的一个大部门,与自然科学、社会科学、数学科学、系统科学、人体科学、思维科学、军事科学、行为科学、文艺理论九大部门并行,在10个科学技术大部门中,地理科学是其中之一。地理系统是"开放的复杂巨系统",对此系统的研究应提倡"从定性到定量的综合集成法"的新方法。

什么是开放的复杂巨系统?开放的复杂巨系统应有3个特征:

(1)开放性:所谓"开放"就是跟系统之外有关联、有交往,既有能量、物质的交往,又有信息的交往,而不是封闭的。例如,地球表层一方面接收从地球以外传来的光和其他各种波长的电磁波,另一方面又从地球表层辐射红外线;天体运动产生的引力作用;各种外来的高能粒子、尘埃粒子、流星,高层大气也有分子溢出;地球表层还接受地球内部运动的各种影响,以及地球磁场的影响等。

(2)巨系统:即其子系统成亿、上百亿、上万亿、上亿亿。例如,地理环境是一个地球表面系统,属于地理科学的子系统,是人类社会赖以生存和发展的环境,这个环境有自然的,也有人文的,还有被人类所改造的自然环境。地理环境是人与自然相互密切关联的系统,这个系统里包括生态、环境、资源、城市化、区域发展、信息、灾害预报与防治等,因此,其下面还会派生许多次一级的子系统。

(3)复杂的巨系统:即子系统的种类非常多,人类是一种子系统,还有种类繁多的植物和动物、山山水水以及地下矿产等都是包含其中的子系统。这个开放的复杂巨系统的内部层次、结构多变,并且随着时间与空间的变化而变化,很难分清与确定,这就给研究分析地理系统这种开放的复杂巨系统造成很多困难。那么,如何对这个开放的复杂巨系统进行研究呢?

对此系统的研究已经走出了传统的地理学研究方法,提倡"从定性到定量的综合集成法"的新方法。其实质是,将与主题有关的专家群体、统计数据和信息资料三者有机地结合起来,构成一个高度智能化的人机交互系统,综合集成各种知识,从感性上升到理性,实现从定性到定量的功能。其主要特点是:① 定性研究与定量研究有机结合,贯穿全过程;② 科学理论与经验知识结合,综合集成客观事物的知识用以解决问题;③ 应用系统思想把多种学科结合起来进行综合研究;④ 根据复杂巨系统的层次结构,把宏观研究与微观研究统一起来。例如,从某一个概念出发(可选择某地理要素,如降水量、气温、人口等），人为地选择或创造一些参数，然后定量，在此基础上，通过建立一个地理系统模型加以探索。建立模型的数据，应来自实际观测或是国家统计局的统计数字。模型的种类很多，模型的参数必须要与实际统计数据相结合。值得注意的是，这些模型应建立在经验和对系统的理解上，并经过真实性检验，包括感性的、理性的、经验的、科学的、定性的和定量的知识综合集成，通过人—机交互，反复对比，逐次逼近，最后形成结论。这种研究开放的复杂巨系统的方法，叫做从定性到定量的综合集成法。它的特征是从定性到定量，从感性认识到理性认识。

19世纪建立起来的近代地球科学，在对地球的各个组成部分进行长期研究之后，明确地认识到地球作为太阳系中的一个星球，它包括了多个性质不同的圈层，包括地核、地幔、岩石圈、水圈、大气圈、生物圈、人类圈等，各个圈层之间以一定方式相互作用组成更为复杂的子系统。因此，地球是一个由这些相互作用的复杂圈层系统集合而成的巨系统。地理系统则属于地球系统的表面系统，主要包括岩石圈、水圈、大气圈、生物圈和人类圈。

地球内部圈层和岩石圈系统

地球的内部圈层，指从地面向下直至地球中心的各个圈层，其中包括地壳、地幔和地核3个圈层。人类目前还没有能力直接观察到地球内部的结构与构造，通常采用地球物理方法，主要是利用地震波的传播变化来研究地球内部构造情况。地震波分为纵波（P）和横波（S）。其中，纵波可以通过固体和流体，速度较快；横波只能通过固体，速度较慢。地震波的传播速度随所通过介质的刚性和密度的变化而改变，因此，地震波对地球内部能起到"透视"的作用。

根据地震波在地下深处传播速度发生急剧变化而确定的若干个面，称为不连续面。其中，两个变化最显著的不连续面称为一级不连续面。一个面在地下（自海平面算起）平均33千米处，称为莫霍洛维奇不连续面，简称莫霍面或莫氏面；另一个面在地下2 900千米深处，称为古登堡面。这两个一级不连续面将地球内部划分为3个圈层，即地壳、地幔和地核。地壳指地球莫霍面以上的固体硬壳。地幔指莫霍面以下到古登堡面以上的圈层，根据地幔内部地震波传播速度的变化，在约400千米和约1 000千米深处各有一个次一级的不连续面存在,由此推断,地幔内部物质又具有一定的分异。目前,一般以1 000千米为界,分为上地幔和下地幔。位于深2 900千米古登堡面以下到地心部分称为地核。由于地震波速度在这一部分发生了突然变化,表明地核部分的物质,其化学成分和物理性质等与地壳、地幔有显著不同。对地核的物质及其状态等的研究也是科学家们所关注的问题,有很多的假说与推测。

在上地幔圈层中深度60千米~400千米范围内,地震波速度明显下降,特别是在100千米~150千米的深度下降更明显,这一层称为古登堡低速层。一般认为,物质在这一层可能有部分熔融,具有较大的可塑性或潜柔性,因此,地球物理学家们又称为软流层。软流层的深度、厚度和范围常随地面不同而异。软流层以上约100千米的上地幔部分的圈层,物质相当于固态的岩层,与地壳下部的岩层特征相近,通常把这一层加上地壳合称为岩石圈,岩石圈构成了地球表层的固体岩石外壳。

无论是地球内部对地球表面人类活动的影响,还是目前人类活动对地球内部的探索和认识,都发生在软流层及岩石圈。软流层的温度在700~1 600℃,这里可能是岩浆的主要发源地,地壳运动、岩浆运动、火山喷溢活动及地热对流等都可能与此层有关。对人类生活威胁极大的地震活动也主要发生在这个范围内。

大气圈系统

地理学是研究地球表层自然要素与人文要素的相互关系与作用的科学。其研究范围上至大气圈对流层顶部,下至岩石圈表层。

大气圈是非常复杂的,包括大气的成分、大气的性质与结构分层,如大气温度的垂直分布、大气成分的均匀状况、臭氧层、电离层、大气的能量收支、大气环流等,以及地球磁场、磁层和辐射带等。科学家将它们的自然存在与相互联系、作用称为大气圈系统,又称为大气层。

在地球强大引力的作用下,大量气体聚集在地球周围,形成数千千米的大气层。探空火箭在3 000千米高度仍然发现有稀薄的大气。科学家认为,大气层可以一直延续到距地面6 400千米左右的高空。大气中氮占78%,氧占21%,氩占0.93%,二氧化碳占0.03%,氖占0.001 8%,此外还有水汽和尘埃。有了大气，才使射进来的阳光遇到大气分子后偏离原来方向而产生散射，低层的分子主要是散射蓝色光，从而天空呈现蓝色。有了大气层，在昼夜交替的过程中，人类才能欣赏到晨光明霞、黄昏夕照的壮丽景色。

根据大气的热状态，大气层自地球海平面向上分为对流层、平流层、中间层和热层。

(1) 对流层：厚度不均匀，赤道地区约16千米，两极约8千米，是大气中最稠密的一层。对流层的气温随高度的增加而降低，气流的垂直对流运动强烈，大气中的水汽几乎都集中在这里，是展示风云雨雪的大舞台，复杂多变的天气现象都集中在本层。

(2) 平流层：从对流层往上，直到高于海平面50千米，这一层气流主要表现为水平方向运动，故称为平流层。这里基本上没有水汽，晴朗无云，适合飞机航行。在20千米～30千米处，氧分子在太阳紫外线作用下形成臭氧层，臭氧层是防护紫外线辐射的屏障。

(3) 中间层：高度在50千米～80千米，温度随高度的增加而下降。中间层顶部的大气因受太阳辐射，温度较高，气体分子或原子大量电离，复合几率又少，形成电离层。电离层能导电、反射无线电波、实现远距离通讯。

(4) 热层：从中间层到500千米左右的高空称为热层。热层的气温很高，在500千米高度，温度可达到1 100℃左右。热层以上就是地球的外大气层，外大气层和行星际空间融合在一起，是人造卫星、空间站、火箭等的运行空间。

科学家在认识大气层自然现象的基础上，更注重这些现象给人类社会带来的影响，尤其是对灾害天气更为精确的预报，以及对大气圈能量利用的研究，如对臭氧层、电离层、地球大气层能量收支、大气环流和地球磁场辐射等方面的研究。

地球大气层的能量收支主要表现在大气对太阳短波辐射和地表长波辐射的吸收、散射和反射。大气中二氧化碳、水汽和微粒对长波辐射吸收较强，对调节地球的能量收支起重要作用。它们好似温室的玻璃窗，可以透过短波辐射，加热室内空气；但是室内的红外热辐射却被玻璃窗阻留而不能透出去，结果导致室内变暖，形成温室效应，可以使地表温度升高5℃左右。所以，人类活动大量排放二氧化碳到大气中，会使全球变暖加速，导致两极冰雪融化及海平面上升,乃至淹没全球沿海较低地区,这已是全世界关注的重要问题。

水圈系统

当你有幸遨游在茫茫无际的太空,便会发现地球是太空中一颗晶莹夺目、闪烁着蓝色光彩的美丽星球。地球是太阳系中唯一存在水体的巨大星球。

地表水、地下水和大气中的水共同构成地球上的水圈。地表水约覆盖地球表面总面积的71%,其中海洋覆盖70.8%。在地球的全部水中,海洋水占97%,陆地水占不到3%,大气水仅占0.001%。陆地水的77%左右在冰盖(格陵兰和南极)和冰川中,其余的是地下水。1970年,国际水文学会认为,地球上水的总体积接近1.5×10^9立方千米。水不仅是人类和其他生物生存所必需的,而且也在地质演化中起着重要作用。

那么,地球上如此大量的水是从哪里来的呢?

科学家认为,地球上的水主要是从大气中分化出来的。早期大气含有大量水汽。由于温度逐渐降低以及大气中含有大量尘埃微粒,一部分水汽以尘埃为凝结核凝结成为液态水降落到地球表面上,然后汇集形成了原始水圈;彗星的冰物质陨落在地球表面也成为水的来源之一。后来,由于水量增加和地表形态变化,原始水圈逐渐演变为今天的水圈。

地球上的水不断运动形成覆盖于整个地球表面的云—水大循环,是一个复杂的水循环过程。海陆表面的水分因太阳辐射蒸发进入大气,在适宜的条件下水汽凝结形成降水,其中大部分水直接降落在海洋中,形成海洋水分与大气间的内循环。另一部分水汽被输送到陆地上空以雨的形式降落到地面,出现3种情况:一是通过地面蒸发和蒸腾返回大气;二是渗入地下形成土壤水和潜水,或形成地表径流最终流入海洋,后者即是水分的海陆循环;三是内流区径流不能流入海洋,水分通过河面和内陆湖面蒸发再次进入大气圈。各种形式的水在水循环中以不同的周期不断自然更新。冻土带的地下水和极地冰盖更新周期最长,需1万年左右,大气水8~9天,生物水则仅需数小时。

水循环过程仅仅是水分的循环吗?不,水循环中还有能量流动。例如,海水总量多,热容量大,是巨大的热量储存库;海水蒸发进入大气,由液体变为气体,将能量以潜热的形式储存在大气水中,并随之运动;当大气水遇冷凝结形成降雨时,潜热又被释放出来。另外,海水中含盐(NaCl)等许多溶于水的化合物,总量约 5×10^{15} 克,约占海洋总质量的 3.45%。这些物质是火山喷发释放的气体和岩石的化学分解物,河流每年把约 3.5×10^{22} 克的溶解物带入海洋,雨量多寡、河流水量大小都会影响携带入海的溶解物的数量。可见,水循环过程不仅仅是水分的循环和分配,还是一个能量、物质相互作用的复杂系统,即水圈系统。

生物圈系统

生物圈是渗透于地球表层大气圈、水圈和岩石圈 3 个圈层中而构成的,3 个圈层中适宜生物生存的范围都属于生物圈。水圈中几乎到处都有生物,即使在大洋最深处超过 11 000 米的地方还能发现深海生物。大气圈中的生物主要集中于下层,即与岩石圈的交界处。在岩石圈中,生物分布的最深记录是生存在地下 2 500～3 000 米处石油中的石油细菌,但大多数生物生存于土壤表层几十厘米之内。虽然生物可见于由赤道至两极之间的广大地区,但就厚度来讲,生物圈在地球上只占据薄薄的一层。

生物圈的成分、结构、动力学和空间分布的最主要特征是由活的有机生命活动所决定的。在这里,生物之间、生物与环境之间进行着相互作用,进行着物质、能量、信息交换,地球物质进行着生物地球化学循环,从而形成生物圈物质运动的不断发展过程。

生物圈是完整的系统,是一个有机统一的整体。从空间结构来看,生物圈是地球上最大、最高层次的生态系统,它又可进一步分为许多不同等级的子系统。生态系统按一定的规律运动,表现出结构和功能的统一性,从而构成动态平衡的自然系统,即有机统一整体。

随着人类的出现,生物圈受到新的力量——人的智慧和劳动的改造,形成了为人类提供资源的功能。这就使生物圈演化到了一个新阶段——人类智慧圈。人类毕竟是生物圈中的一个成员,必须依赖于生物圈提供一切生活资料。人类对生物圈的改造应有一定的限度,超过限度便会破坏生物圈的动态平衡,并将会导致严重后果。

人类智慧圈系统

地理环境由不同层次的物质圈层即大气圈、水圈、岩石圈、生物圈及人类智慧圈等构成,是地球表层各种自然现象、人文现象有机组合而成的复杂系统。要认识地理环境,就要了解什么是人类智慧圈。人类智慧圈也称为人类社会圈,是生物圈演化的必然产物,是与岩石圈、水圈、大气圈和生物圈性质完全不同的一个圈层。

智慧圈的概念是前苏联学者 B. N. 维尔纳茨基(1942 年)首次提出的,他指出:"智慧圈是地球新的地质现象,在这里首次成为巨大的地质力量。它能够而且应该以自己的劳动和思想改造自己的生存领域,与过去比较是根本的改造。"这一思想很快得到了世界上众多科学家的公认,对人类认识地球、认识环境做出了贡献。智慧圈是人文地理学基本的研究空间,这一概念的产生对人文地理学的发展也有重要意义,它反映的是社会与自然界的统一。

智慧圈的范围有多大?智慧圈处于地球的表层,上至电离层,下至莫霍面,约 2 000 千米,与大气圈、水圈、生物圈和岩石圈关系密切,相互交叉衔接和叠加在一起,包括岩石圈的上部以及水圈、大气圈的一部分,几乎生物圈的全部。

智慧圈随着人类文明的进步而不断发展、扩大。人类社会作为地球表层系统中最活跃的因素,与自然环境之间存在着复杂的相互作用。人—地间的相互作用在不同历史时期具有不同的特点,而且有不断强化和复杂化的趋势。人类的活动范围经历了从陆地到海洋,从海洋到大气层,从大气层到外层空间的逐步拓展过程。人类与地球的作用不是单向的,而是相互的。目前,人为力量的强度已可同其他地球圈层的尺度相比拟,已成为改变全球环境的强大力量。20 世纪 80 年代以来,人类平均每年移动的土石方远高于海洋岩石圈形成的速度。最近,有几位科学家对陆地生态系统的人为改变做了定量研究,其结果是,除岩石、冰和荒地以外,只有 27% 的生态环境未受人类扰动,而部分被扰动和全部被扰动的生态环境已达到 73%。近几十年来,生物灭绝速度也超过中生代与新生代之交的恐龙灭绝时代。

已被人们所熟知的温室气体的增加、臭氧层的减少、酸雨以及沙漠扩大等也主要是由人类活动引起的。另外,全球环境的变化也引起人类活动的相应变化,人已不仅作为一支生态力量,而且作为地质力量介入了地球的演化过程。人的活动更大地改变了地球面貌,使原有的地球表面自然界逐渐分化成原生自然、人化自然和人工自然等。

地理学的新领域

地理科学长期站立在综合整体观的角度来认识、研究地球表面系统,研究对象是一个复杂系统,实现整体系统的综合研究,还存在很大的难度,地理科学的发展也必须与其他相邻学科交叉、渗透与汇合。要借助于耗散结构论、协同论、系统论、控制论等系统工程科学的理论与技术,进行系统的综合与分析,促进地理学研究现代化。地球表层既是地理科学的研究对象,也是各种运动状态物质体系交汇的场所,是人类活动所及的主要舞台,各种自然要素与社会要素相互交错,因此,以地球表层为研究客体的生态科学、环境科学、经济科学等相邻科学也都在这里植根生长。这些科学都离不开一定的地理环境,地理学与这些科学之间研究内容有差别,视角也不同,但理论基础、研究方法和内容相互交融,关系十分密切。目前,涉及地球表层的大型研究项目计划和任务,如国际地圈—生物圈计划(IGBP)、国际全球环境变化人文因素计划(IHDP)、世界气候研究计划(WCRP)以及国际生物多样性计划(DIVERSITAS)等,都必将促进相关学科之间的交叉、渗透、汇合,有助于拓宽地理科学的研究领域及培植新的生长点。

长期以来,地理科学内部的两大分支学科(自然地理学与人文地理学)发展的比例差别较大,而且两大分支学科分割的状态,影响、阻碍了地理科学整体综合研究的发展,很难真正与其他相邻学科交叉、渗透与汇合,更不利于对当前社会发展中各种问题的解决。因此,消除"无人的"自然地理学与"反自然的"人文地理学之间的脱节,克服"二元论"思想,发展统一地理学,使地理科学内部各分支学科之间的发展更趋合理、协调、统一,加强地理环境中自然活动过程与人类社会经济活动过程之间的综合研究,这是现代地理学发展的一个客观要求和必然趋势。在研究和解决当前世界上人口、资源、环境与可持续发展问题的过程中,地理科学必将充分发挥出综合性、整体研究的学科特点和优势,加强学科内部分支学科的联系,充实综合性研究，同时，必然会有力地促进地理学自身的发展。

地理科学的现代化发展，一要综合，二靠深入。深入代表着地理科学中微观角度的地理过程的深入发展，现代地理过程中深入研究自然地理过程中的物理、化学、生物过程；深入研究人文地理过程，如伴随工业化而出现的城镇化过程等。随着人口增长、人类智能的发展和人类活动空间的不断拓展，人文地理过程越来越重要。目前，单纯的自然地理过程将逐渐被包括人文过程在内的综合地理过程所取代，在这方面，目前研究发展的趋势是更注重各个系统界面之间接口的研究，以及某些小系缔间的过程研究，如土壤—植物—大气连续系统的研究、水陆交错面生态系统的过程研究、区域工业城镇生产链系统的研究等都是比较重要的研究课题。

现代地理学发展的生命力还在于紧密结合实际，不断拓展应用研究领域。针对当今世界出现的人口、资源、环境与可持续发展的问题，广泛开展资源调查、土地评价与规划、城乡规划、国土整治、环境保护、防灾抗灾、旅游开发与农业生产基地的建设等应用地理研究，这些是当今地理学研究的主流，也是地理学服务于社会的主要领域。地理科学在世界不同地区为解决这些全球性的大问题都做出了较大贡献，为社会建设服务的道路也越来越宽广。

应用最新的现代科学技术武装地理学，是使地理学走向现代化的必经之路，利用遥感、遥测与电子计算机技术手段，建立地理信息系统，实现地理编图技术改革与制图自动化；运用数学方法与系统工程学原理，建立地理的模拟模型，对一些地理现象进行模拟研究；借助现代测试技术与分析方法、同位素示踪，研究地表物质的结构、组成、物质、能量的迁移转化规律。这些先进技术方法、手段的引入，不仅拓宽了地理科学的视野，深化了对地理过程的认识，而且促使地理科学研究思想中逻辑思维的转变，从而将地理科学的理论研究推向更系统、更综合的高度。

日地空间环境与空间天气

1957年人造卫星上天标志着人类进入了空间时代，是空间科学40余年发展最重大的成就之一，使人们认识到地球除了固体、海洋和大气环境外，还存在与人类生存发展息息相关的空间环境。

一、地理科学概述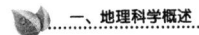

在这个由太阳大气、行星际、地球磁层、电离层和中高层大气所组成的日地空间环境中,常常出现给地面、空间技术系统的运行、可靠性以及人类健康和生命带来严重危害的条件或状态,人们把这种由太阳活动引起的高度动态的短时间尺度的条件变化,称为空间天气(Space Weather)。空间天气研究是当代可望取得重大原创性新成就的基础科学前沿重大的交叉领域之一。

空间天气研究太阳活动驱动源的巨大能量和物质的突然释放,通过日冕、行星际空间的传输,在地球空间系统中的耗散、传输和转换,引起地球空间环境的灾变,最终影响人类的活动。它是一个涉及太阳物理学、行星际物理学、磁层物理学、电离层物理学、中高层大气物理学、地球物理学、等离子体物理学、非线性科学,以及信息科学、材料科学、生命科学和计算机科学等多学科、大跨度交叉的重大前沿科学领域;它跨越由物理性质不同的 5 个空间区域组成的日地耦合系统,是地面无法模拟的特殊实验室(高温、高电导率、高超音速、高真空、从极低到极高的等离子体 β 参数等);多种间断面、多种非线性和激变过程、微观和宏观的交织等。1947 年诺贝尔物理奖、1970 年诺贝尔物理奖和 1995 年诺贝尔化学奖都出自这个领域。

空间天气研究是 21 世纪国际科技活动的热点之一。

一方面,日地空间环境是人类生存发展的重要活动场所,如卫星、通信、导航、广播、教育、气象、资源、海洋利用和减灾防灾等领域都因它而获益;另一方面,太阳活动将巨大能量和物质抛向地球,引起空间环境发生灾害性变化,给人类带来了巨大损失。例如,1989 年 3 月发生了历史上罕见的空间灾害性天气事件,卫星提前陨落,低纬地区无线电通信中断,轮船、飞机的导航系统失灵,飞行物跟踪识别发生困难,美国核电站变压器烧毁,加拿大北部电网烧毁等,引起国际社会的震惊。以后,几乎每年都有重大的空间灾害性事件发生,如 1998 年 5 月美国的银河 4 号通信卫星失效,使美国 80% 的寻呼业务遭受损失,德国科学卫星被破坏等。40% 的航天故障与日地空间环境中的灾害变化有关。

现今,通信正成为以千万亿计的世界性产业之一,通信保障已进入保险行业;现代局部战争具有高科技战争性质,美国报道,美军在伊拉克战争中的"沙漠风暴"行动期间,40% 的武器未击中目标是由空间天气的变化所致。

空间天气已成为决定现代战争质量、效率和胜负的重要战略资源和保障条件之一;地球平均气温变化、臭氧含量变化,以及人类健康和心血管疾病等与空间天气变化的关系,也日益受到科学家的关注。

  自20世纪80年代以来,地球科学迅速的发展。现在的发展可为:上天(空间探测、航空航天遥感)、入地(大陆科学钻探、地震层析成像技术、深部找矿)、下海(大规模海洋观测、深海与大洋钻探)、探极(南、北极与青藏高原科学考察)。地理学的现代发展均深深地融于这些全球科学实验活动之中。

二、认识地球

俯瞰地球村

乘阿波罗 16 号飞船登月的查理·杜克(Charlie Duke),1972 年成为第 10 位登上月球的人。杜克说,登上月球的那一刻他俯瞰地球,感到地球似乎就像一颗宝石,多彩明亮、熠熠闪光而又近在眼前,甚至能垂手可及。

地球总面积约 5.1 亿平方千米。其中:海洋面积约 3.61 亿平方千米,占全球总面积的 71%;陆地面积约 1.49 亿平方千米,占全球总面积的 29%。地球上海洋连成一片,在太空俯瞰像是碧蓝色的宝石,而陆地则相互分离,像宝石上的斑点。陆地主要分布在北半球、东半球,海洋主要分布在南半球、西半球。北极地区是一片海洋,南极地区是一块陆地。

地球表层的陆地平均海拔高度为 875 米,大体分为大陆、半岛和岛屿。全球有 6 块大陆,按面积大小依次为亚欧大陆、非洲大陆、北美大陆、南美大陆、南极大陆、澳大利亚大陆。大陆及其附近的岛屿总称为洲,全球有七大洲,按面积大小依次为亚洲、非洲、北美洲、南美洲、南极洲、欧洲和大洋洲。岛屿是散布在海洋、河流或湖泊中的小块陆地,彼此相距较近的一群岛屿称为群岛。世界岛屿总面积为 970 多万平方千米,约占世界陆地总面积的 1/15。世界上面积最大的岛是格陵兰岛。半岛是陆地伸入海洋或湖泊的部分,一面同陆地相连,其余的面被水包围,世界上最大的半岛是西亚的阿拉伯半岛。

海洋平均深度为 3 795 米,海洋包括洋、海和海峡。洋是海洋的主体部分,世界上有太平洋、大西洋、印度洋和北冰洋四大洋(地理学家的划分)。

海是海洋的边缘部分,世界上最大的海是澳大利亚东北面的珊瑚海。海峡是两端连接海洋的狭窄水道,如白令海峡、马六甲海峡等。

地球表面高低悬殊,形态多样。陆地大体可分为平原、山地、高原、丘陵和盆地等5种地形。世界上最大的平原是南美洲的亚马孙平原。世界上的高大山脉有北美洲至南美洲的科迪勒拉山系、亚洲的喜马拉雅山脉、欧洲南部的阿尔卑斯山脉、非洲西北部的阿特拉斯山脉等。珠穆朗玛峰海拔8 844.43米,为地球表面上的最高点。世界上最高的高原是我国的青藏高原。

海底地形大体分为大陆架、大陆坡和洋底三部分。洋底是海洋的主体部分,约占海洋总面积的80%。海底地貌有海岭、海盆、海沟、海丘、海山、海渊和海底高原等。

人类在地球上至今生活了300多万年,最初的时候,人类发展十分缓慢,像是先在地上爬,然后是站起来走。到近代的500年便是在跑了,而这最后的100年,却无疑是在飞。人类对地球的认识也经历了巨大的变化。

在15世纪,哥伦布从西班牙到美洲用了整整1年,世界那么大,大海那么浩瀚,大陆之间那么遥远,居住在各大陆地上的人们之间进行沟通是那么遥不可及。今天乘飞机从西班牙到美洲只需十几个小时。遍及全球的信息网络已使世界各地的交易,顷刻就可以轻而易举地完成。实验卫星、探测卫星已经把地球紧紧地包裹起来。人们坐在家里可以欣赏来自地球另一端的足球比赛,足不出户就可以同步看到全球任何地方发生的事情。世界变小了,昔日相隔天涯海角,今天似乎已经没有了距离,人们开始生活在同一个地球村里。

大自然是不分国界的。在天空飞翔的美丽的候鸟会把禽流感蔓延到各大洲,全球环境的污染也告诉我们:我们是生活在同一个地球上,人类只有一个地球。

人类认识地球形状的历史

在科学技术高速发展的今天,人类对地球面貌已越来越清楚明白。但是,人们对地球是什么样子的认识,经历了相当漫长的过程。

古代,由于科学技术不发达,人类只能通过简单的观察和想象来认识地球,对地球的形状曾流传过许多传说和神话。例如,中国的古人观察到"天似穹隆",就提出了"天圆地方"的说法。西方的古人按照自己居住的陆地为大海所包围,就认为"地如盘状,浮于无垠的海洋之上"。大约从公元前8世纪开始,希腊学者们试图通过自然哲学来认识地球。到公元前6世纪后半叶,毕达哥拉斯提出了地为圆球的说法。又过了2个世纪之后,亚里士多德根据月食等自然现象也认识到大地是球形,并接受其老师柏拉图的观点,发表了"地球"的概念,但没有可靠的证明。

直到公元前3世纪,亚历山大学者埃拉托色尼首创子午圈弧度测量法,实际测量纬度差来估测地圆半径,最早证实了"地圆说"。稍后,我国东汉时期的天文学家张衡在《浑仪图注》中对"浑天说"进行了完整的阐述,也认识到大地是一个球体,但在其天文著作《灵宪》中又说:"天圆地平"。这些都说明当时人们对地球形状的认识还是很不明晰的。

从公元6世纪开始,西方处在宗教桎梏之下,人们不但没有继续沿着认识物质世界的道路迈步前进,反而倒退了;相反,中国的科学技术这时却在迅速发展。公元8世纪20年代,唐朝高僧一行派太史监南宫说在河南平原进行了弧度测量,其距离和纬差都是实地测量的,这在世界上尚属首次,并由此得出地球子午线1°弧长为132.3千米,比现代精确值大21千米。之后,公元9世纪阿拉伯也进行了富有成果的弧度测量。由此确认,大地是球形的。但由于那时人类的活动范围很有限,其真实形状并没有得到实践检验。直到1522年,航海家麦哲伦率领船队从西班牙出发,一直向西航行,经过大西洋、太平洋和印度洋,最后又回到了西班牙,才得以证明地球确确实实是一个球体。

人类对地球的认识并未就此结束,随着科学技术的发展和大地测量学科的形成与丰富,人们观测和认识地球形状的方法和手段越来越多,三角测量、重力测量、天文测量等都是重要手段。近代科学家牛顿曾仔细研究了地球的自转,得出地球是赤道凸起,两极扁平的椭球体,形状像个橘子。20世纪50年代末期,人造地球卫星发射成功,通过卫星观测发现,南北两个半球是不对称的,南极离地心的距离比北极短40米,人们又把地球描绘成梨形。

以上对地球形状的认识,仍是根据局部资料和间接手段得来的。1969年7月20日,美国登月宇宙飞船阿波罗11号的宇航员登上月球的时候,就看到了带蓝色的浑圆的地球,犹如在地球上观察月亮一样。科学家们根据以往资料和宇航员拍下的相片，认为最好把地球看作是一个不规则的球体。

至此，人类对地球形状的认识是否完成了呢？还没有，这是因为地球实在太大了，而且一直都在不停地运转着、变化着。

地球的年龄

地球是人类伟大的母亲，有人说她年迈，又有人说她还年轻。地球的年龄究竟有多大呢？人类有文字记载的历史不过几千年，即使追溯到人类的出现，也只不过300多万年，这与地球的年龄相比，显得微乎其微。那么，人类是怎样推算、确定地球年龄的呢？

谈到地球的年龄，有两种测算的方法，一般称为相对地质年龄和绝对地质年龄。

相对地质年龄测算方法也称为生物地层学方法，其根据是生物进化理论。1816年，英国地质学家 W. 史密斯首次提出生物顺序发生的概念，保存在地层中的古生物化石的顺序实际上和地壳中沉积形成的地层顺序是一致的，在最老的地层中找不到化石，较老的地层中可以发现低级生物化石，而在较新地层中可以发现高级生物化石，称为生物层序律。因此，可以根据地层顺序和古生物种类把地层划分为若干大小不同的单位，也就是将地球历史划分为若干自然演变过程的阶段，称为相对地质年龄。用这种方法计算的地球年龄叫做相对年龄。

绝对地质年龄，现在称为同位素地质年龄。这种计算年代的方法是根据地壳中岩石、矿物中某些放射性元素（如铀、钾－40、铷－87）含量和它们的放射性蜕变生成物（如铅、氩－40、锶－87）的含量之间的比例关系，再依据蜕变的半衰期来计算岩石、矿物的年龄。如铀经过一段时间之后，可以变成铅，铀叫做母元素，铅叫做子元素，其蜕变的半衰期可以从实验中测出来。常用的同位素年龄测定法有铀－钍－铅法、铷－锶法及钾－氩法等，通过同位素测定法可以较准确地得到地壳中岩石的年龄。很早以来，人们发现岩石中放射性同位素都会自动并以不变的速率逐渐衰变为非放射性的子体同位素，同时释放出能量。只要准确地测定岩石、矿物中放射性母元素和子元素含量，就可以准确地测定岩石或矿物的年龄了。通过最古老岩石的同位素地质年龄，就可以进一步推算地球的年龄了。

科学家们用放射性元素的同位素原子裂变法对地壳进行年龄测定,目前测得的最古老的岩石要算南极洲的火山岩了,距今已有40亿年左右。一般认为,地球在形成地壳以前还经过一段表面处于熔融状态的时期,经过测算和必要的校正,现在国际上普遍认为地球的年龄约为46亿年。也有人认为,从熔岩冷却到固体岩石需要一段时间,所以地球大约是在50亿年前开始形成的,其年龄与太阳的年龄大致相同。

与人类日夜相处的地球,原来是如此古老。

地球的年龄序列

根据古生物学家的研究,地球上的生命存在也已有30亿年历史了。远古生命在岩石中留下了它们的遗体与遗迹,并形成化石,地质学家根据古生物化石对地壳进行了年代划分,用以表示地球的年龄序列。

在众多的古生物门类中,有些门类特征显著,演化迅速,反映地质年代非常"灵敏",这种化石被科学家们称作"标准化石",它们被用作划分时间地层单位时往往起主导作用;而有些门类则演化非常缓慢,或空间分布的局限性很大,在划分和确定地质年代时只能起辅助作用。前者如三叶虫,它们只生存在古生代,而且演化明显,在古生代不同时代中都有各具特色的属种代表,是著名的标准化石。后者如舌形贝,这是一种腕足动物,从古生代寒武纪就已出现,在现代海洋中仍十分常见,在几亿年的时间跨度内,这种化石从形态、大小到内部结构,几乎没有显著变化,它们的地层意义同三叶虫相比就逊色多了。假如在某个地方采集到三叶虫化石,就可以肯定地说,这个地区的地层年代是古生代,还可以根据三叶虫的属种进一步确定是生活在古生代的某一个时间段,比如是寒武纪或是奥陶纪,但采集到舌形贝化石就感到茫然了,因为它不能帮助我们确定具体的地质时代。

尽管多细胞生物在10亿年前便出现,但这一时期的化石留下来的很少。随着第一个有机体在5亿7千万年前(寒武纪)出现,化石才普遍存在。地质时代名称,一般是以该时期岩石的出现地对其加以命名的,如侏罗纪是依法国与瑞士间的侏罗山脉命名,泥盆纪是依英国得文郡该时期的岩石命名的。这些时期使得岩石和化石能在全世界保持相互之间地质年代的关系,因此,对地质时代的命名是国际性的。

以生物演化为依据,人们建立了能反映地球相对年龄的地质年代表(见表 2-1)。在这个表中,最大的时间概念是宙,其次是代、纪、世、期,如古生代包括寒武纪、奥陶纪、志留纪、泥盆纪、石炭纪、二叠纪。其中,寒武纪又可进一步分为早寒武世、中寒武世和晚寒武世 3 个世,每个世还可以分成若干个期。与地质时代相对应,代表每一地质时期的地层也建立起地层单位,最大的地层单位是宇,其次是界、系、统、阶,如代表古生代的地层称为古生界。其中,寒武纪时形成的地层称为寒武系,奥陶纪期间形成的地层则称为奥陶系,以次类推。来自不同研究机构及地方所确定的地质时间通常会有所偏差。

表 2-1　　　　　　　　地质年代

宙 (EON)	代 (ERA)	纪 (RERIOD)	世 (EPOCH)	距今大约年代(百万年) (Million Years)
显生宙 (Phanerozoic)	新生代 (Cenozoic)	第四纪 (Quaternary)	全新世 (Holocene)	现代 Today～0.01
			更新世 (Pleistocene)	0.01～1.8
		新近纪 (Neogene)	上新世 (Pliocene)	1.8～5.3
			中新世 (Miocene)	5.3～23
		右近纪 (Paleogene)	渐新世 (Oligocene)	23～36.5
			始新世 (Eocene)	36.5～53
			古新世 (Palaeocene)	53～65
	中生代 (Mesozoic)	白垩纪 (Cretaceous)	—	65～145
		侏罗纪 (Jurassic)	—	145～208
		三叠纪 (Triassic)	—	204～248

(续表)

宙 (EON)	代 (ERA)	纪 (RERIOD)	世 (EPOCH)	距今大约年代(百万年) (Million Years)
显生宙 (Phanerozoic)	古生代 (Palaeozoic)	二纪叠 (Permian)	—	248～290
		石炭纪 (Carboniferous)	—	290～360
		泥盆纪 (Devonian)	—	360～410
		志留纪 (Silurian)	—	410～438
		奥陶纪 (Ordovician)	—	438～510
		寒武纪 (Cambrian)	—	510～570
元古宙 (Precambrian)	元古代 (Proterozoic)	震旦纪 (Sinian)	—	570～800
				800～2 500
太古宙 (Archaean)	太古代 (Archaeozoic)		—	2 500～4 600

沧桑巨变话地球

地质学家们普遍认为地球的年龄是46亿岁。研究地球的历史虽然没有文物可考、文字可查,但留存在地壳中的地层、古生物化石和各种各样的构造变动遗迹,是记载地球历史的"文物"和"文字"。在地质学家的眼里,每一块石头都可写出一篇大文章。从到目前为止的研究成果看,地壳构造轮廓和地貌演变的历史,可以粗略概括如下:

太古代时(距今24亿年以前),地壳处于早期阶段,为脆薄的玄武岩圈。

元古代时(距今24亿～6亿年),地球上发生了一次广泛而又强烈的地壳运动(我国称为吕梁运动,距今18亿年前),一些洋壳褶皱隆起,并伴有岩浆大量喷溢和岩层的变质作用,使陆核加大,形成了一些较大而稳定的古陆,这些古陆后来又不断拼接延长。到距今8亿～6亿年,全球形成了5个巨型的稳定大陆,即北美古陆、欧洲古陆、西伯利亚古陆、中国古陆和冈瓦纳联合古陆(包括现在的南极洲、澳洲、印度、非洲、南美洲)。

从寒武纪(距今6亿年)开始,世界各地出现了广泛的海侵,除东欧地台和冈瓦纳古陆外,全球几乎均被海水淹没,形成了广阔的浅海及碳酸盐岩沉积。

奥陶纪(距今5亿年)以后,又广泛发生海退,特别是在距今约4亿年的早古生代,欧洲发生了一次对全球都有强烈影响的构造运动(称为加里东运动),使一些海槽挤压褶皱上升成山脉,全球陆地面积讯速扩大。

进入晚古生代(距今4亿~2.5亿年),全球存在4个巨型稳定的古陆,即欧美古陆、西伯利亚古陆、中国古陆和冈瓦纳古陆。在晚古生代后期,全球范围又发生了一次强烈的地壳运动(称为海西运动),使海槽两侧的大陆板块发生对接碰撞,许多海槽先后关闭或褶皱隆起,全球大陆连成一体(称为泛大陆)。

到了中生代(包括三叠纪、侏罗纪和白垩纪,距今2.5亿~7000万年),又发生一次强烈的地壳运动(旧阿尔卑斯运动,我国称为燕山运动),联合古陆分裂解体,大西洋形成和扩展,古地中海收缩关闭,太平洋逐渐缩小及环太平洋褶皱带形成,于是,北美与欧亚大陆分离,南美与非洲分离,印度次大陆和澳大利亚分别向北、东北方向漂移。美国地质学家研究表明,我国的扬子板块就是当时从澳大利亚漂移过来与中国大陆整合的。

新生代是地质历史的最近阶段,从7000万年前至现代,它以最新的一次强烈地壳运动即喜马拉雅运动,或称为新阿尔卑斯运动的开始为标志。此后,地中海—喜马拉雅海槽最后封闭,形成强烈而高耸的褶皱山脉及青藏高原隆起,大西洋和印度洋继续扩张,环太平洋海槽不断褶皱隆起并伴随频繁的地震活动和火山喷发,各大陆相对漂移或合拢,逐渐形成东、西半球两个大陆,以及现代的全球海陆分布格局。

地球历史的见证物——化石

化石是保存在地质历史时期的岩层或沉积物中的生物遗体和遗迹。假如地球历史是一部书,化石就是镶嵌在文字中的图片,它们不仅生动地注解神秘的史前世界,而且本身也是地球历史的见证物。

科学家们认为,化石首先应具备生物特征,如形状、结构、纹饰和有机化学组分等,或者是能够反映生物生命活动而遗留下来的痕迹。根据化石的

成因,古生物学家把它们划分成以下几类:

(1) 实体化石:人们曾经在西伯利亚第四纪的冰冻土层中发现了巨大的猛犸象化石,这些庞然大物不仅保存了完整的骨骼,连粗厚的皮肤、长长的体毛,甚至胃内的食物都保存了下来。现代科学认为,巨厚的冻土地带可以使动物的遗传基因不受到任何破坏,甚至有可能通过克隆的方法赋予这种动物第二次生命。后来,科学家们又在波兰发现过完整的披毛犀化石,所有这些实体得到保存的化石都是实体化石。实体化石通常保存了动物、植物遗体的全部或绝大部分(特别是坚硬的骨骼部分),既有研究价值,又有观赏价值,是一种很珍贵的化石。

(2) 铸模化石:动植物遗体在保存为化石的过程中,受到挤压作用在地层的岩石表面留下的印模、铸型等称为铸模化石。这种化石能清晰地显示生物硬体表面的精细结构,可以划分成若干类型。其中,印痕化石最常见,如岩石中的贝壳印痕,恐龙、大象的脚印等。

(3) 遗迹化石:遗迹化石主要是动物在生命活动中遗留下来的痕迹或遗物,前者如爬迹、足迹等,后者如粪便、蛋等。恐龙足迹和恐龙蛋就是经过漫长的地质作用形成的著名遗迹化石。遗迹化石是研究动物生活习性及生命活动的重要证据。

不要小瞧这些化石,科学家们赋予这些地球历史的见证物众多的使命。

(1) 地层的划分与对比:许多无脊椎动物化石由于在短时间范围内演化迅速,特征变化明显,易于辨别,因此成为标准化石。利用标准化石可以有效地划分和对比地层,如我国古生物学家曾在广西的泥盆纪地层中分别利用珊瑚、腕足动物、牙形刺等建立起若干标准化石带,依据这些特征明确的化石,不仅可以精确地进行我国南方泥盆纪地层的划分和对比,还可以同时完成更大范围(如与北美、欧洲等)内的国际间地层对比。

(2) 地层系统的建立:化石能够客观地反映所在地层的新老顺序,一般情况下,地层的层位越高,所含化石的种类越丰富,其面貌与现代生物越接近;反之,地层层位越低,所含化石的结构越趋于简单,种类越单调。这样,科学家们可以利用化石恢复从老到新的完整地层系统,地质年代表就是这样建立起来的。

(3) 重新塑造古环境:根据发掘到的化石可以推断当时的环境类型;根

据古生物群落的分析,可以恢复环境背景及环境变迁的模式,如有孔虫、鹦鹉螺、三叶虫等为海洋生物,富存这些化石的地方在远古时期就是海洋。钙质海绵、藻类化石的出现不但表明海洋环境,而且可以根据它们的生态特点,进一步确认产有这些化石的地方是水深不足百米、温暖而又清澈的浅海。

(4)揭示生物的进化途径:对于已经灭绝了的生物,若要了解它们的形态、结构及演化线索,一定离不开化石。化石是生物产生和演变的直接证据。实践证明,人类目前掌握的有关动植物在演化方面的信息绝大多数都是从化石中找到的。

如此看来,化石确实不同寻常,以化石为对象,研究地球历史时期的生物界及其发展的科学就是古生物学。作为地质科学重要的一个分支,古生物学已经取得了在科学界应有的地位,并获得了巨大的发展。

三叶虫化石——燕子石

燕子石,也叫蝙蝠石,学名叫三叶虫(Trilonites)化石(图2-1)。三叶虫大量出现在古生代的寒武纪海洋中,距今约有5亿年,是寒武纪的标准化石。

据记载,在我国宋、明、清时代已有人把玩三叶虫化石。因其外形容貌颇似蝙蝠展翅,故称为燕子石、蝙蝠石,又叫做多福石、鸿福石。

三叶虫是一类已经完全灭绝了的、最原始的海栖节肢动物,属于三叶虫纲,生于海底,种类繁多,大小不一,从1厘米至1米。世界各地的古生代海相地层中都发现有三叶虫的化石。但迄今为止,在淡水沉积岩或陆相岩层中还未发现三叶虫化石。

三叶虫在晚寒武纪(6亿年)和奥陶纪(4.5亿年)盛极一时。随后由于不能适应当时的环境条件而渐渐衰退,到古生代二叠纪晚期灭绝,从而没有进入中生代。三

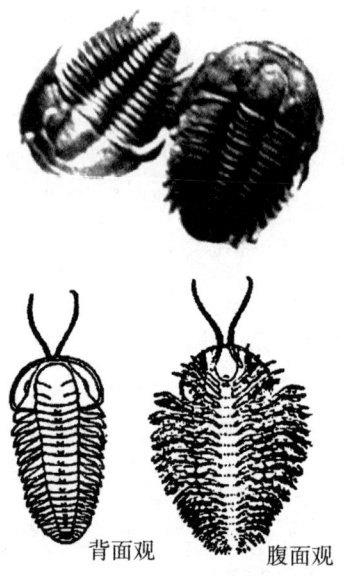

图 2-1　三叶虫化石

叶虫在整个古生代3亿多年的漫长地质历程中生生不息,繁衍出了众多的类群和巨大的数量,世界上已发现总计有1 500多个属,1万多个种。其中,我国已发现大约有500个属,1 000多种。

化石三叶虫身体扁平,自前至后可分为头、胸、尾三部分,因虫体背部为几丁质甲壳组成,易于保存为化石。该虫能终生阶段性蜕壳,所以常见于头甲及尾甲分散保存为化石。虫体椭圆形,背面有两条纵向的背沟,把身体纵分为三叶,故名三叶虫。

至今还没有发现寒武纪以前的动物化石,而寒武纪地层以其极广泛的生命种类化石为特点,那时地球上藻类繁多,结构复杂,这是无脊椎动物发展的很好条件。这个时期三叶虫是数量最多的动物,且种类也占动物总类别的60%。另外,腕足类占30%,还有10%是杯海绵、水母、蠕虫和软体动物等。因此,寒武纪又称为三叶虫的世界。

三叶虫化石广泛地分布在世界各地,因而对划分、对比地层非常重要。同时,许多三叶虫的属种又具有地方性特色,因而它们又对划分当时的海域分区,进而恢复当时的生物地理区系具有重要的意义。

远古瑰宝——硅化木

在我国新疆奇台县境内的石树沟中,近4平方千米的赤红色山坡上,或站或卧地分布了上千株石树。说它是"石",是因它坚硬如铁,拳大一块上千克;说它是"树",是因它的横切面上的年轮清晰可数,皲裂的树皮、斑驳的节疤,栩栩如生。地面上还散布着许多圆圆的直径为2~3厘米的黑色石化果实,剖开石头,其心呈土黄色,中间是泛白的果仁。石树最长达26米,直径2米多,估计原树高至少在50米以上。这些"石树"是远古留下的瑰宝——硅化木。

地质时代生物很多,生物化石却不多,其原因在于保存的环境。生物死亡之后,有一个微生物分解的过程,缺少这个过程就不会腐烂,生物躯体才能保存下来。当时新疆从湿热环境向干热环境的转化十分迅速,这正是许多生物遗体能够成为化石的重要原因。生物死亡后,由于地层的变化,生物遗体被土层及时覆盖隔绝了空气,在富含硅、铁、钙等氧化物的地下水的长期浸泡下,原有的含碳物质被硅(如钙、铁)置换,使有机物质变换为矿化物质,这些矿化物质大多为硅、钙、铁等,其中以硅质的最为坚硬,不易风化,在自然界以树的原有形状保持下来,通常被人们称为"石树"。

在新疆准噶尔盆地东南部的将军戈壁上,有一个神奇的硅化木园,千余棵硅化木在狭长的台地冲沟带上形态各异,还有直立的树桩化石,粗大的树根鹰爪似的牢牢抓住已成为岩石的古土壤,这些直立的树桩,木质纹路毕现,年轮清晰可辨,并且与台地残丘融为一体。

硅化木园中的这些直立硅化木树桩,记录了这里曾经发生的垂直地壳升降活动。将军戈壁在大地构造上处于升降活跃的准噶尔—天山褶皱区系。1亿年前的侏罗纪,这里气候温暖潮湿,河湖密布,古树参天。地壳下沉活动使一些动植物被泥沙等沉积物吞没,深埋地下,在漫长的地质岁月里,有的树木在特定的地质条件下成为化石。受距今6 500万年以来喜马拉雅运动的影响,该地区抬升隆起,在流水侵蚀及风蚀作用下,树木化石被剥露出来,而地壳活动在这一地区的特点,又使硅化木呈现出现在所见的奇妙形状。当地面垂直下沉时,生长其上的树木随之直立沦陷,被沉积物吞没,最终成为保持原生态的化石;在地壳再次垂直抬升时,它们则站立着露出地表,上部的树干断离倒落,剩下现在的一个个直立树桩。

直立的硅化木群让人们看到了地面整体垂直下沉,又原样抬升的地壳运动的另一种情形。直立硅化木的形成还显示出当时的地面下沉非常迅速,而且沉降的幅度也很大。因为只有这样,树木才能被完好地掩埋在深处,置于必要的温度、压力、水文等一系列地质环境中,最终成为化石。

硅化木大面积被保存下来的在世界上并不多见,主要集中在我国的新疆和美国的科罗拉多高原。这是地壳运动的杰作,大自然在此再次显示出将沧桑之变把玩于股掌之中的神奇魔力。

植物世界的盛世——石炭纪

在神奇的化石世界中,人们注意到的往往是各种动物化石,对植物化石认识较少。然而,植物界自形成以来,历经了亿万年的变迁,其演化方式与动物界相似,也经历了从水生到陆生、从低等到高等的进化过程,在地球发展历史的每一阶段都有植物参与。很难想象,如果地球上没有植物将会是什么样子,人类失去植物将会怎样生活。

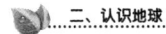

石炭纪是植物世界大繁盛的代表时期。石炭纪开始于距今3.6亿年前，延续了约6 500万年。由于这一时期形成的地层中含有丰富的煤炭而得名。据统计，这一时期形成的煤炭储量约占全世界总储量的50％以上。

石炭纪的气候温暖湿润，有利于植物的生长。随着陆地面积的扩大，陆生植物从滨海地带向大陆内部延伸，并得到空前发展，形成大规模的森林和沼泽，给煤炭的形成提供了有利条件，所以，石炭纪成为地质历史时期最重要的成煤期之一。此外，石炭纪也是地壳运动频繁的时期，许多地区这时期褶皱上升，形成山系和陆地，地形高低起伏，使地球上产生明显的气候分异。按照地理环境的不同，科学家们根据石炭纪的植物分布特点，划分出各具特色的植物地理区，每一植物地理区都有其特色植物群(flora)和一定的生态特征。

在石炭纪的森林中，既有高大的乔木，也有茂密的灌木。乔木中的木贼根深叶茂，木贼的茎可以长到20～40厘米粗，喜爱潮湿，广泛分布在河流沿岸和湖泊沼泽地带。石松是另一类乔木，挺拔雄伟，成片分布，最高的石松可达40米。石炭纪时，早期的裸子植物(如苏铁、松柏、银杏等)非常引人注目，蕨类植物的数量最为丰富。蕨类植物是灌木林中的旺族，虽然低矮，但占据了森林大量的下层空间，茂密拥挤，郁郁葱葱。可以这样说，今天地球上之所以蕴藏有如此丰富的煤炭资源，与石炭纪植物界的繁盛密切相关。我国是煤炭资源大国，外国科学家们曾经指出，石炭纪森林的广袤和茂密可以从中国所产煤层的厚度上看出来，有的煤层厚度竟然超过120米，这相当于2 440米的原始植物质的厚度。

植物是怎样变成煤炭的呢？由于石炭纪的植物种类繁多，生长迅速，它们死后即便有一部分很快腐烂，但仍有许多枝干倒伏后避免了风化作用和细菌、微生物的破坏。石炭纪森林的不少林地是被水浸泡着的沼泽地，死亡后的植物枝干很快会下沉到稀泥中，那里实际上是一种封闭的还原环境，在这种环境中植物枝干避免了外界的破坏，并在压实作用和其他地质作用下缓慢地演变成泥炭。年复一年，由植物形成的泥炭在地层中得到保存，并经历了成煤作用后成为初级的煤炭——褐煤。褐煤是一种劣质煤，褐煤再经过长时间的压实后，才能形成真正意义上的煤——烟煤。褐煤转化成烟煤要付出巨大的"代价"，据地质学家们推算，0.3米厚的烟煤是由6米厚像褐煤这样的植物质压缩而成的。

石炭纪森林分布在地球陆地的许多地方，我国北方的华北平原，就曾保存着石炭纪的广袤森林，山西的煤层是最好的证据。在石炭纪，山西大地历经海水数次入侵，海陆频频交替，每当海水退却，陆地植物便在温暖潮湿的环境中迅速繁盛，一期又一期的森林就这样生成了。成煤的泥炭沼泽植物林中，主要以石松类、科达类、种子蕨类、真蕨类等为主，当今天开发山西的煤炭资源时，已很难辨认出那些形形色色的史前植物了。

重返侏罗纪

中生代是大约距今 2.5 亿年到 7 000 万年的地质时期，这一时期形成的地层从新到老可划分为白垩系、侏罗系和三叠系。其中侏罗纪时期开始于距今 2.08 亿年，结束于 1.4 亿年前，该期是爬行动物大繁盛的时期。

在法国、瑞士交界的阿尔卑斯山区，有一座侏罗山(Jura Mountains)，这座山并不十分高大、险峻，但却非常出名，从 19 世纪初开始就有许多人来这里从事科学考察活动，今天在地质学上应用的一些理论或概念都得益于当时对侏罗山区的认识，如古生物学中的"化石层序律"、化石带的建立和划分，地层学中"阶"的概念等。欧洲侏罗系地层岩性具有明显的三分性，1843 年，F.A. 昆斯泰德将下部黑色泥灰岩称为黑侏罗，中部棕色含铁灰岩称为棕侏罗，上部白色泥灰岩称为白侏罗。自下而上把侏罗纪分成早侏罗世、中侏罗世和晚侏罗世 3 个世。由于这一地区的地层发育特别完整，于是以侏罗山为名，称为侏罗系，这儿的地层就成了全世界判定侏罗系地层的对照标准。

海相沉积的侏罗系地层富含化石，特别是菊石类特征明显，保存完全。1815 年，英国的 W. 史密斯提出利用古生物化石划分和对比的方法，对地层进行更为细致的分层。1842 年，法国的 A.C. 多比尼提出比统更小的年代地层单位阶，并命名了侏罗纪大部分阶名。1856 年，德国的 A. 奥佩尔则提出较详细的菊石带划分。侏罗系地层正式划分为 3 统、11 阶和 74 菊石带，详细的菊石分带为全球范围海相侏罗系的划分、对比奠定了良好的基础。

在中生代时，哺乳动物还没有真正出现，恐龙等爬行动物因此遇不到生存竞争的对手，它们理所当然地成为生物界的真正霸主。如果能够穿越"时光隧道"回到侏罗纪，便会发现到处都是恐龙的家族，天空中滑翔掠过的是翼手龙和飞龙，在海洋中搏击风浪的是鱼龙和蛇颈龙，陆地上四处觅食的是梁龙、剑龙和雷龙,地球已经成为恐龙主宰的世界。按照恐龙骨骼的骨盆类型,陆生恐龙可分为蜥臀类和鸟臀类。蜥臀类按照生活习性又可分为食草的蜥脚类与食肉的兽脚类。前一类恐龙一般体形硕大,头小尾长,四足行走;后一类恐龙前肢特化,后肢强健,牙齿锋利,善于捕食。在侏罗纪晚期,始祖鸟等的出现是生物演化史上的又一重要事件,这是爬行动物向鸟类演化的一次变革。

恐龙等爬行动物之所以能够得到飞速发展,特别是陆生恐龙能够雄霸地球,主要取决于陆地植物的存在。当时温暖的气候十分有益于陆地植物的生存和繁衍,低矮的蕨类植物长成茂密的灌木林,高大的裸子植物则是苏铁、银杏和松柏类,它们一棵棵高耸、挺拔,形成了葱茏繁茂的乔木林,乔木与灌木混合丛生,侏罗纪时的地球成了名副其实的绿色公园。最近,我国的古生物学家在辽宁北票地区发现了侏罗纪晚期被子植物果实的化石,这一发现表明,侏罗纪时被子植物也已经出现了。多种植物形成的茂密树林为草食恐龙提供了丰富的食源,为它们、也为小型食肉或杂食恐龙提供了藏身之地。草食恐龙的数量增多无疑又对食肉恐龙有利,这一完整的食物链的构成正是侏罗纪成为恐龙世界的秘密。

侏罗纪植物茂盛,非常有利于煤炭的形成。侏罗纪是地球上又一著名的成煤期,世界许多大煤田都形成于这一时期。

受地壳运动的影响,侏罗纪晚期环境开始改变,火山活动频繁,气候变得干燥炎热。地质学家们认为,侏罗纪晚期的沉积条件比较复杂,陆生无脊椎动物主要是双壳类、叶肢介和介形类,湖泊中鱼类数量逐渐增多,狼鳍鱼是侏罗纪常见的鱼类。

侏罗纪时,海洋中的无脊椎动物主要是菊石和双壳类。菊石属于软体动物门的头足纲,与鹦鹉螺为同一家族,是划分、对比地层的一种重要的化石。

我国的侏罗纪地层以陆相沉积为主。由于陆生生物演化速度和分布广度都不及菊石,所以陆相侏罗系的研究精度相对较低。我国云南禄丰盆地产出丰富的早侏罗世禄丰龙动物群化石。四川盆地自贡地区中侏罗世下沙溪庙组河湖相沉积中,在面积2 800平方米的砂体内,发掘出各种恐龙、蛇颈龙、翼龙等化石个体数百个,而且保存较完整。山东、河南等地也发掘出侏罗纪恐龙化石。

美国好莱坞大片电影"侏罗纪公园"描写了亿万年前恐龙横行侏罗纪,借助现代高科技手段再现了当时恐龙生息、繁衍的生动景象。

令人恐怖的时代——白垩纪

提起白垩纪,就像它的名字一样,给人带来荒凉和恐怖之感。确实,在那个时代,地球上最大的动物类群——爬行动物恐龙就从地球上全部消失了。白垩纪真的是恐怖的时代吗?

白垩纪是地质历史中生代的最后一个纪,起始于约1.4亿年前,延续了大约7000万年,白垩的名称"Creta"来自拉丁文,代表一种灰白色、颗粒较细的碳酸钙沉积,英国东南的多佛海峡即由白垩构成陡峭的岩壁,人们认识白垩纪地层最早也是从这里开始的。白垩纪是地质历史中第一个以岩性命名的纪。

白垩纪是地球发展史上的重要时期,这一时期是动植物新生门类蓬勃发展和迅速演变的时期,也是全球发生大陆漂移、又一次出现生物大绝灭的时期。恐龙在那时曾一度占领地球舞台,著名的霸王龙就生活在白垩纪,它是当时最强悍的肉食动物。以霸王龙为代表的蜥臀类恐龙大多数具有捕杀猎物的高度适应性,在全球各地都有它们的踪迹。鸟臀类的演化,在这一时期出现了甲龙、角龙、鸟脚龙类(如鸭嘴龙)等。除了陆地上的恐龙,向空中发展的爬行动物有了更强的适应性,它们不仅个体硕大,飞翔能力也可以同某些鸟类相媲美;海洋中的爬行动物以沧龙类和蛇颈龙类为代表。整个白垩纪,鸟类、哺乳类和鱼类的崛起已对恐龙构成威胁,从侏罗纪延续下来的由恐龙主宰世界的格局正面临崩溃。

白垩纪出现了真正的鸟类,这在生物进化史上是一个重要的事件。我国古生物学家在辽宁北票地区发现的中华龙鸟等化石,为鸟类的演化和发展提供了最有力的说明。鱼类中真骨鱼得到迅速发展并分布于全球各地。节肢动物中的介形虫、叶肢介等成为重要的化石,特别是介形虫,个体微小,既可生活在淡水中,又能生活在海水、半咸水中,有很强的适应能力。在海生无脊椎动物中,菊石、有孔虫、双壳类具有一定的代表性。

中生代进入白垩纪后,最重要的事件是各种恐龙相继绝灭,使中生代生物界的霸主全部退出了历史舞台,从而结束了统治地球长达1亿多年的恐龙时代。科学家们进一步指出,灾难并不仅仅降临在恐龙身上,白垩纪末出现了一次遍及全球生物界的大劫难。

中生代末以恐龙为代表的生物大绝灭，是继古生代末二叠纪的生物大绝灭后又一次引人注目的事件。这次事件，除恐龙外，还导致菊石、箭石类完全绝灭。有孔虫、珊瑚、海百合、双壳类及许多微体古生物的一些目、科也完全绝灭。据有关统计表明，中生代末的这次浩劫，殃及各种生物总计达3 000个属，有一半以上惨遭淘汰。科学家们认为，生物在短时间内突然绝灭，可以看做是自身演化历程中的调节与平衡，是促进生物继续发展的重要因素，正是这次大绝灭，才引起了新生代哺乳动物的飞速发展，使地球呈现了千姿百态的新景观。

从我国白垩系地层的沉积特点看，当时的生物生存条件十分恶劣，绝大部分地区属于干燥带，华北和西北地区则为半干旱的气候条件，只有东北北部属于温湿带气候。由于气候干燥炎热，沉积形成的地层以红色岩系为主。同时，在整个亚洲的近太平洋沿海一带，曾有过频繁的火山喷发活动。

白垩纪的矿产除了以沉积的石油、油页岩为主外，还有煤、铜及岩盐等矿产，我国南方的白垩纪地层中就产有丰富的石膏和岩盐。

地球经历过几次冰期

科学家们研究发现，地球历史上曾出现过几次极为寒冷的时期，称为大冰期。在大冰期，气温很低，极地和高纬度区广布冰盖，中、低纬度地区也分布有很多大陆冰川和山岳冰川，冰川地质作用十分强烈。

大冰期是相当长的一段时间，但这一寒冷时期中气候并非恒定不变，其中有相对更寒冷的时期，称为冰期。与它相对的温暖些的时期，即间冰期。它们相互交替出现。

在冰期到来时，高纬度地区的冰盖向中、低纬度地区伸展，在高寒地区表现为雪线下降，山岳冰川规模增大；海水蒸发再形成固体冰，停留在陆地，海水量减少，海平面下降，形成海退。间冰期时，冰盖向高纬度退缩，大量冰融水流回海洋，海平面上升，形成海进。现代冰川作用可以通过观察冰川形成的地貌及留下的沉积物（即冰碛层）来识别；古代冰川作用及大冰期的存在只有靠地层中的冰碛层来确认。地球所经历的大冰期，一般认为特别明显的有3次：第一次发生在元古代末期，第二次发生在古生代后期（石炭一二叠纪),第三次发生在新生代第四纪。

科学家们通过地质调查认为,第一次大冰期在我国很明显,在震旦纪早期的地层中,大量的证据保存在下震旦纪上部的南沱组冰碛岩上;第二次大冰期主要出现在冈瓦纳古陆,其证据主要见于非洲、印度、澳大利亚等大陆上的石炭—二叠纪冰碛岩上;第三次大冰期的证据在全世界都有发现,并可以辨别出冰期和间冰期,如在欧洲表现为阿尔卑斯山区的 4 次冰期(如恭兹、民德、里斯、玉木)及相应的 4 次间冰期、冰后期。在我国,第四纪冰期的出现频率更为复杂。研究发现,我国西部表现为 3 次冰期(如喀克地普生、契克达万、塔特开特)及 3 次间冰期、冰后期。但在我国中、东部则表现为 4 次冰期(如鄱阳、大姑、庐山、大理)和 4 次间冰期、冰后期。尽管以上冰期都存在着相应的冰碛物为证,但对中国东部冰期问题一直存有争议。

另外,有人提出元古代初期(距今约 23 亿年)有一次最早的大冰期,其后,在奥陶—志留纪之交有一次大冰期,侏罗纪也有一次寒冷期,但这些提法证据不够充分,即便存在规模也不够大。

地球上为什么会出现大冰期呢? 科学家们一直在寻找其原因。目前提出的众多解释中,天文因素可能是大冰期周期性出现的原因之一。太阳在银河系中运行,银河系空间物质的疏密不同,太阳经过星际物质的稠密地段时,太阳光热辐射的传导受阻,地球接受日光能较少,因而出现冷的周期。也有学者认为,太阳运行到距银河系中心最近时,亮度也会变小,使行星变冷。太阳围绕银河 1 周的公转周期大约是 3 亿年左右。不管上述假说哪个正确,太阳绕银河公转 1 周,行星会变冷 1 次,由于地球表面多水,在这一周期到来时便会产生一次大冰期。这 3 亿年的周期与元古代末期(震旦纪)、石炭—二叠纪及第四纪这 3 次大冰期的时间间隔是基本吻合的。但在震旦纪以前相隔若干个 3 亿年却没有或没有确切发现冰碛层证据,科学家们认为,这也许与古老岩层的深变质作用有关。地球历史上冰期形成的原因,至今仍在探索之中。

科学家恢复的地球历史气候

据地质学及同位素年代学研究结果,科学家们已知道过去 2 亿多年里(二叠纪冰期以后)全球气候与现在大不相同。那时各大陆上根本没有冰,海平面比今天高大约80米,全球气候温和,赤道地区(25～30℃)与两极地区(8～10℃)温差较小。500万年前,南极半岛与南美洲安第斯山脉断开,环极洋流形成,造成南方高纬度地区至极区的极低温环境,南极大陆戴上永久的冰雪之盔。这些地质变动极大地改变了全球的大洋环流与大气对流状况,从而形成完全不同于以往的全球气候模型。

200万年以来,地球上至少已经历过4～5次冰期—间冰期旋回。在每次冰期的数万年中,无边无际的永久性冰雪从南、北极推进到温带甚至亚热带,仅留下赤道附近的狭窄的温暖空间。海水退去,绿野变荒漠,气候寒冷干燥,大量物种灭绝。人类祖先(源于200万～300万年前)的幸存者被迫在饥寒交迫中长途迁徙,寻求新的生存乐土。最后一次冰期从7.3万年前开始,而到最冷的极盛期仅是1.8万年前的事。当时,全球拥有大约8千万至1亿立方千米的冰川,相当于今天全球冰量的2～3倍。全球陆地的1/3被冰雪覆盖,如加拿大平原上的冰盖厚达5.5千米,仅中美洲及以南的地区处在冰雪的侵袭之外。大量水分被冻结在冰雪中,海平面比今天低160米。当时我国的海岸线比今天要向东800千米～1000千米,斯里兰卡与印度相连,萨哈林群岛、日本列岛与亚洲大陆合拢,白令海峡则是连接亚洲与北美洲的近2000千米宽的大陆桥。我国东部和中部年平均温度比现在低10℃以上,多年冻土带向南推进了8个纬度。地球生命的分布格局也随之发生了巨大的变化,北极驯鹿在法国游荡,猛犸象跑到了乌克兰。

1.5万年前全球气候回暖,约7千年前,大陆冰盖消退到最低点,海平面比今天还要高出4米,全球进入最佳的温暖气候期。那时连撒哈拉沙漠的中心地带也有恒定的河流和先进的农业,亚洲东部、非洲北部、地中海地区、中东地区都出现过相当发达的人类文明。在全球气候回暖的几千年中,也出现过若干次短期的气候波动,尤其是一些突发性的剧烈气候变化非常引人注目,如距今1.1万年的一次突发性天气变冷变干事件(气候跃变)——"新仙女木事件"。这类气候跃变事件是否具有全球同步的时间与规模,还需要做大量的研究工作。

约三四千年前,地球又经历了一系列气候变冷的波动,即所谓的新冰期颤动,当时年平均气温波动的幅度介于2～4℃之间。巴比伦文化、古埃及文化、早期希腊文化的衰亡,以及我国春秋战国的动荡战乱,可能与这次新冰期有关。新冰期后,气候迅速恢复,此后又在稳定中逐渐变凉,而这一趋势又被许多次百年左右的扰动所间断。从 7 世纪到 11 世纪,进入相对暖期,这是距今最近的一个几百年尺度的显著暖期。欧洲比我国晚 200 年左右,称为中世纪暖期。根据丝绸之路的丰富文化遗迹,可推断当时那里至少是草原环境,而非千里荒漠。

公元 13～19 世纪,再次出现了普遍降温现象。这一趋势在 17 世纪达到顶峰,被称为小冰期,这是自全新世高温期以来最引人注目的一次全球性气候恶化事件。据历史记载,福建的荔枝在这期间曾两次被全部冻死,杭州的降雪终日比现在推迟了 14 天,天山的雪线比今天低 200～300 米,北京冬季的平均温度比现在低 2℃,而北大西洋的表面水温则比今天低 5℃ 以上。这次小冰期使欧洲和北美食物短缺,经历多次大灾害,曾经欣欣向荣一时的格陵兰岛再次沦为荒无人烟的冰雪大地。几年前,塔克拉玛干沙漠浮沙下发现成片的干枯芦苇根,而如今地表荒沙最高温度达 88.3℃。

小冰期的最后一个极冷时期在 20 世纪初期结束后,就开始了近代的气候增暖过程,其间经历 20 年代增暖、50 年代降温、70 年代回暖几个阶段。在我国 50 年代的降温更为剧烈,70 年代的回暖不甚明显,同时,我国南方与北方的表现也有明显的差异。60 年代中期气候又发生了一次跃变,当时非洲北部、印度、中国和日本等地区同时出现干旱气候。

地球的神秘地带——北纬 30°

地球的北纬 30°是一个引人注目的地带,尽管经纬度的划分是人类为了认识地球所为,但沿着北纬 30°这一地带,确实发生过许多难以解释的现象。中国的长江、美国的密西西比河、埃及的尼罗河、伊拉克的幼发拉底河等大江大河的入海口都是在北纬 30°线上。这一地带穿越世界最高的地方——青藏高原和喜马拉雅山,也穿越世界最深的海沟——西太平洋的马利亚纳海沟,经过著名的埃及金字塔、撒哈拉大沙漠以及传说中沉没的大西洲,还经过大西洋上神秘莫测的百慕大三角区,我国黄山、庐山、峨眉山等独具特色的名山峻岭也处在这一地带,如果沿着北纬 30°旅行,沿途都是地球上具有最奇特和最具神奇景观的地方。

地理学家们早就注意到北纬 30°是一个神秘的地带。这个地带是全球

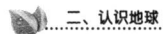

火山和地震最为频繁的地区之一，我国西藏和印度北部都是地震多发区，在大洋彼岸的美国西海岸也是如此。据统计，仅西藏地区大于8级的地震就发生过4次，7～7.9级地震11次，6～6.9级地震86次。在历史上，恐怕没有一个地区像百慕大三角区出现过那么多的事故，如飞机失事、船只消失、人员失踪等。从18世纪起，发生在这一地区有确切记载的飞机、船舶遇难事件已超过上百起。

地球的北纬30°地带真的有什么魔力吗？

地球物理学家们认为，沿着北纬30°发生的种种神秘现象的起因出自地球内部，可能是地球磁场、重力场和电场，以及其他物理量的差异所致。地质学家们更多地注意到全球规模的地壳运动的影响，在第三纪初期（大约4 000万年前），青藏高原的大部分还是一片汪洋大海，古印度大陆在大海南部遥遥相望，在板块运动作用下，古印度大陆开始向北漂移，最终拼合到欧亚大陆上。经过几百万年的拼合过程，原来的汪洋大海全部消失，古印度大陆向欧亚大陆的下部挤压俯冲，致使青藏高原隆起，喜马拉雅地区褶皱成为山系，这一宏伟的过程直到今天还在继续。地质学家们认为，青藏高原目前正以每年几至十毫米的速率上升，全球地壳的厚度平均为35千米，而青藏高原的地壳厚度达70千米，这就意味着青藏高原及其周边地区将成为全球构造形变最为复杂、地壳运动最为剧烈的地区。

在漫长的地球发展史中，海陆格局并不一直是今天的样子，最初只有一块巨大的泛大陆，科学家们称为冈瓦纳古陆，后来，冈瓦纳古陆逐渐解体，分裂成几块大陆，随之又发生了大陆漂移。地壳运动并不仅仅局限于水平运动，在现代大洋中，新生的地壳（洋壳）不断生成，地幔物质从地球深部不断涌出，海底的火山和地震活动非常频繁，这也就不难理解，处在印度洋板块与欧亚板块相撞部位的青藏高原为什么成为全球最为活跃的地区之一。青藏高原正好处在北纬30°地区，沿着青藏高原向东西方向延伸，北纬30°就成了地球的"脐带"，是整个地球最敏感和复杂的地带。在这个地带，复杂的地壳运动影响了地球磁场、重力场和电场的变化，也必然会给人类社会带来巨大的影响。

今天，人类为了认识和了解北纬30°这一神秘地带，把对青藏高原的研究作为重要的突破口，因为百慕大三角区处于大洋，开展海洋地质和海洋地球物理调查会面临许多困难。从20世纪90年代起,加强了青藏高原从浅部到深部的地球物理研究,通过大量爆破产生的能量,以地震波的形式穿越地壳和上地幔,从而得到来自青藏高原地下深藏若虚处的大量有价值的信息,奏响了揭开地球第三极及其整个北纬30°神秘地带面纱的序曲。

地球内部是什么样子

我国古代有地下深处有十八层地狱的说法,西方世界也有天堂地狱之说,看来人们把地球内部看成是黑暗、恐怖的另一个世界,这是早期的共同认识。

地球内部到底是什么样子呢?

近代科学告诉我们,地球内部确实是分层的,只不过没有18层。从地表向下,大致分为3层,即地壳、地幔和地核(图2-2)。其中地壳最薄,如果用

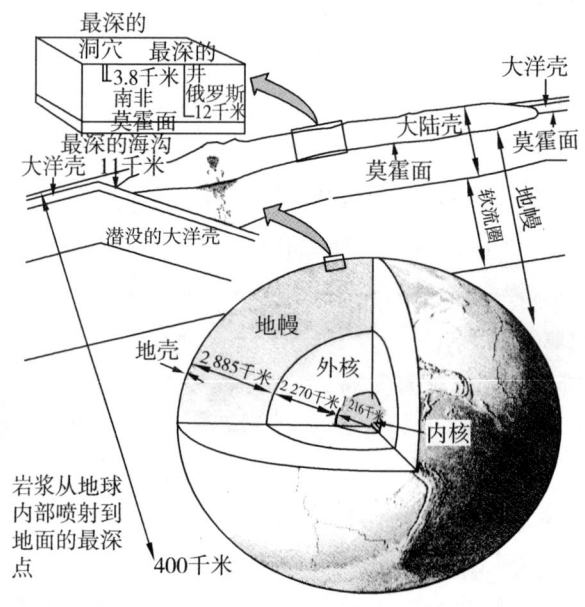

图2-2 地球结构

鸡蛋作比喻,地壳的厚度比鸡蛋皮厚不了多少。地壳还有另一个特点是厚薄不均,在大陆部分较厚,有的地方可达60千米;在大洋部分较薄,最薄处仅3千米,而且很脆弱。地壳通常进一步划分为两层:第一层为硅铝层,主要成分是硅和铝,与大陆块有关,代表性岩石是花岗岩;第二层为硅镁层,主要成

分是硅与铁、镁,与大洋底有关,代表性岩石是玄武岩。

地幔指地球内部地震波不连续界面莫霍面以下到古登堡面以上的圈层,深度为从地壳底界到 2 900 千米,其体积占地球总体积的 82%,质量占地球总质量的 67.8%。

从莫霍面到古登堡面,地震波传播速度大体是缓慢而均匀变化的,中间缺少一级不连续面,说明地幔物质较地壳具有很大的均匀性。目前,一般以 1 000 千米为界,把地幔分为上地幔和下地幔。

地幔的组成物质主要是铁、镁含量很高的硅酸盐矿物所组成的橄榄岩。上地幔顶部有一层固体岩石层,与地壳共同组成具有刚性的岩石圈,岩石圈的厚度为 70 千米~100 千米。岩石圈以下,地震波速度明显下降,在那里出现一个地震波的低速层。这表明,那里的岩石已接近熔融状态,具有很大的可塑性。同上部的岩石圈比较,它易于流动,成为软流圈,厚度约为 200 千米(图 2-3)。

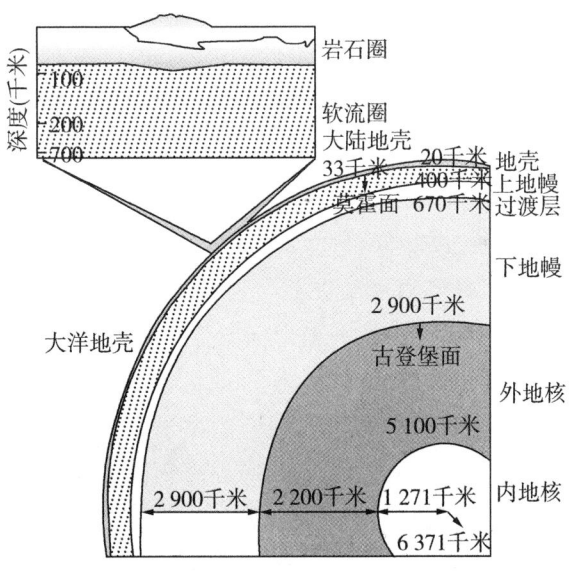

图 2-3 地球内部结构

地质学界存在一种说明地球内部物质运动和解释地壳或岩石圈运动机制的假说,它认为在地幔中存在物质的对流环流。在地幔的加热中心,物质变轻,缓慢上升形成上升流,到软流圈顶转为反向的平流,平流一定距离后与另一相向平流相遇而成为下降流,继而又在深处相背平流到上升流的底部,补充上升流,从而形成一个环形对流体。对流体的上部平流驮着的岩石圈板块作大规模的缓慢的水平运动,在上升流处形成洋中脊,下降流处造成板块间的俯冲和大陆碰撞。

1928年,英国地质学家A.霍姆斯认为上升流处地壳裂开,形成新的大洋底,对流的下降流处地壳挤压形成山脉。1939年,D.T.格里格斯提出,由于岩石热传导不良,放射热的聚集导致了对流。20世纪60年代后期板块构造学建立以后,地幔对流运动被普遍认为是全球板块运动的驱动力。

地球岩石圈下的软流圈有10%的熔融体,岩石圈以下的固体地幔因高温—高压而表现为像黏滞液体一样的韧性,并能产生流动。地幔中因放射性同位素蜕变产生热而加温,密度变小,于是轻物质向上、重物质向下运动,以便达到最低位能的稳定状态,这就是地幔对流,速度非常慢,其上升流可持续几千万年到几亿年。

地震波速的各向异性的发现,以及由此提出的地幔对流引起晶体定向排列的假说,有力地支持了地幔对流说。

地核由内核、过渡带和外核组成,核心是与太阳表面温度相近的铁质球状体,大小与月亮相仿,处在地球内部5 000千米的深处。如此说来,"地狱"应该是8层,而不是18层了。

即将进入21世纪的时候,科学家们对地球的核心又提出了新的认识,认为地核并不是很硬,并且可能还在旋转。假如地核真的比原来想象得还软的话,那么,以往种种关于地核的理论问题也需要重新核实。但仍有科学家坚持不同的观点,他们认为,地核可能在45亿年前,在地球充分形成时,甚至更早些时候就诞生了,后来,在一系列巨型流星的撞击下,襁褓中的地球温度增高,大部分铁质熔化而渗入地心,形成液化的金属海洋,冷却后即成为固态铁质的地核。地核到底是怎样形成的呢?它与地球的其他分层还有什么必要的联系呢?这些谜底有待于将来揭穿,人们对"地狱"的认识仍然没有停止。

时刻运动的地壳

地壳运动是连续不断地、长期而缓慢地、一直在进行的,在不同区域和不同时期内,运动的性质和强度不一样,在同一地区不同时期内可出现不同的运动形式,而在同时期内不同地区里也表现为不同的形式,因此,地壳运动的性质和强度存在着区域性和时间上的差异性。

地壳运动的类型是复杂多样的,根据其性质和方向,可归纳为垂直运动和水平运动两种。前者表现为大规模的、长期缓慢的隆起和下沉,后者表现为岩层被挤压变形,两者都能使岩层发生断裂,并在空间上和时间上有着密切联系。

地壳的垂直运动又称升降运动、造陆运动或震荡运动。这种运动表现为范围较广的地区隆起和相邻地区的下降,可引起海侵和海退,使海陆发生变化和重新分配;可形成高原、断块山和凹陷、盆地和平原。

地壳的水平运动又称为造山运动或褶皱运动。这是大致平行于地球表面的运动,使岩层受到水平挤压而发生褶皱和断裂,可产生一些大规模的褶皱带、挤压带,形成狭长的山地和凹陷、岛弧和海沟。

现在研究认为,地球表层相对于地球本体的运动,实际上不是地壳,而是岩石圈相对于软流圈以下的地球内部的运动。岩石圈下面有一层容易发生塑性变形的较软的地层,同硬壳状表层不同,这就是软流圈。软流圈之上的硬壳状表层包括地壳和上地幔顶部。地壳同上地幔顶部紧密结合在一起形成岩石圈,可以在软流圈之上运动。

传统地质学最早发现了地球表层的垂直升降运动,证据是在高山上发现海相的沉积岩,并且有海中特有的贝类化石。这表明某些大陆地区的地壳在过去的地质年代中曾经是海洋。地质学中有所谓海进和海退之说,表明局部地壳是有升降变化的,但是传统地质学忽视了地球表层曾有过大尺度的水平运动。

20世纪60年代以后总结了一系列的地学研究成果,证明地球发展过程中地球表层曾经历过大规模的水平位移,各大陆的相对位置曾有过显著的变化。这种变化已经有了大量的多方面证据,最主要的证据有以下几方面:

(1) 全球地震带勾画出岩石圈中六大板块的轮廓,证明地球表层的岩石圈不是完整的一块,而是由若干个分裂的板块拼合而成的。

(2) 古地磁学的研究表明,由各大陆岩石磁性所得到的古地磁极位置不相重合,而根据各大陆不同地质年代的岩石磁性所绘制的极移曲线,在近代趋向重合于现在的地磁极位置。

(3)大洋中脊两侧的磁异常条带,表明海底地壳在不断从中脊向两侧扩张,各板块所负载的大陆岩石圈随之而发生水平漂移。

由于六大板块和其他小板块的互相镶嵌式拼合,板块的水平向移动必然在板块边界和板块内部产生次生的竖直向运动,包括:

(1)板块消减带上海洋板块向地幔以一定的倾角下沉。

(2)相邻的大陆板块边缘受消减运动的影响而被牵连下沉,地震时产生回跳。

(3)大陆内部由于横向推挤压力产生地壳的抬升或岩石圈的加厚,地质上产生岩层的褶皱。

另外,由于地幔物质的上涌在大陆某些地区的岩石圈中可能产生拉伸的张应力,形成张性的裂谷或断陷盆地。从地壳均衡的方面说,地球表层的竖直向运动从根本上还受到地球重力的制约。

地球大陆在漂移

早在1620年,英国哲学家培根就注意到南美洲东海岸与非洲西海岸轮廓彼此吻合的现象,并提出了西半球(南、北美洲)与欧洲、非洲曾经连接的可能性。后来,又有一些欧洲的地质学家注意到南半球各大陆上的地层、构造相当一致,因此,推断它们在古代曾是一个统一的大陆,命名为"冈瓦纳古陆"。1908~1911年,美国的地质学家们提出过大陆漂移的设想,试图对各大陆进行拼接(图2-4)。1912年,年轻的德国天文气象学家魏格纳发表论

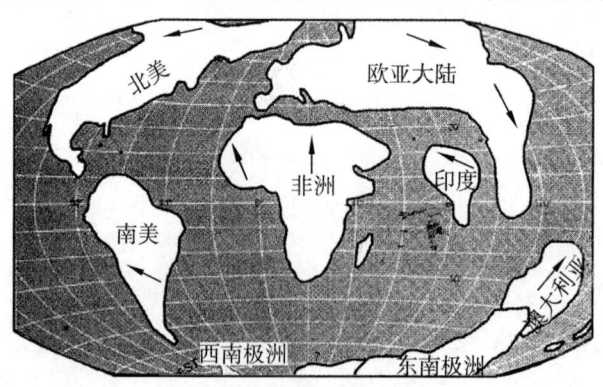

图 2-4 地球大陆漂移

文,首次正式提出了"大陆漂移学说",他在专著《海陆的起源》中进行了详尽的阐释。

魏格纳的主要论点是,地球上所有的大陆在中生代以前曾经是统一的巨大陆块,称为泛大陆(Pangea)或联合古陆,中、新生代时期,泛大陆分裂并漂移,逐渐达到今天的海洋和陆地分布的格局。他认为大陆地壳是较轻的花岗岩的硅铝层,它在较重的、黏性的大洋地壳——玄武岩质的硅镁层上漂移。这是一种"活动论"地质学的思想。与此相对,传统的大地构造学理论却是"固定论"的思想,即地壳都在原地升降,如有水平方向的推挤和位移,不过数千米、数十千米规模,像这种几千千米的大陆漂移是不可想象的。所以,大陆漂移说一经提出,就遭到持传统观念的大多数地质学家、地球物理学家的反对和围攻。

魏格纳对泛大陆的存在及古大陆破裂、漂移提出了确凿的证据。除上述大西洋两岸轮廓之奇妙吻合之外,还有古生物化石作证。首先,北美洲纽芬兰与欧洲挪威同为加里东造山带,南非与阿根廷南部同为海西造山带,地层和构造彼此呼应,更重要的是早二叠世淡水爬行动物中龙(Mesosaurus)化石在巴西和南非都有发现,三叠纪陆生的似哺乳爬行动物水龙兽(Lystrosaums)化石广泛分布于南半球各大陆。三叠纪北美洲和欧洲有相同的热带植物群,而南半球各大陆有相同的舌羊齿(Glossopteris)植物群。如果二叠纪、三叠纪时海洋和大陆格局是今天这样,那么,上述动、植物是没有漂洋过海的本领的,只能设想当时各大陆是连在一起的,这些生物群在这片大陆上有可能自由迁移与广泛分布。看来,古生物证据具有较强的说服力。

魏格纳还指出,大地测量的精确数据也表明格陵兰岛漂离欧洲大陆越来越远。魏格纳有一个巧妙的比方:假如有两张半截报纸,不仅它们相邻的两条边缝轮廓应该完全吻合,而且拼在一起以后,上面的所有文字也都能连接成句,念得通顺,那么,我们就不得不承认这两张半截报纸是由一整张报纸撕开来的。但是魏格纳没能很好地解释大陆漂移的动力机制问题,在今天看来,他所提出的硅铝层陆壳在硅镁层洋壳上漂移的论点也是错误的。他自己也承认:"关于大陆漂移说的牛顿还没产生"。

大陆漂移说在20世纪20年代末至50年代初一度沉寂。50年代末,由于古地磁研究成果古磁极位移理论及以后的海底扩张说,使大陆漂移说重新复活,并发展为板块构造学说;在漂移机制方面,也合理地解释成刚性的岩石圈板块在塑性的上地幔软流圈上作大规模水平方向上的运动。

海底在扩张变化

海底扩张说是 20 世纪 60 年代初期由美国的赫斯和迪茨提出的。他们根据大量的大洋地质、地貌和地球物理调查资料分析,发现表层厚 70 千米~100 千米的岩石层下部为厚几百千米的软流层。深部的岩浆热对流作用发生在软流层内,对流速度每年约 1 厘米至几厘米,对流所产生的拽力作用于岩石圈的底部,而不是地壳的底部。深部物质在大洋中脊处涌升,形成新的大洋岩石圈。它们从中脊的轴部向外作对称运动或扩张,到汇聚区又流入地下,熔化在软流层中,这个循环系统可达几千千米(图 2-5)。大洋中脊(海岭)是对流的上升区,海沟是下降区。大洋中脊两边地形非常崎岖不平;大洋中脊上热流较高;离大洋中脊越近,沉积物越薄;基底地层越近中脊越年青;海底死火山和平顶山离海岭越远,年龄越老;具有交替变化的极性磁异带常在中脊两侧作对称排列,记录了各时期玄武质岩浆的磁场方向。这些都是海底扩张的证据。由于海底的扩张,整个海底每三四亿年就要更新一次。这就是海底沉积物很薄而且海底没有比中生代更老的岩层的原因。对流的形态决定了地球内部的情况,而与大陆的位置无关。大陆随硅镁层一起流动,当大陆达到对流的汇聚点时,因大陆较轻,便相对稳定,而硅镁层由大陆下部插入地下,所以,大陆一般坐落在对流汇聚的地点;但如果一个新的对流循环恰由一块大陆下面上升,则大陆将被撕裂而形成新的断裂。

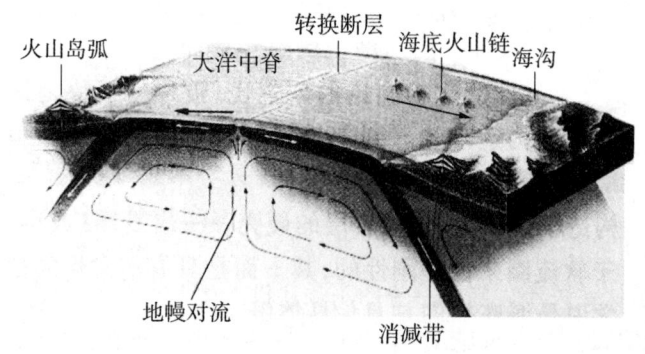

图 2-5 海底扩张学说

海底扩张学说认为：密度较小的大洋壳浮在密度较大的地幔软流层之上；由于地幔温度的不均一性，导致地幔物质密度的不均一性，从而在地幔或软流圈中引起物质的对流，形成若干环流；新生壳不断生长，随着地幔环流不断向两侧推开，就产生了不同时代地磁异常条呆在大洋中脊两旁有规律地排列，以及洋壳年龄距离洋脊越远越老的现象；在向下环流的地方，或在不断扩张的大洋壳与大陆壳相遇的地方，由于前者密度较大，位置较低，便向大陆壳下俯冲，形成海沟或称贝尼奥夫带；大洋壳不是固定不变的，而是经历着"新陈代谢"的过程。

所以，大陆常处在压性应力之下，从而产生褶皱、逆掩断层和其他挤压型构造；海洋盆地则处于张性应力之下，从而海岭、海沟常被转换断层所切断。另外，若大陆随硅镁层一起漂移，它的前缘并不受力，因而比较稳定，这相当于大西洋海岸的形式；若硅镁层由大陆下部拐入地下，由于拽力，将在大陆边缘形成山脉和岛弧，这相当于太平洋海岸的形式。

1969年，加拿大的威尔逊总结了海底扩张运动导致的大洋盆地的形成、发展过程，并将其归纳为胚胎期、幼年期、成年期、衰退期、终了期和遗痕6个演化阶段。

拼合在一起的岩石圈板块

1967年，美国普林斯顿大学的摩根（J. Morgan）、英国剑桥大学的麦肯齐（D. P. Mekenzie）、法国的勒皮顺（X. Le Pichon）等人，总结并提高了对岩石圈的运动、演化的总体规律的认识和解释，逐渐形成了地球构造、构造运动理论的新学说，被称为板块构造学说；或称作新的全球构造理论。到1973年，这个学说基本成型，直到现在仍在继续发展。

板块构造学说认为，地球表层的硬壳——岩石圈（或称为构造圈），相对于软流圈来说是刚性的，其下面是具有潜柔性的软流圈。板块构造学说是海底扩张学说的具体引申。地球的岩石圈并不是整体一块，而是被一些构造活动带如海岭、海沟岛弧构造、水平错动大断裂等所割裂，形成不连续的单元，叫做板块。

法国的勒皮顺把全球岩石圈层分为欧亚、美洲、非洲、太平洋、澳大利亚和南极六大板块（图2-6）。这些板块的边界是海岭、岛弧和大断裂，而不是大陆的边缘。六大板块除太平洋板块完全是水域外，其他板块都包括部分海洋和大陆。板块由于对流的带动由海岭向两边扩张，在岛弧地区或活动的大陆边缘处沉入地下，通过软流层完成对流循环。大地构造活动的基本原因是几个巨大的岩石圈板块相互作用所引起的。岩石圈板块的强度很大，主要的变形仅发生在它们的边缘部分，如喜马拉雅、阿尔卑斯等山脉就是板块相撞后缝合线上的产物，板块内部则以强度大的断块为主。由于天然地震是大地构造活动的表现之一，所以世界上的大地震带就分布在板块的分界线附近。随着研究的深入，板块还可以分得更细。板块的边界在地史上是有变化的，与海底扩张阶段密切相关。

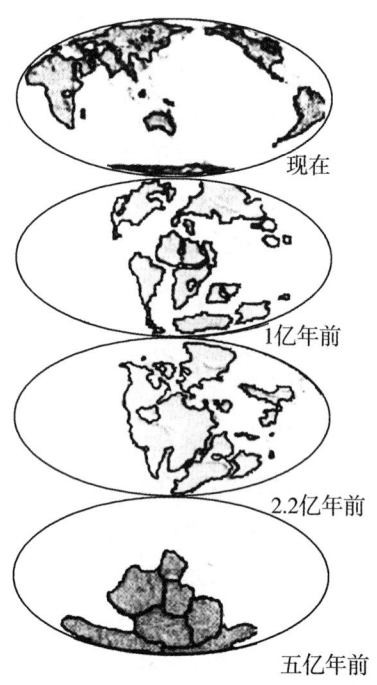

图 2-6 地球大陆的漂移变化

作为岩石圈活动带的板块边界，可以归纳为3种类型：① 拉张型边界，又称分离型边界，主要以大洋中脊为代表。② 挤压型边界，又称汇聚型边界或消亡带，也称为贝尼奥夫带，主要以岛屿－海沟为代表。③ 剪切型边界，又称平错型边界，这种边界是岩石圈，既不生长，也不消亡，只有剪切错动的边界，转换断层就属于这种性质的边界。

大陆边缘的岛弧

翻开世界地图，一个醒目的构造是西太平洋边缘的花边弧状的岛弧，像是给大陆穿上了一条漂亮的镶边裙。自北向南，主要的弧有阿留申弧、千岛弧、日本弧、琉球弧、吕宋弧和巽它弧等。弧的后方有弧后海盆，像白令海、鄂霍次克海和日本海等；弧的前方有海沟，一般都很深，像马里亚纳海沟，深度超过万米，如果把陆地上最高的山珠穆朗玛峰填进去，还差1000多米呢！

大陆边缘弧这一现象早就被发现了，但其研究历史却相对较短。20世纪40年代前后,荷兰学者在东印度群岛(当时东印度群岛是荷兰的殖民地)进行研究时,发现了重力异常,认为是地壳下弯造成的。这使人想起一句俏皮话:上帝造了荷兰,荷兰人造了海岸。对东印度群岛的研究可誉为荷兰人造的第二个海岸。

板块构造的诞生开创了岛弧研究的热潮,因为这里是大洋板块向亚洲等大陆板块会聚的地方。大洋壳向陆壳下俯冲,所以这里肯定是新构造活动区,而且以安山岩活动、深源地震多、地热梯度高等为特征。因为洋壳消减时的拖曳力,弧前常有一条窄而深的海沟(深度常在7千米以上),并成了重力、地磁、热流等地球物理异常的交替区。弧后可能出现拉张,故有宽阔的弧后海盆发育(继续伸展下去也会有洋壳出现)。火山弧在其演化过程中,其位置也会变化,一般情况下是向大陆迁移,但也有向洋迁移的可能性。后者的情况下火山弧的大量火山岩、沉积岩增生在大陆边缘上,形成非常宽阔的增生带,这是地史期间大陆生长的一种方式。大陆被镶上了一条又一条的边,越向外的镶边时代越新。

东太平洋边缘的情况略有不同。北美大陆,如前所述,是以圣安德列斯断层为代表的剪切边缘,南美大陆边缘则以安第斯山脉为弧的代表。那里,太平洋板块也在向南美大陆底下会聚消减,但消减的角度较小,因而不能形成开阔的弧后海盆,其他特征则与西太平洋边缘相似。据此可把大陆边缘弧分为两种:日本式的岛弧系和安第斯式的山弧系。

孕育生命——太阳辐射

太阳的光与热孕育了人类和地球上所有的生命,因而成为与地球关系最为密切的星球。太阳是一个巨大炽热的气体球,主要成分是氢与氦,表面温度最高达到6 000℃。太阳以电磁波的形式源源不断地向四周放射能量,这称为太阳辐射。太阳辐射的能量是巨大的,虽然太阳辐射能只有二十二亿分之一到达地球,但对地球和人类的影响却是不可估量的。可以说,地球上几乎所有的能源都是来源于太阳能,直接利用太阳能的方式,如绿色植物的光合作用、太阳能热水器等形式;间接利用太阳能的方式则有风能、水能以及煤炭、石油等矿物燃料的利用。正是由于太阳源源不断地给地球输送能量,才使得地球上生命过程得以延续。

在太阳系中有八大行星,为什么只有地球能孕育生命,成为人类的摇篮呢?这是因为:地球离太阳不远也不近,太阳辐射比较适中,大部分水以液态形式存在,为生命的孕育创造了条件;地球的质量不大也不小,比较适中,从而形成了适宜的大气圈和水圈,同时保留了一定规模的陆地,使生命在海洋中诞生,可以进一步在陆地上演化,直至人类诞生;地球绕太阳运转的轨道近似圆形,这使得它能从太阳得到定量的辐射,使地球表面的温度变化不过于剧烈;地球自转的速度比较适中,使昼夜温差变化小,有利于生物生存、繁衍。

太阳辐射在地球表面的分布

太阳的平行光照射到地面上,而地球是球面,这样不同地区的得到的能量就有所不同。一般来说,纬度较低的地区,太阳高度越大,得到的太阳辐射能量就越多。太阳高度主要通过两种方式影响地球表面得到的太阳辐射量:一是通过照射的面积,太阳高度越大,同样的能量分布的面积越小,能量比较集中,温度也越高;二是通过路程的长短,当太阳斜射时,在大气层中通过的路程比较长,太阳辐射能被削弱得就比较多,到达地面的太阳辐射量少,温度也较低。根据这个原理可以知道,地表气温随纬度增加而递减。

为表示不同纬度地带得到太阳辐射量的多少,根据一些天文气候现象把地表划分为5条气候带。这五带的划分是一种比较古老、简单的纬度地带划分方法,以南、北回归线和南、北极圈为界限,把地球表面粗略地分为热带、南北温带、南北寒带5个热量带。其中,南、北回归线之间的地区有太阳直射的机会,称为热带;南、北两极圈以内有极昼和极夜现象,称为寒带;极圈和回归线之间的地区则称为温带。五带反映了年太阳辐射总量从低纬地区向高纬地区减少的规律。计算表明,极圈和两极的年太阳辐射总量,仅分别为赤道上年太阳辐射总量的 1/2 和 2/5。五带的划分虽然比较简单,但它是科学家们进一步研究地球表面地域分异规律的基础,例如,地理学家把气候、植被、土壤等因素综合起来考虑,划分了大陆上热带雨林带、温带落叶阔叶林带、苔原带等自然地理带。

多种多样的气候带

气候带是大致与纬度圈平行,环绕地球呈带状分布的气候分类单位,是

根据气候因子或气候要素具有纬向带状分布特征而划分的。

气候系统内部的各种物理、化学过程的根本动力,都是来自系统之外的太阳,而太阳辐射能量在地球上的分布是随纬度增高而递减的,这就决定了地球气候的基本状态也随纬度变化出现地带性。因此,气候带的划分是由最基本的气候形成因素——太阳辐射这一条件决定的。

古希腊亚里士多德就曾以南、北回归线和南、北极把地球气候划分为5个气候带,即热带、北温带、南温带、北寒带、南寒带,称为天文气候带或地理气候带。这种古老的气候带划分方法,是根据太阳高度和昼夜长短,所以也称为太阳气候带。

太阳的各个气候带占整个地球总面积的百分比是:热带占40%,温带占52%,寒带占8%。温带处于中纬度地区,南北温度梯度大,气候有极大差异。温带如此大的面积,与实际气候分布很不相称。因此,温带一般又分为3个带,即亚热带、温带和寒温带。

气候是指大气多年平均的一种状态,是相对稳定的,主要包括气温和降水状况。世界各地因受太阳辐射、大气环流、地面状况、人类活动的影响不同,气候差异很大,受太阳辐射的影响,热带和寒带地区的气候明显不同,热带地区最冷月平均气温在16℃以上,而寒带最热月气温也在5℃以下。同一热量带内,降水差异也比较大,热带雨林地区年降水量多在2 000毫米以上,而热带沙漠气候区则几乎没有降水。

在亚热带地区,亚欧大陆东岸为亚热带季风气候,夏季降水较多;大陆西岸为地中海气候,冬季降水较多。温带地区大陆东岸为温带季风气候,夏季降水偏多;大陆西岸则为温带海洋气候,全年降水分配比较均匀,四季温和多雨。因为年内阴天较多,位于亚欧大陆西岸的英国人见面就问天气怎么样(what's the weather like today?)。大陆的内部,海洋上的水汽难以到达,全年降水较少,温差也比较大。

纬度较高的寒带地区,终年严寒,为适应这种气候,北极熊的身上披着厚厚的皮毛;甚至也有人分析说,俄罗斯人的鼻子较大也是为了适应当地的低温,较长的鼻孔利于对冷空气的有效加热……这些都是动物界为适应气候环境演化形成的生态现象。

在山区,气候随高度而变化,在赤道地区的山地,从山麓到山顶可出现从热带到终年积雪的寒带,人们在一天中可以感受到四季的差异,类似从赤道到极地的各个气候带,叫做垂直气候带。那么,垂直高度的气温变化与太阳辐射有什么关系呢?虽然太阳辐射随高度增加,但反射辐射和有效辐射也随高度而变化,总的辐射平衡随高度增加而递减,所以气温随海拔高度增加而降低,加上降水先随高度而增加,到一定高度又随高度而减少,所以在山区海拔越高气温越低。

丰富多样的自然带

什么是自然带?如果有可能做一次长途旅行,如从我国炎热的华南到温凉的北方,或者从多雨的东南沿海到干旱的西北内陆,从高山的山脚下攀登到山顶,都可以明显体会到不同地区之间的气候、植被、土壤等自然因素的差别。实际上,这种差异性是绝对的,和"世界上根本不存在两片完全相同的树叶"一个道理。但不同的地区之间又会具有一定的相似性,例如,两个地区的气候相同、植被相同,那么可以把它们归为一类,看作是一个相对的整体。自然带就是各自然因素综合性相对一致的整体。

陆地上的不同地区,由于所处的纬度位置和海陆位置互不相同,分别具有一定的热量和水分的组合。不同的气候,又产生了与之相应的、有代表性的植被和土壤类型,在地球表面这种区域往往具有一定的宽度且呈带状分布,被称为自然带。

在自然带内部,由于各自然要素之间相互影响而综合地保持了整体上一致的特点。例如,热带雨林带主要分布在赤道附近,全年高温多雨,植物的光合作用强,生长量很大,为使植物的根系能顺利地进行呼吸作用,树木往往具有粗大的板状根,有时出现"独木成林"现象。受这种环境的影响,降水较多,叶片多有"滴水叶尖"。雨林中的动物多善于攀缘,如猩猩、长臂猿、眼睛猴、蜂猴、猕猴、巨松鼠、蟒蛇、树蛙等。再如热带草原带,一年内干季和雨季的区分特别明显,年降水量 500～1 500 毫米且集中在雨季,干季长达 4～6 个月。在这样的气候条件下,乔木一般不易生长,主要以高草为主,一般能长到 1～3 米高。在草原上,稀疏分布着一些乔木,乔木的树冠呈伞状,树皮很厚,树叶很坚硬,从而减少干季水分的蒸腾,树干内贮有大量的水分。像澳大利亚的瓶子树和非洲草原上的猴面包树,树干粗大,包含很多水分,能够熬过长达数月之久的旱季。稀树草原上的主要动物有大象和善于奔跑的羚羊、斑马、长颈鹿、狮子等。各种自然因素综合的变化,植被的反映往往是最显著的,只要植被不同,说明相互间的自然环境结构和功能也明显不同,所以地理学家都以植被特征来划分自然带。全球的主要自然带一般划分为热带雨林、热带稀树草原、亚热带常绿阔叶林、温带落叶阔叶林、北方针叶林、温带草原与荒漠、冻原等八类。

自然带是怎样形成的

影响自然带形成和分异的主要因素是气候,影响气候的因素如太阳辐射、大气环流等具有一定的分布规律,因此,自然带也呈现出规律的分布。

(1) 从赤道到两极的地域分异:受太阳辐射从赤道向两极递减的影响,地表景观和自然带沿纬度变化的方向作有规律的更替,叫做纬度地带性。这种现象在低纬度和高纬度地区表现最为典型。这种分异是以热量为基础的,但不同的热量条件也会引起水分条件的变化。例如,在亚欧大陆的东海岸,由赤道到两极依次是热带雨林带、亚热带常绿阔叶林带、温带落叶阔叶林带、亚寒带针叶林带,都是森林分布区,说明降水都较多,但从常绿林到落叶林、从阔叶林到针叶林也体现了热量条件的变化。

(2) 从沿海到内陆的地域分异:主要受海陆分布的影响,自然景观和自然带从沿海到大陆内部也产生有规律的地域分异,也叫做经度地带性。这种现象在北半球中纬度地区表现最为典型,由森林到草原、荒漠的变化体现了因海陆位置不同而造成的水分差异。

(3) 从山麓到山顶的地域分异:在高山地区,因随海拔高度变化,热量和水分出现差别,从而导致自然景观和气候有明显的差异,这种分异叫做垂直地带性。"一山有四季,十里不同天","人间四月芳菲尽,山寺桃花始盛开",这正是地域分异规律的写照。

概言之,地球上的不同地区地理环境具有各自不同的特征,各区域的整体性是相对的,而差异性是绝对的,这种差异性在地域分布上是有规律的,在规律之上也存在一些不规律性的现象,如沙漠中出现绿洲等地理现象。这正说明了地理环境的复杂性。如果从海南岛到黑龙江,或从上海到乌鲁木齐做一次长途旅行,便会发现各地在气候、植被、土壤、地形等方面存在很大的差异,即地理环境的地域差异。地理环境的差异有其地域分异规律,体现了气候、植被、土壤等地理环境要素在空间上的规律性(水平地域分异规律和垂直地域分异规律)。

再如,南美大陆太平洋沿岸地区,应该出现热带雨林景观,但由于受寒流影响,形成了南纬 3°~30°之间平行于海岸分布的狭长荒漠带,既不符合从赤道到两极的地域分异规律,也不符合从沿海到内陆的地域分异规律,实际呈现的是热带疏林草原景观。这与特有的洋流与大气环境对该地区的影响有关。

生命之源——水

从太空中看到的地球是一个缓慢旋转着的淡蓝色的行星;若从月球表面观察地球,它好像一轮淡蓝色的月亮悬挂在茫茫宇宙之中。地球的蓝色使之区别于其他天体,成为一颗特殊的行星。地球呈蓝色,一般认为是由于地球表面的水,地球表面 7/10 以上为蓝色的海洋所覆盖。海洋与陆地水、大气水共同构成了地球表面的水圈。水是生命的摇篮,水像其他物质一样,处于有规律的运动之中。

地球刚刚形成时,并没有河流和海洋,大气层里的水分也很少,既使有一些,也随着其他气体分子逸散了。地球上后来的水是与原始大气一起由地球内部产生的。在地球上火山活动频繁的时候,一方面地球内部喷出大量的气体(原始大气),其中包含着大量的水蒸气;另一方面,地壳不断地发生变化,有些地方隆起,形成了高原和山峰,有些地方则凹陷,形成了低地和平原。大气层中的水蒸气逐渐增多并且达到了饱和,随着地球温度的降低,水蒸气冷却而成为雨,降落到地面,聚集在一些低洼的地方,形成了湖泊和河流,最后在地面的最低洼处又汇集成了原始海洋。根据对化石的研究,原始海洋大约在 39 亿年以前就形成了。随着地球表面水量的不断扩大,最后终于形成了现代的海洋。原始海洋的含盐量很低,经过几十亿年以后,含盐量才达到了现在的浓度。

雨水降落会把大气中一些可溶性化合物带到地面上;当地面上的水经过大小河流汇集到海洋里,又把分散在地球表面的许多可溶性化合物带到海洋里,甚至一些不溶性物质也被冲刷到海洋里。就这样,水不断地把大气

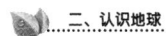 二、认识地球

和地球表面的无机物及地球上最初形成的有机物带到海洋里,原始海洋就成了各种物质的总汇集场所,在那里,进一步产生更为复杂的有机物,以至原始生命。

自从地球上出现生命以来,古代海洋一直是生物界生存、发展的摇篮和生活家园。早期的原始生命产生并生存于海洋,由于当时的大气层中还没有形成臭氧层,陆地表面的紫外线辐射很强,生命不可能暴露在如此强的射线之下。海水能减弱紫外线辐射,在原始生命的早期发展过程中起着非常重要的作用。只是到了植物界发展到了一定程度,光合作用的增强才使空气中氧气含量增加、臭氧层出现,原始生命才开始登上陆地。

在日常生活中,水是不可缺少的,俗话说:"人可三日无粮,不可一日无水"。据统计,一个人每天要喝1.5～2升水,以补充体内的水分损失。如果一个人活到60岁,一生就得饮50吨以上的水,除饮水外,还需要洗衣、洗澡等生活用水。人体所含水分占到体重的70%以上,这恰好与水面占地球表面的比例相似。

地球上水的宝库——海洋

地球上水的主体是海洋,就面积而言,海洋约占全球面积的71%,水量计算占的比例更大,地球上的水97%以上都是海洋中的咸水。

海洋总是在不停地运动着,海浪、潮汐和洋流是海洋水运动的主要表现形式。风浪是最常见的一种波浪,在风力作用下,海面波状起伏,风速越大,海浪规模越大,能量越大。海啸也是波浪的一种,它是由海底地震、火山爆发或风暴引起的巨浪,能摧毁建筑,夷平村镇,破坏力极大。2004年12月在印尼苏门答腊岛附近发生里氏8.9级地震(美国地震监测网),地震引起的海啸首先袭击泰国南部,然后一路奔袭1600千米,席卷印度和斯里兰卡等国家,造成十几万人死亡,灾难甚至波及东非沿岸的索马里。潮汐是指海水在月球和太阳的引力作用下发生的周期性的涨落现象,一天中通常可以观察到海水涨落,古人将白天海水的涨落称为潮,夜晚海水的涨落称为汐。洋流又叫海流,是指海水主要在近地面盛行风带的作用下,常年比较稳定地沿着一定方向作大规模的运动。洋流具有非常大的规模,如墨西哥湾暖流的流量相当于世界陆地径流总量的20多倍。

海洋中有丰富的资源。在当今全球粮食、资源、能源供应紧张与人口迅速增长的矛盾日益突出的情况下,开发利用海洋中丰富的资源,已是历史发展的必然趋势。海洋资源主要包括海洋生物资源、海洋矿产资源和海洋空间资源。海洋中有20多万种生物,其中动物18万种,包括16 000多种鱼类,这些生物资源除了直接捕捞供食用和药用外,通过养殖、增值等途径还可实现可持续利用。在大陆架浅海海底,埋藏着丰富的石油、天然气以及煤炭、盐、硫、磷等矿产资源。深海海盆中广泛分布着深海锰结核。锰结核是由以锰为主的30多种元素组成的,是公认的非常具有开采价值的矿产资源,不连续分布在水深2 000~6 000米的大洋底部,主要集中分布在北太平洋。海洋空间资源的利用,已从传统的交通运输扩大到生产、通信、电力输送、储藏、文化娱乐等诸多领域。随着陆地上人口增多、人地矛盾激化,沿海国家通过围海造陆、填海造陆扩大土地面积,世界上一些沿海发达国家,如日本、美国、法国、荷兰等都已经建造了人工岛。

人类必需的水资源

水资源,就其概念来说,有广义和狭义之分。广义的水资源是指地球上所有的水体;狭义的水资源是指目前人类可以利用的淡水资源,我们一般说的水资源都是指其狭义的概念。人类目前可以利用的淡水资源主要指陆地上的河流水、淡水湖泊水和中、浅层的地下水(图2-7)。陆地上的水,与海洋相比无论是体积还是面积都小得多,其数量仅占到全球水体总量的3.5%,但它与海洋水、大气水共同组成水圈,在自然环境中起着非常重要的作用,尤其对陆地生物界和人类的生存发展更是不言而喻的。

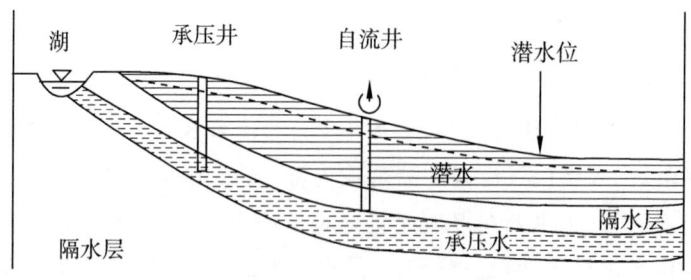

图2-7 地球上的地下水资源

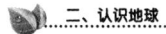

陆地水按其空间存在形式主要分为地表水和地下水。地表水主要包括江河水、湖沼水和以固体形态存在的冰川等地表水体。陆地水的基本来源是大气降水,水降到地面,除一部分蒸发和下渗外,其余部分沿地面流动形成径流,径流汇入河槽形成河流水;在地表洼地滞留蓄水形成湖泊和沼泽水;一部分固体降水常年积存在地表,形成永久性积雪,长期积累演化变成冰川。从静态储水量来看,地表水中冰川的储水量最大,冰川是地球上淡水的主体,储水量约占全球淡水总储量的2/3。但是它主要分布在两极地区和高山地区,目前作为淡水资源直接加以利用的还不多。河流水运动更新快,循环周期短,平均每16天可更换1次,每年可与大气降水交替更换22次,成为人类目前利用的主要淡水资源之一。

地下水按照埋藏的深度分为浅层地下水和深层地下水。深层地下水水量很大,其循环更新的周期可长达1 400年,利用后很难在短期内恢复,加之开采难度较大,目前开采利用得较少。地下水按其埋藏条件主要分为潜水和承压水。潜水是埋藏在地下第一个隔水层之上的地下水,有自由的水面;承压水是埋藏在两个隔水层之间承受一定压力的地下水,没有自由水面。当凿穿上面的隔水层时,水会在压力作用下自动上涌,甚至喷出地表,因此也称自流水,如澳大利亚著名的大自流盆地。

地球的水循环

唐朝大诗人李白的《将进酒》中曾写道"君不见黄河之水天上来,奔流到海不复回。"李白本意上是借河水东流至海不回,表达自己对时光一去不复返的感叹,殊不知他犯了一个地理科学上的错误。黄河的水从根本上讲是大气形成的降水,因此说"黄河之水天上来",但河水东流至海后通过海水蒸发、水汽输送等环节可以重新回到陆地上的河流之中,实际上是"东流至海也复回",这就是水循环(图2-8)。水循环是指自然界中的水周而复始连续运动的过程。地球上的各种水体(主要是海洋水)在太阳辐射作用下大量蒸发,形成水汽。水汽被气流输送到陆地上空,在适当条件下凝结,形成降水;降落到地面的水,或沿地面流动形成地表径流,或渗入地下形成地下径流,两者汇集于江河,最后又返回海洋,水的这种循环运动成为海陆间大循环,使陆地水不断得到补充、更新,使水资源得以再生。此外,在陆地和海洋内部也分别进行着水循环运动。在广大的大陆内流区域,陆地水通过蒸发或植物蒸腾形成水汽,水汽凝结又形成陆地降水,这就是水的内陆循环。不过,由陆地内循环补充陆地上水体的水量很少。

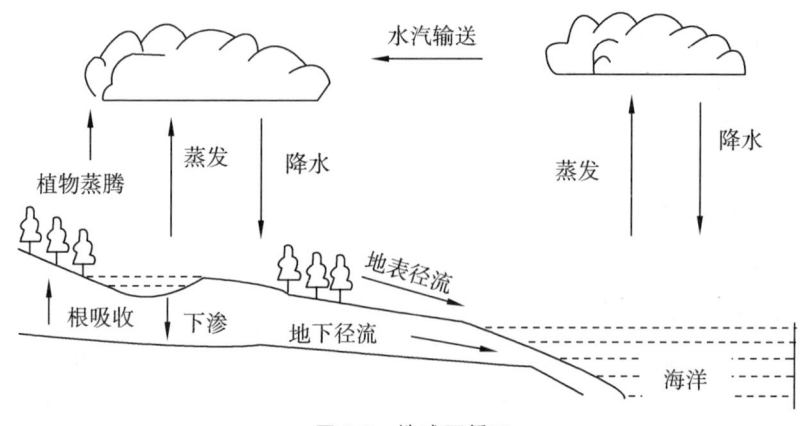

图 2-8　地球水循环

地球上的各种水体通过蒸发(包括植物蒸腾)、水汽输送、降水、下渗、地表径流和地下径流等一系列的过程和环节,把大气圈、水圈、岩石圈、生物圈有机地联系在一起。水循环是自然界最活跃的物质循环之一,它除了维护全球水量平衡,使陆地淡水资源不断更新外,还促进自然界物质的运动,对地表太阳辐射能起着吸收、转化、传输和调节作用;水循环运动还影响着全球的气候和生态,并且使水成为自然界最富动力作用的因子之一,不断塑造着地表形态。总之,水循环深刻而广泛地影响着全球地理环境,使我们生活的星球变得生机勃勃。

地球之肾——湿地

人们习惯将陆地上储水的低洼地称为湖泊,然而,近年来经常在各种媒体出现的"湿地"又是什么概念呢?

1971年在伊朗的拉姆萨尔镇由各政府成员国签订的国际湿地公约中,给了湿地一个明确的定义:湿地是指大陆表面上低潮时水深不超过6米的水域。它包含非常丰富的水体类型,如湖泊、沼泽、滩涂和水稻田,以及湿原、泥炭地或其他水域地带,不管是天然或人工的、长久或暂时的、静止或流动

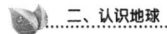

的,淡水、半咸水或咸水体都可以称为湿地。

湿地是地球上水圈的组成部分,也是人类最重要的环境资源之一,它不但具有丰富的资源,还具有巨大的环境调节功能和生态效益。各类湿地在提供水资源、调节气候、涵养水源、均化洪水、促淤造陆、降解污染物,以及保护生物多样性和为人类提供生产、生活资源方面发挥着重要作用。正因为如此,湿地被形象地喻为"地球之肾"。

工农业生产和人类其他活动,以及径流等其他过程所带来的农药、工业污染物、有毒物质进入湿地,湿地的生物和化学过程可使有毒物质降解和转化,使当地和下游区域受益。

湿地有多种生态效益,是自然界富有生物多样性和较高生产力的生态系统,湿地的生物多样性占有非常重要的地位。依赖湿地生存、繁衍的野生动植物极为丰富,其中有许多是珍稀特有的物种。天然的湿地环境为鸟类、鱼类提供丰富的食物和良好的生存繁衍空间,对物种保存和保护物种多样性发挥了重要作用。湿地是重要的遗传基因库,对维持野生物种种群的存续、筛选和改良具有商品意义的物种,均具有重要意义。例如,我国利用湿地野生稻杂交培养的水稻新品种,其具备高产、优质、抗病等特性,在提高粮食生产等方面产生了巨大作用。

湿地生态系统的另一功能在于调洪蓄水,防止自然灾害。湿地在控制洪水、蓄水、调节河川径流、补给地下水和维持区域水平衡中发挥着重要作用,是蓄水防洪的天然"海绵"。

湿地也有其巨大的经济效益,可以源源不断地为人类提供丰富的动植物资源、水资源和矿产资源。同时,湿地作为一种新的旅游资源,正在逐步开发,其经济价值已日益受到重视。

然而,随着人口的急剧增加,人类对自然资源的无节制开发,已对天然湿地造成破坏与威胁,湿地的面积日益减少,功能和效益下降,生物多样性正在丧失,湿地水资源减少,污染加剧。以我国最大的沼泽分布区三江平原为例,目前,已有300万公顷湿地变为农田,沼泽面积仅剩104万公顷,如果再不加以控制,这些沼泽湿地将丧失殆尽。湿地保护问题已成为全球的重大问题,保护湿地就是保护我们人类自己,保护湿地是全人类的共同责任,我们必须合理开发利用,爱护我们地球母亲的"肾脏",让她永远健康,永葆鲜活的光彩。

未来的新水源——边缘水

随着人类社会、经济的快速发展,水资源短缺问题日渐变得严重,这就迫使我们考虑未来新水源的开发。随着水的供需矛盾日渐突出,人类已经开始了对边缘水的开发利用。

边缘水不同于现在人们正开发利用的淡水资源,而是对将来可能利用的新水源的统称,主要包括微咸水、生活污水和暴雨洪水3种。以前我们都不把这3种水当做资源范畴内的水源,而是作为污水、弃水来处理。但是,在水资源缺乏的地区,这些水源经过一定的技术处理后,可以用于工业、农业和渔业,对于缓解干旱地区的水资源缺乏状况起到很大的作用,从而形成了"边缘水"的新概念。

(1) 边缘水来源和用途:

① 微咸水:主要埋藏在内陆较深层的含水层中,在沿海地区较为常见。一般微咸水与海水的区别是通过氯离子(Cl^-)的含量来划分的:海水中 Cl^- 的含量是4 000毫克/升,而微咸水中 Cl^- 的含量却只为海水中 Cl^- 含量的 1/10,约为400毫克/升或者更少。世界卫生组织在1961年公布的饮用水卫生标准中,对氯化物的含量的要求为35毫克/升以下,而 Cl^- 含量低于400毫克/升的微咸水仍然适于养鱼、农田灌溉和工业消耗用水。

② 生活污水:在城市人口密集地区,每天都产生着大量的生活污水。目前,一个县级城市的人均日用水量约为100升,在大城市可达到近200升。城市规模的不同,其附近每天都有不等数量的生活污水排出。这些生活污水在经过污水处理厂处理后,可以用于农田灌溉。除了开辟新水源外,还可以充分利用污染物中的一部分营养物质增加农田的肥效,同时,还可以回用于要求标准不高的工业用水、绿化用水,也减少了环境污染。

③ 暴雨洪水:干旱地区的缺水状况不仅是降水量偏少的缘故,绝大多数情况下是由于降水在年内分布不均匀等因素所致,即使在干旱地区,暴雨洪水也常危及农田及城镇安全。暴雨洪水经过降水、产流、汇流和洪水演进等一系列水文过程之后,经大型河道排入大海。这些暴雨洪水的发生一般都在雨季,不为农田所需,不能有效地利用,形成弃水;而在干旱季节,农田灌

溉又得不到应有的保障。为了解决这一难题,有必要兴建大型的水利工程引水入河、湖、水库,甚至地下水库、小池塘、小水窖等,这样可以使汛期的暴雨洪水通过各种导水渠道进入已经修筑好的集水设施,以便在农田干旱缺水季节使用。暴雨洪水的主要特征是其形成过程非常复杂,来猛去速,而且不能确定其产生的时间、地点和水量的多少,所以在修建集水工程时,必须有较高的保证率;其相应的投资费用往往也十分巨大。

(2)边缘水的水量和水质:微咸水水量充沛,但其水质则因地而异,当微咸水中的可溶固体物总量(Total Dissolved Solids,TDS)含量小于1 200毫克/升时,可用于农田灌溉,对农作物的生长不会有多大的影响;但是当TDS含量大于1 200毫克/升时,就会对农作物产生较大的影响,不适合灌溉。

生活污水的多少取决于人口的多少,城市越大,人口越多,则生活污水就越多,其数量的大小可以通过计算得出。其水质的好坏取决于污水处理的等级,一般按要求进行处理过的生活污水具有较好的水质,并有一定的肥效,可以符合农田灌溉的要求。

暴雨洪水的数量往往十分可观,在已知其降水过程和降水区域后,其具体数据可通过水文模型计算得出。暴雨洪水的水质受到洪水中固体悬浮物的影响,固体悬浮物越多,水质越差;反之,水质就越好。

(3)边缘水的稳定性:可利用水的一个重要参数就是稳定性,由此提出一系列多年平均可获得水量的概念,以衡量某一地区水量的多少;同时,通过多年水量的偏差状况也可得知其稳定性。对于不稳定的水源要求采取措施从地区以外的流域引水,以保证当地工农业生产和居民生活用水的需要。

微咸水在不同的地方有着不同的情形,岩层中的微咸水水量丰富且稳定;但在有的河谷地区,则有可能发生季节性变化。

生活污水,只要城镇人口确定,其流量的大小往往也很稳定。据估计,每天的流量误差不大于10%。在雨季,由于有相对充裕的水资源,污水资源可先储存起来等到旱季时使用。

在3种边缘水中,暴雨洪水的稳定性最差,虽然某一地区的多年平均降水情况可通过历史资料来获得,但是,某次特定洪水却是随机的,至今仍很难进行其发生时间和水量多少的有效预报。

在水资源匮乏的以色列,边缘水的开发和利用已经非常普遍,仅微咸水的消耗总量已占其年用水总量的10%以上。目前,我国的水资源也很紧张,人均占有量为2400立方米,是世界平均水平的1/10,在我国华北地区,某些省份的人均水资源占有量仅为350立方米左右,无法满足当地工业生产和居民生活的需要,所以目前的策略是,除继续实行节水工业、农业生产,并努力引进客水资源外,还必须重视边缘水的开发和利用。

三、地球的表层

蓝色的"水球"

人类驾驶宇宙飞船进入太空后,从太空中看地球,看到的是一个极为漂亮的蔚蓝色"水球"。原来,地球表面70%以上的面积都被水覆盖着,水域面积远大于陆地面积,其中绝大部分为蓝色的海洋所覆盖,陆地上的湖泊、江河只占地球表面水域很少的面积,所以从太空看,地球就像一个被水包裹着的"水球"了。

地球表面上各大陆地分隔却又彼此相通的广大水域称为海洋,其总面积约为3.6亿平方千米。海洋的总水量约为13.5亿立方千米,约占地球上总水量的97%,然而可用于人类饮用的淡水只占2%。海洋学家将地球上的海洋划分为5个大洋:太平洋、大西洋和印度洋、北冰洋、南冰洋,大部分是以陆地和海底地形线为界线而划分的。目前为止,人类已经探索过的大洋洋海底只有5%,还有95%大洋的海底都还是未知的。

七大洲五大洋

海洋如此之大,地球表面没有露出洋面的大陆,也就无法将大洋进行划分了。现在称之为"洲"的大陆划分为亚洲、南美洲、北美洲、非洲、欧洲、大洋洲、南极洲七大块,依据7个洲的分布格局将全球的大洋分隔成了太平洋、大西洋、印度洋、北冰洋、南冰洋5个大洋。换句话说,7个大洲之间为5个大洋相隔。

地球形成于45亿年前,地球表面上现在的七大州、五大洋是由于岩石圈板块的长期运动演化,在距今1亿年以来形成的格局,七大洲也就是按照板块来划分的。这7个洲就像拼图一样原来都是连在一起的,后来由于地壳的运动漂移分成各自的板块,如果你把各大洲按分成小块再"归位",就会发现很多洲之间都可以对合拼接到一起。

亚洲,又称亚细亚洲,简称亚洲。位东半球的东北部,东、北、南三面分别濒临太平洋、北冰洋和印度洋,西靠大西洋的属海地中海和黑海;总面积4 400万平方千米(包括附近岛屿),约占世界陆地总面积的29.4%,是世界第一大洲。亚洲大陆与欧洲大陆相连,中间无海洋相隔,合称亚欧大陆,总面积5 071万平方千米,亚洲大陆约占4/5。

亚洲大陆东至杰日尼奥夫角(西经169°40′,北纬60°05′),南至皮艾角(东经103°30′,北纬1°17′),西至巴巴角(东经26°03′,北纬39°27′),北至切柳斯金角(东经104°18′,北纬77°43′)。西北以乌拉尔山脉、乌拉尔河、里海、大高加索山脉、博斯普鲁斯海峡、达达尼尔海峡与欧洲分界,西南隔苏伊士运河、红海与非洲相邻,东南有一系列与大洋洲接近的群岛环绕大陆,东北隔白令海峡与北美洲相望。

亚洲在地理上习惯分为东亚、东南亚、南亚、西亚、中亚和北亚。共有48个国家和地区。亚洲的种族、民族构成非常复杂,尤以南亚为甚。黄种人(又称蒙古利亚人种)为主要人种。其余为白种人、棕色人及人种的混合类型。全洲大小民族、种族共有约1 000个,约占世界民族、种族总数的80%。其中有十几亿人口的汉族,也有人数仅几百的民族或部族。

非洲,全称阿非利加洲,简称非洲。位于东半球的西南部,地跨赤道南北,西北部的部分地区伸入西半球。东濒印度洋,西临大西洋,北隔地中海和直布罗陀海峡与欧洲相望,东北隅以狭长的红海与苏伊士运河紧邻亚洲。范围:大陆东至哈丰角(东经51°24′,北纬10°27′),南至厄加勒斯角(东经20°02′,南纬34°51′),西至佛得角(西经17°33′,北纬14°45′),北至吉兰角(本赛卡角)(东经9°50′,北纬37°21′)。面积:约3 020万平方千米(包括附近岛屿)。约占世界陆地总面积的20.2%,次于亚洲,为世界第二大洲。

在地理上,习惯将非洲分为北非、东非、西非、中非和南非5个地区。非洲目前有56个国家和地区。是世界人口最稀少的地区之一。

居民主要分属于黑种人(尼格罗—澳大利亚人种)和白种人(欧罗巴人

种)。根据语言近似的程度,非洲的语言属下列基本语系:苏丹语系,居民占全洲人口32%,肤色黝黑,分布在撒哈拉以南,赤道以北,埃塞俄比亚以西至大西洋沿岸的地带。班图语系,属此语系的居民占全洲人口30%,肤色浅黑,分布在赤道以南地区。闪米特—含来特语系,属此语系的阿拉伯人占全洲人口21%,占世界阿拉伯人总数的66%,主要分布在北非各国。此外,还有少数黄种人,如属于马来—波利尼西亚语系的马达加斯加人。欧洲白种人仅占全洲人口的2%,主要分布在非洲南部地区。非洲居民多信基督教、伊斯兰教,少数信原始宗教。

欧洲,全称为欧罗巴洲,是世界第六大洲,是世界人口第三多的洲,仅次于亚洲和非洲,人口密度平均每平方千米70人,欧洲东以乌拉尔山脉、乌拉尔河(东经66°10′,北纬67°46′),东南以里海、高加索山脉和黑海与亚洲为界,西隔大西洋、格陵兰海、丹麦海峡与北美洲相望,北接北极海,南隔地中海与非洲相望。欧洲最北端是挪威的诺尔辰角(东经27°42′,北纬71°08′),最南端是西班牙的马罗基角(西经5°36′,北纬36°00′),最西端是葡萄牙的罗卡角(西经9°31′,北纬38°47′)。位于东半球的西北部,亚洲的西面。北临北冰洋,西濒大西洋,南隔地中海与非洲相望,东以乌拉尔山脉、乌拉尔河、大高加索山脉、博斯普鲁斯海峡、达达尼尔海峡同亚洲分界,西北隔格陵兰海、丹麦海峡与北美洲相对。

欧洲有44个国家和地区。在地理上习惯分为南欧、西欧、中欧、北欧和东欧5个地区。欧洲绝大部分居民是白种人(欧罗巴人种)。城市人口约占全洲人口的64%,在各洲中次于大洋洲和北美洲,居第三位。但人口呈负增长,欧洲的人口分布以西部最密,莱茵河中游谷地、巴黎盆地、比利时东部和泰晤士河下游每平方千米均在200人以上。

美洲,又称亚美利加洲,可以分为北美洲与南美洲,位于大西洋与太平洋之间。美洲位于西半球,自然地理分为北美洲、中美洲和南美洲,南纬60°至北纬80°,西经30°至西经160°,面积4 206.8万平方千米,占地球地表面积的8.3%、陆地面积的28.4%,是唯一一个整体在西半球的大洲。北美洲和南美洲,以巴拿马运河为界,总称亚美利加洲,简称美洲。

美洲北濒北冰洋,南与南极洲隔德雷克海峡相望。由北美和南美两个大陆及其附近许多岛屿组成。巴拿马运河一般作为南北美洲的分界线;在政治地理上则把墨西哥、中美洲、西印度群岛和南美洲统称为拉丁美洲,北美洲仅指加拿大、美国、格陵兰岛、圣皮埃尔和密克隆岛、百慕大群岛。欧洲移民后代、印欧混血种人、黑白混血种人占多数,还有黑人、日本人、华人和原居民印第安人、因纽特(爱斯基摩)人等。美洲地区拥有大约9亿居民,占到了人类总数的13.5%。

大洋洲,洲名源于拉丁文,原名为澳大利亚洲,又称为"南方大陆",与澳洲的概念不完全相同。

大洋洲的经纬度位置纵跨南北两半球,从南纬47°至北纬30°,共跨纬度约77°;横跨东西半球,从东经110°E至西经160°,共跨经度约130°。东西距离有1万多千米,南北距离有8 000多千米。大洋洲位于太平洋西南部和南部的赤道南北广大海域中。在亚洲和南极洲之间,西邻印度洋,东临太平洋,并与南北美洲遥遥相对。其狭义的范围是指东部的波利尼西亚、中部的密克罗尼西亚和西部的美拉尼西亚三大岛群。

大洋洲一般包括澳大利亚大陆、塔斯马尼亚岛、新西兰南北二岛、新几内亚岛,以及波利尼西亚、密克罗尼西亚、美拉尼西亚三大群岛。共有1万多个岛屿。大洋洲陆地总面积约897万平方千米。大洋洲有14个独立国家,其余十几个地区尚在美、英、法等国的管辖之下。在地理上划分为澳大利亚、新西兰、新几内亚、美拉尼西亚、密克罗尼西亚和波利尼西亚六区。

大洋洲土著居民的祖先数千年前来自东南亚地区。自1512年麦哲伦到达大洋洲之时起,葡萄牙、西班牙、荷兰、法国、英国、德国等国前后到达大洋洲,觊觎该大陆,自17世纪以后,欧美国家建立殖民统治后,改变了大洋洲居民的民族构成和种族构成,人口的绝大部分是欧洲白人移民及其后裔,主要是英国移民;大洋洲的土著人,有的已经灭绝,如马里亚纳群岛的查莫罗人、塔斯马尼亚人。

南极洲,是人类最后到达的大陆,也叫"第七大陆"。位于地球最南端,陆地几乎都在南极圈内,四周濒太平洋、印度洋和大西洋。是世界上地理纬度最高的一个洲,同时也是跨经度最多的一个大洲。总面积约1 400万平方千米,约占世界陆地总面积的9.4%,位于七大洲面积的第五位。

南极洲约98%面积终年被很厚的冰覆盖,被称作冰盖。冰盖面积约200万平方千米,平均厚度2 000~2 500米,最大厚度达4 800米。南极洲是地球上最为寒冷、干燥、多风的大洲,也拥有最高的平均海拔高度。它的沿海和非内陆地区的年降水量只有200毫米,因此被视作荒漠,自然环境严酷。只有适应寒冷的植物和动物能生存于此,包括企鹅、海豹、线虫、缓步动物、螨、多种藻类和其他微生物,以及冻原植被。

南极洲的淡水储量约占世界总淡水量的90%。如果南极冰盖全部融化,地球平均海平面将升高60米。

由于其气候不适宜普通人类居住,南极洲没有永久定居人口,仅有一些来自其他大洲的科学考察、探险和捕鲸人员,整年有1000人左右的科考探险人员暂时居住在大陆上零星的观测站中。

太平洋,世界上最大的海洋,覆盖着地球约46%的水面以及约32%的总面积。位于亚洲、大洋洲、美洲和南极洲之间,也是世界上最深、边缘海和岛屿最多的大洋。跨度从南极大陆海岸延伸至白令海峡,西面为亚洲、大洋洲,东面则为美洲,跨越135°纬度,南北最宽1.55万千米。包括属海的面积达到18 134.4万平方千米,不包括属海的面积为16 624.1万平方千米。

太平洋海盆可划分为3个区:① 东区,整个美洲的西海岸,沿科迪勒拉山系从北部阿拉斯加起,向南直抵火地岛,海岸平直,大陆架狭窄。② 西区,亚洲部分结构复杂,海岸曲折,大陆东缘有突出的半岛,岸外有一系列岛弧,形成众多的系列边缘海从北向南有白令海、鄂霍次克海、日本海、黄海、东海和南海。岛群外缘有一系列海沟。③ 中区,太平洋中部是面积宽广的海盆,是地壳构造最稳定的地区,海水深度一般在4 570米左右。西经150°以东为东太平洋海盆,从中美地峡经科科斯海岭至加拉帕戈斯群岛一线以南是秘鲁—智利海盆和东南太平洋海盆。再向南越过东南太平洋海隆即为太平洋—南极洲海盆。

大西洋,中国自明代起,在表述地理位置时,常习惯以雷州半岛至加里曼丹作为界线,此线以东为东洋,此线以西为西洋,"大西洋"由此得名。大西洋是世界第二大洋,位于欧洲、非洲、南极洲和南、北美洲之间,占地球表面积的近20%,原面积8 221.7万平方千米。总面积为7 676.2万平方千米,平均深度3 627米,最深处波多黎各海沟深达8 605米。位于欧洲、非洲与北美、南美之间,北接北冰洋,南接南冰洋,西南以通过合恩角(Cape Horn)的经线(西经67°)与太平洋为界,东南以通过厄加勒斯角(Cape Agulhas)的经线(东经20°)与印度洋为界。包括属海的面积为9 431.4万平方千米。不包括属海的面积为8 655.7万平方千米。从赤道南北分为北大西洋和南大西洋。北面连接北冰洋。主要的岛屿包括大不列颠岛、爱尔兰岛、冰岛、纽芬兰岛、古巴岛、伊斯帕尼奥拉岛及加勒比海和地中海中的许多群岛,格陵兰岛也有一小部分位于大西洋。

印度洋,位于亚洲、大洋洲、非洲和南极洲之间。包括属海的面积为7 411.8万平方千米,不包括属海的面积为7 342.7万平方千米,约占世界海洋总面积的20%,世界的第三大洋。印度洋包括属海的平均深度为3 839.9米,不包括属海的平均深度为3 872.4米,仅次于太平洋。其北为印度、巴基斯坦和伊朗;西为阿拉伯半岛和非洲;东为澳大利亚、印度尼西亚和马来半岛;南为南极洲。

印度洋西南以通过南非厄加勒斯特的经线同大西洋分界,东南以通过塔斯马尼亚岛东南角至南极大陆的经线与太平洋联结。印度洋的轮廓为北部为陆地封闭,南面则以南纬60°为界,与南冰洋相连。

印度洋的主要属海和海湾是红海、阿拉伯海、亚丁湾、波斯湾、阿曼湾、孟加拉湾、安达曼海、阿拉弗拉海、帝汶海、卡奔塔利亚湾、大澳大利亚湾、莫桑比克海峡等等。

印度洋有很多岛屿,其中大部分是大陆岛,如马达加斯加岛、斯里兰卡岛、安达曼群岛、尼科巴群岛、明打威群岛等,还有留尼汪岛、科摩罗群岛、阿姆斯特丹岛、克罗泽群岛、凯尔盖朗群岛为火山岛。拉克沙群岛、马尔代夫群岛、查戈斯群岛,以及爪哇西南的圣诞岛、科科斯群岛都是珊瑚岛。

印度洋洋底中部有呈"人"字形的大洋中脊,将印度洋分成3个海域:东部海域区被东印度洋海岭分割,两侧有中印度洋海盆和西澳大利亚海盆。西部海域区海底地貌最复杂,它被海岭和岛屿分割,分为索马里海盆、莫桑比克海盆和马达加斯加海盆。南部海域区海底地貌比较简单,分为3个海盆:克罗泽海盆、大西洋—印度洋海盆和南极—东印度洋海盆。

北冰洋,是世界最小、最浅和最冷的大洋。大致以北极圈为中心,位于地球的最北端,因为该地区气候严寒,洋面上常年覆有冰层,所以人们称它为北冰洋。被亚、欧大陆和北美大陆三洲环抱,有狭窄的白令海峡与太平洋相通;通过格陵兰海和许多海峡与大西洋相连。它的面积仅为1 475万平方千米,不到太平洋的1/10。北冰洋跨经度360°,是世界上跨经度最广的大洋之一。它的深度为1 097米,最深为5 499米。北冰洋气候寒冷,洋面大部分常年冰封,终年雪飘,天气严寒,冰山林立。这里的海冰,约有300万年的历史。

北冰洋海岸线十分曲折,形成了许多浅而宽的边缘海及海湾。海岸类型中有侵蚀海岸、峡湾式海岸、三角洲型海岸及潟湖式海岸。在亚洲大陆沿岸的边缘海有巴伦支海、喀拉海、拉普捷夫海、东西伯利亚海以及楚科奇海。北美洲沿岸有波弗特海、格陵兰海。北冰洋岛屿众多,仅次于太平洋而居各大洋之第二位。岛屿总面积约为380万平方千米,均属大陆岛,多分布在大陆架上。

由于位于地球的最北部,每年都会有独特的极昼与极夜现象出现。每年10月到来年3月,冬半年为"长夜";4～9月,夏半年为"长昼"。经过一个"白天"和一个"夜晚",就是一年。

南冰洋,也叫"南极海"、"南大洋",是世界最晚一个被确定的大洋,也是世界上唯一完全环绕地球却没有被大陆分割的大洋。南冰洋是围绕南极洲的海洋,是太平洋、大西洋和印度洋南部的海域,以前一直被视为南极海,但因为海洋学上发现南冰洋有重要的不同洋流,于是国际水文地理组织于2000年确定其为一个独立的大洋(对南冰洋的划分和定名一直有着异议)。由南太平洋、南大西洋和南印度洋各一部分,连同南极大陆周围的威德尔海等海组成,南大洋主要的海峡是德雷克海峡。

南极洋为以南纬60°为界的经度360°内,包围南极洲的海洋,主要有罗斯海、别林斯高晋海、威德尔海、阿蒙森海,部分南美洲南端的德雷克海峡以及部分新西兰南部的斯克蒂亚海,面积2 032.7平方千米,为五大洋中的第四大洋,海岸线长度为17 968千米。

南冰洋的海洋深度一般在4 000到6 000米,最深可达8 000余米。南极洲大陆架很窄而且深,最宽只有258千米,有400～800米深(全球海洋大陆架平均深度仅为133米)。洋区南部海冰冰场广阔,大约有400万平方千米属永久封冻区,另有随季节生消的冰盖洋面约1 700万平方千米。冬季期间,最大冰盖面几乎占南纬40°以南海洋面积约30%。南极大陆周围,海冰平均厚度为2米,在东风影响下向西漂移,大量积聚在岬角、大陆冰舌和南极半岛东侧。夏季期间,冰盖面渐次缩小。

海与洋

地球表面的71%被海洋占据,我们居住的陆地都被海洋包围着。平常,人们把海和洋合称为海洋,其实海和洋是有区别的。

首先,洋与海所处的地理位置是不同的,海是海洋靠近大陆的部分,内侧是大陆,外侧是大洋,中间以群岛、岛屿为界,洋一般远离大陆。

其次,洋、海的范围、水文特征有着很大的差别,洋的水域面积非常广阔,水深超过2 000米。洋水的性质是比较稳定的,不受大陆影响,盐度一般稳定在1 000克洋水溶解的盐类在35克左右,变化很小;大洋水呈蓝色,透明度高,有独立的运动系统,不受大陆的干扰。而海的面积比大洋小得多,水深在2 000米以内。温度、盐度受大陆影响大,经常有明显的季节变化,盐度普遍比较低。海水透明度小,它的运动受大陆干扰,没有独立系统,还有季节变化。

大洋洋底地形以海盆、海岭、大洋岭脊为主。这就是大洋的特征。而海依邻大陆,海底地形以陆架、陆坡为主。例如,亚洲东部,以日本群岛、琉球群岛、台湾岛和菲律宾群岛一线把洋和海划开,东面为太平洋,西面则为东亚诸海。显然海洋是相互连通的,形成了一个不可分割的整体,海洋这个词代表着这个整体。

可是,也有的大陆外广阔的水域,洋和海之间并没有岛屿和群岛分隔,这种情况便根据海底地形来划分,陆架和陆坡所占据的水域为"海",海以外的水域即为"洋",如美洲的西侧海洋。

海洋水的来源

地球上这么多的海水是从哪里来的?海洋是怎样形成的?这的确是很令人好奇的科学问题,但遗憾的是,目前科学还未能给出最后的准确答案,其缘由,就是因为它与另一个同样未彻底弄清楚的太阳系起源问题相联系着。

现在的研究认为,大约在50亿年前,从太阳星云中分离出一些大大小小的星云团块。它们一边绕太阳旋转,一边自转。在运动过程中,互相碰撞,有些团块彼此结合,由小变大,逐渐成为原始的地球。星云团块碰撞过程中,在引力作用下急剧收缩,加之内部放射性元素蜕变,使原始地球不断受到加热增温;当内部温度达到足够高时,地内的物质包括铁、镍等开始熔解。在重力作用下,重的下沉并趋向地心集中,形成地核;轻者上浮,形成地壳和地幔。在高温下,内部的水分汽化与气体一起冲出来,飞升入空中。但是由于地心的引力,它们不会跑掉,只在地球周围,成为气水合一的圈层。

位于地表的地壳,在冷却凝结过程中,受到地球内部剧烈运动的冲击和挤压,因而变得褶皱不平,有时还会被挤破,形成地震与火山爆发,喷出岩浆与热气。地壳早期这种活动发生频繁,后来渐渐变少,慢慢稳定下来。大概是在45亿年前后,这种轻重物质分化,产生大动荡、大改组的过程基本完成了。人们目前认为原始的海洋,海水不是咸的,而是带酸性的、还是缺氧的。经过水分不断蒸发,反复地形成云产生雨,重又落回地面,把陆地和海底岩石中的盐分溶解进去,不断地汇集于海水中。经过亿万年的汇集、积累、融合,才逐渐成了大体均匀的咸水水体。同时,由于当时大气中没有氧气,也没有臭氧层,紫外线可以直达地面,靠海水的保护,生物首先在海洋里诞生。大约在38亿年前,即在海洋里产生了有机物,先有低等的单细胞生物。在6亿年前的古生代,有了海藻类,在阳光下进行光合作用,产生了氧气,慢慢积累的结果,形成了臭氧层。此时,生物才开始登上陆地。

总之,地球表面广大的水体经过水量和盐分的逐渐增加,地质历史上的沧桑巨变,原始海洋逐渐演变成今天的海洋。所以,海洋连同陆地上的其他水共同形成的地球表面的水圈至少要有30亿年了。

世界海岛知多少

有一位航海家曾经说过:"海洋里的岛屿,像天上的星星,谁也数不清"。这句话形容了世界海岛之多。到目前为止,全世界海洋中岛屿究竟有多少,很难说出一个准确数目来,有人说20万左右,有人说10万左右。哪一种说法更接近呢?这要看你用什么方法和标准去计算。

岛屿,是对海洋中露出水面、大小不等的陆地的统称。从含义上说,屿是比岛更小的海洋陆块。岛和屿如何划分,现在还没有具体的界限。世界上只有我国南方一些省份,特别是台湾省,常用屿来命名台湾岛周围的小海岛,如蓝屿、绿屿、花屿、东宝屿、西吉屿、大屿、棉花屿、花瓶屿等。某些屿的面积,比我国沿海一些有名小岛的面积还大,如山东的刘公岛、广西的涠洲岛等,这些小岛的面积,比蓝屿面积小得多,但它们称岛,而不称屿。平时人们常把岛和屿连起来,用以泛指大小不等的海洋中的陆地。人们还常用礁、滩来称呼它们,露出水面的叫"岛礁",隐伏在水下的叫"暗礁"。暗礁是航船危险的障碍,船在海洋中航行,如果触到了暗礁,会造成沉船的灾难。

在海洋里,有些地方在水面上露出一块几平方米的礁石,有些地方的珊瑚礁像一串串珍珠,撒布在海面,潮水退下时,便露出一排排的礁石,海水涨上来时,又被淹没在水下。如果把这些只要露出过海面的礁滩,都算作是岛屿的话,那么,说世界上有20多万个岛屿,可能有一定的道理。

如果根据世界各国出版的地图书中发表的海岛数目统计,世界上有10万个左右的海岛的说法,是有一定根据的。依此统计全世界岛屿的面积共约977万平方千米,占陆地总面积的1/15。但是,世界各国统计计算的标准、方法又不完全一样:有的把10平方米以上,或100平方米以上的礁石就算做海岛;有的把500平方米,甚至1平方千米以上海洋中的小块陆地才算岛屿。显然,标准、方法不同,所统计的数目也就不同了。如印度尼西亚,它是世界上海岛最多的国家,印尼政府有关部门统计为13 000多个,而印尼海军统计为17 000个,同一个国家不同部门统计的海岛数目就相差4 000个。

在美拉尼西亚的所罗门群岛东北方,有一个面积仅24平方千米的椭圆形的珊瑚岛,它就是世界上最小的岛国——瑙鲁。瑙鲁岛地处热带,年平均降雨量约2 000毫米,但因无河流,岛上淡水奇缺,居民喝水都靠下雨时截留雨水,储存节约使用。瑙鲁岛沿岸四周的海里,长着许多珊瑚暗礁,稍大一些的船只不能航行,也不能靠岸,因此交通困难。除了那段狭窄的可耕地外,岛上还有一块面积占全岛3/4的丘陵地,它高出海面约30米。但是,这块只生长一些灌木的岗地,竟是世界上少有大型磷酸盐矿藏。它是由过去千百万年的鸟粪堆积物形成的,后经硬化,变得像石头一样,但它含磷的成分还保留着。瑙鲁人靠这座天赐的宝藏,过上了富裕的生活。但今天,瑙鲁磷矿储量已所剩无几了。

海陆相交的海岸

一提起海岸，人们便会想到悬崖、沙滩，想到白沫飞溅、惊涛拍岸，想到海天一色的壮观景象。通俗地说，海岸是临接海水的陆地部分，即沿海岸线很狭窄的一带陆地。海岸是把陆地与海洋分开同时又把陆地与海洋连接起来的海陆之间最亮丽的一道风景线。但是，它不是一条海洋与陆地的固定不变的分界线，而是在潮汐、波浪等因素作用下，每天都在发生变动的一个地带。

海岸形成于遥远的地质时代，当地球形成，海洋出现，海岸也就诞生了。蜿蜒曲折的海岸线经历了漫长的沧桑变化，才形成今天的模样。海岸地貌形态千姿百态，海岸类型多种多样。变动着的海岸历经沧桑，仿佛一切都已成为遥远的过去，然而通过海洋与陆地留下的古生物化石和侵蚀与堆积的痕迹，使人们寻觅到了古海岸线的蛛丝马迹。沿着这些踪迹，无论是高在山崖，还是深埋地下的海岸线，都将进入我们的眼帘。我们将解开一个又一个的海岸沧桑之谜，科学而又准确地讲述海岸昨天的变迁，预测海岸的未来。

根据海岸动态变化，可将其分为堆积海岸和侵蚀海岸；根据地质构造可分为上升海岸和下降海岸；根据海岸组成物质的性质，可分为基岩海岸、沙砾质海岸、淤泥质海岸、红树林海岸和珊瑚礁海岸。

说到海岸，又常有人称之为海岸线或海岸带，其实海岸线、海岸和海岸带是有区别的。

海岸线分为岛屿岸线和大陆岸线两种，但海岸线不是一条线。这句话听起来似乎不合逻辑，但的确是海洋学家的一句口头禅。海洋与陆地之间的变化十分复杂，我们暂且假定陆地是固定不变的，海洋只有潮汐变化。海水昼夜不停地反复涨落，海平面与陆地交接线也在不停地升降改变。假定每时每刻海水与陆地的交接线都能留下鲜明的颜色，那么你会看到一昼夜间的海岸线痕迹是具有一定宽度的一条沿海岸延伸的条带。为测绘、统计实用上的方便，地图上的海岸线是人为规定的，一般用现代平均高潮线代表。麦克特航海用图上的海岸线是理论最低低潮线，比实际上的最低低潮线还略微要低一些，这样规定，完全是为了航海安全上的需要。因为海图上的水深以这样的理论最低低潮为基准，可以保证任何时间，实际上的水深都比图上标示的水深更深，舰船按此海图航行绝对不会搁浅。

前边说，海岸是海岸线上边很狭窄的那一带陆地。这是很实在的生活中的一个概念。即是说海岸就是当时我们站在那里观海时，海水上边的那一带陆地。地貌学上的海岸就不同了，它是指现在海陆之间正在相互作用着和过去曾经相互作用过的地方。

海岸带则是指现代海陆之间正在相互作用的地带；也就是每天受潮汐涨落海水影响的潮间带（海涂）及其两侧一定范围的陆地和浅海的海陆过渡地带。海岸带是一个很热门的现代概念。

金沙银沙铺起的沙质海岸

沙质海岸主要分布在岩石山地、丘陵沿岸的海湾。山地、丘陵腹地发源的河流，携带大量的粗沙、细沙入海，除在河口沉积形成拦门沙外，随海流扩散的漂沙在海湾里沉积形成沙质海岸。夏季酷暑难熬的时候，人们最好的消暑、休闲的去处当数海滨浴场了，著名的北戴河、南戴河、昌黎黄金海岸、青岛汇泉浴场、北海银滩浴场、海南三亚大东海、琅琊湾等海滨浴场皆人满为患。这些沙滩都是由黄色、白色的沙粒堆积而成，这些金沙银沙铺起了连绵不绝的沙质海岸。松软的沙滩还适合沙雕创作和开展沙滩排球运动。

台湾岛西海岸，从白沙岬到枋山，因有发源于台湾中部山地的大甲溪、大肚溪、曾文溪、下淡水等河流，将大量沙携带入海，形成沙质海岸。这些河流输出的沙，在台湾海峡强大的偏北风影响下，随水流向南运动。泥沙流受到凸起的海岸阻挡，形成许多条巨大的沙堤；沙堤内侧形成泻湖，沿岸沙滩十分开阔。

从辽宁西部的六股河口至河北北部的滦河口，其间沙质海岸十分发育。此区背倚燕山山脉，发源于燕山的河流为沙质海岸的发育提供了丰富的沙源。六股河带来了丰富的粗颗粒河沙，河沙入海后在强大的东北风作用下，随海流向西南方向漂移，在沿岸堆积成一道道沙堤，排列有序的沙堤景象十分壮观。

河北滦河口到曹妃甸的浅海中，断续分布着一系列与海岸平行的沙坝。这些存在于岸外的沙坝，称之为离岸坝或滨外坝。除了特大高潮外，沙坝始终裸露出海面。沙坝长度多为2千米～4千米，高度常在1.2～2.2米，宽度以 50～100 米者居多。

  在滨外沙坝上,也常常有小型风成沙丘发育。在沙丘间的凹地里,因有沙丘阻拦东北风,又积聚较多地下水,小气候温暖而且湿润,因而春天绿草如茵,红花绽满了枝头,真有世外桃源的境界。

  河北省昌黎沿海的风成沙丘一般高达 25～35 米,最高可达 40 米,成为平原上突起的"高山峻岭"。沙丘带的宽度约 2 千米,长达 40 千米,面积约为 76 平方千米。沙丘向海一侧迎风坡的坡度为 $6°～8°$,向陆一侧背风坡的坡度达到 $30°～32°$。

  如此高大的滨海沙丘是如何形成的呢?科学家们经反复勘察及研究,揭开了这个谜底。该地滨海沙丘的沙粒来自本区沙质海滩。海滩沙在低潮裸露时被阳光晒干,强劲的东北风把沙吹扬起来,因受树木的阻挡,在经短距离搬运后即坠落尘埃,聚沙成丘。河流不断把泥沙带入海洋,海滩上的沙不断得到补充,又不断地被风吹走。滨海沙丘经常不断地得到沙的补给,逐渐变得高大、雄伟、壮观。

  青岛在汇泉湾沙质海滩上建起了亚洲一流的海滨浴场。那里的沙又细又纯,特别松软,沙质更加细腻洁净,光着脚走在沙滩上十分舒服、惬意。近几年新建的石老人旅游度假区,在 40 多万平方米的沙滩上建起了海水浴场及多种游乐设施,使青岛的海滨浴场更加多彩诱人。

  沙质海岸是最受人喜爱、最有开发利用价值、与人们的生活关系最为密切的海洋资源之一。

坦荡无垠的淤泥质海岸

  淤泥质海岸主要是由细颗粒的粉砂、淤泥组成,它的平均粒径只有 0.001～0.01 毫米。我国淤泥质海岸主要分布在渤海的辽东湾、渤海湾、莱州湾及黄海的苏北平原海岸。淤泥质海岸与河流有密切的关系,河流是淤泥质海岸的生命源。有河流存在,淤泥质海岸就兴旺发展,失去了河流,淤泥质海岸就萎缩后退。我国上述的淤泥质海岸与在这里入海的辽河、黄河、海河等有关,特别是黄河,把巨量泥沙搬运入海,在沿海形成广阔平坦的淤泥质海岸。

  我国的淤泥质海岸坦荡无垠,其坡降在 0.5‰ 左右。高低潮线之间的滩涂宽度一般为 3 千米～5 千米，宽的可超过 10 千米。淤泥质海岸靠近大潮高潮线的滩地称为高潮滩，那里是整个滩涂地势最高，离海最远的地方。一般高潮时，海水涨不到这一地带，只有在发生大潮或风暴潮时，潮水才能将其淹没。这里裸露的滩面受强烈的蒸发作用的影响，表层脱水干缩，形成许多不规则的裂纹。这些裂纹与龟壳上的图案很相似，因而被称为龟裂纹。滩面脱离海水的时间越久，龟裂现象就越显著，龟裂带的宽度可达几百米。而发生大潮时，海水到达高潮滩，龟裂纹消失，滩面又恢复潮湿平整的面貌。这种变化有时是十分迅速的。在渤海湾西岸的淤泥质海岸，当海面上吹起偏北风，又恰当大潮的高潮时，海水漫滩，那里的龟裂纹就消失殆尽。当你一夜醒来，再去岸边时，那里的滩地面貌大变，再也找不到龟裂纹的踪影了。然而大潮过去，海水退却，近岸的高潮滩许多天不见海水，滩面上又将形成龟裂纹。

潮汐是塑造淤泥质海岸的主要动力。从广阔海面上涌入海湾的潮流，把泥沙带进湾底；落潮时，潮流又把一部分泥沙带入海中。在潮流进出淤泥滩的过程中，强潮流冲刷海岸和滩面，弱潮流使泥沙沉积下来淤高和加宽滩面。波浪的作用占第二位。它在局部地区能对海岸、滩面造成侵蚀，使海岸后退，在滩面上形成许多坑洼。

在淤泥质海岸线附近还有一种有趣的现象，即有无数大大小小的泥丸堆积。那泥丸就像孩子们用手搓成的圆泥球，小的直径有 3 厘米，大的直径有 6 厘米，有的泥丸里还含有贝壳碎屑。这些泥丸不是孩子们的手艺，而是波浪的杰作。夏秋时节，大潮海水不断地冲刷着龟裂的滩面。被剥离下来的大小不一的黏土块，随着接踵而来的波浪沿岸坡上下往复滚动，并不时地黏结一些贝壳碎屑。粘土块越滚越圆，最后成了一个个泥丸。潮水退后，泥丸一个个静静地堆积在高潮线附近。冬季潮水比夏季要小，一般很少有海水漫滩那样的大潮。沿着潮沟进来的海水，将其携带的泥沙沉积下来，埋没了夏秋季节形成的泥丸。冬春季节，淤泥质海岸附近的泥丸就像被人埋藏起来一样，一个也看不见了。制作泥丸、埋藏泥丸的"孩子"就是人们所熟悉的波浪。

在淤泥质海岸的广阔滩涂上，纵横交叉地分布着一些浅水沟，它们是潮水进出的通道。涨潮时海水首先通过这些潮水沟向岸边流动，落潮时潮水沟里的海水最后流干。滩面上的潮水沟就像大平原上的河渠,把滩面切割开,在较宽、较深的大潮沟可供渔船进出。潮水沟里的淤泥层含水量极高,承载力很小,由于在淤泥滩上行走举步维艰,甚至有生命危险,淤泥滩上人迹稀少。

层林尽染的红树林海岸

红树林是生长在海水中的神奇的森林,是生长在热带、亚热带海岸及河口潮间带特有的森林植被。它们的根系十分发达,盘根错节屹立于滩涂之中,具有革质的绿叶,油光闪亮。它们与荷花一样,出污泥而不染。涨潮时,它们被海水淹没,或者仅仅露出绿色的树冠,仿佛在海面上撑起一片绿伞;潮水退去,则成一片郁郁葱葱的森林。

红树林海岸主要分布于热带地区。南美洲东西海岸及西印度群岛、非洲西海岸是西半球生长红树林的主要地带。在东方,以印尼的苏门答腊和马来半岛西海岸为中心分布区。沿孟加拉湾—印度—斯里兰卡—阿拉伯半岛至非洲东部沿海,都是红树林生长的地方。澳大利亚沿岸红树林分布也较广。印尼—菲律宾—中印半岛至我国广东、海南、台湾、福建等省都有分布。由于黑潮暖流的影响,红树林海岸一直可以分布至日本九州。

我国的红树林海岸以海南省发育最好,种类多、面积广。红树植物有10余种,有灌木也有乔木。因其树皮及木材呈红褐色,因而称为红树、红树林。其实红树的叶子不是红色,而是绿色。在海岸很少有其他植物立足,枝繁叶茂的红树林形成一道绿色屏障抗风防浪,形成独特的红树林海岸。

红树具有高渗透压的生理特征。由于渗透压高,红树能从沼泽性盐渍土中吸取水分及养料,这是红树植物能在潮滩盐土中扎根生长的重要条件。红树的根系分为支柱根、板状根和呼吸根。一棵红树的支柱根可有30余条,这些支柱根像支撑物体最稳定的三脚架结构一样,从不同方向支撑着主干,使得红树风吹不倒,浪打不倒,对保护海岸稳定起着重要的作用。例如,1960年发生在美国佛罗里达州的特大风暴,使得沿岸的红树毁坏了几千棵,但是连根拔掉的很少,毁坏主要是刮断或因旋风作用把树皮剥开。

红树植物的呼吸根,顾名思义,起呼吸作用。在沼泽化环境中,土壤中空气极为缺乏,红树植物为了适应这种缺氧环境,呼吸根极为发育。呼吸根有棒状也有膝曲状的,有的纤细,其直径仅有 0.5 厘米,有的粗壮,直径达 10～20 厘米。红树植物板状根是由呼吸根发展而来,板状根对红树植物的呼吸及支撑都有利。红树植物根系的特异功能,使得它在涨潮被水淹没时也能生长。红树植物以如此复杂而又严密的结构与其生长的环境相适应,真令人惊叹不已。

最有趣的是红树植物繁殖的"胎生"现象。红树植物的种子成熟后在母树上萌发,幼苗成熟后,由于重力作用使幼苗离开母树下落,插入泥土中。这种"胎生"现象在植物界是很少见的。更使人们惊奇的是,幼苗落入泥中,几个钟头就可在淤泥中扎根生长。有时从母树落下的幼苗平卧于土上,也能长出根,扎入土中。当幼苗落至水中时,它们随海流漂泊,有时在海水中漂泊几个月,甚至长达一年也未能找到它生长所需的土壤。然而,一旦遇到条件适宜的土壤就立即扎根生长。红树虽然生长在水中,是一种不怕涝的植物,然而它革质的叶子能反光,叶面的气孔下陷,有绒毛,在高温下能减少蒸发,具有耐旱的生态特性。它叶片上的排盐腺可排除海水中的盐分。除了胎萌以外,红树植物还具有无性繁殖即萌蘖能力,在它们被砍伐后,很快在基茎上又萌发出新的植株。正由于红树具有如此强大的繁育生长能力,全球才形成了如此广阔的红树林海岸。

雄伟壮丽的基岩海岸

基岩海岸是由坚硬岩石组成的海岸,又称为山地港湾海岸。它轮廓分明,气势磅礴,不仅具有挺拔刚劲之美,而且具有变幻无穷的神韵。它是全球海岸的主要类型之一。基岩海岸常有突入海中的海岬,并同陆上山脉或丘陵毗连,在海岬之间,形成深入陆地的海湾,岬湾相间,绵延不绝,海岸线十分曲折。这种海岸的特点是:地势险峻,坡陡水深,岛屿星罗棋布,岸线岬湾曲折,多形成天然良港。

我国的山东半岛、辽东半岛及杭州湾以南的浙、闽、台、粤、桂、琼等省,基岩海岸广为分布。基岩海岸最为壮观的景象是从海上奔腾而来的巨浪拍击在悬崖峭壁上撞出冲天水涛,发出阵阵轰鸣。

我国的基岩海岸由花岗岩、玄武岩、石英岩、石灰岩等各种不同岩石组成。辽东半岛突出于渤海及黄海中间,该处基岩海岸多由石英岩组成。山东半岛插入黄海中,多为花岗岩形成的基岩海岸。杭州湾以南浙东、闽北等地的基岩海岸多由火成岩组成。闽南、广东、海南的基岩海岸多由花岗岩及玄武岩组成。

台湾省台北县万里乡,距基隆市约17千米的野柳村,位于由砂岩构成的半岛上。该半岛突入海洋约2千米,多奇岩怪石,其中最著名的奇石为形似海龟的巨石,人们称它为"野柳龟"。该地沿海风景奇特而又美丽,是台湾著名的海滨旅游地。

汕头市的岬角海崖形成许多和山地分离开来的石柱,犹如云南路南彝族自治县内的石林,故被称为"海角石林"。石柱拔地而起,上粗下细,成群矗立,蔚为壮观,形成基岩海岸的奇景。

青岛石老人国家旅游度假区,为这座旅游名城增添了新的风采。该旅游区背倚花岗岩组成的基岩海岸,其画龙点睛之笔乃是耸立于岸外的高24米、长10米、宽5米的一块巨石,该石远远望去像一尊老人的雕像。任凭风吹浪打,我自岿然不动,人称"石老人"。石老人中部有一高8米、宽3米的鸡心状的海蚀洞,在海上掀起大风浪时,汹涌的海水冲过海蚀洞,发出哗哗的声响。这是石老人的呼喊,大海的呼唤。

大连市东部的满家滩、凉水湾一带,是由石灰岩组成的海岸。在那里建立了度假村、高尔夫球场、地质博物馆、游艇俱乐部等旅游设施,成为大连市新的旅游热点。那里的海岸,奇石叠嶂,变幻无穷,令人耳目一新。该地石灰岩海岸由于海蚀的作用,形成造型美妙的海蚀柱、海蚀洞、海蚀拱桥、海蚀平台、海蚀壁龛等景观。这些大自然的杰作,可谓巧夺天工。

风光绚丽的珊瑚礁海岸

在蔚蓝色的海面下,盛开着色彩艳丽的"石花",色彩斑斓的热带鱼在石花中欢快地穿梭往来,上下漫游,一簇簇、一支支红色、绿色、白色的"石花"与色彩缤纷的鱼群交相辉映。这既是一幅美丽动人的图画,又是一曲海洋生命的礼赞。对热带鱼,人们并不陌生,因为有许多人虽然并未去过热带海洋,却能在家中的鱼缸里欣赏热带鱼华丽的风姿。然而,亲眼目睹海底"石花"风采的人却为数不多,"石花"的身世对许多人来说也是陌生的。"石花"学名为珊瑚,实际上它是一种较高级的腔肠动物,是生长在海洋中不能移动的动物。

珊瑚对生长地有严格的要求,最适宜生长的海水温度在20℃以上。它洁身自好,对不清净的海水难以忍受,它既不嗜盐如命,又不喜欢清淡的海水,要求海水盐度在35‰左右。它喜欢海水中具有新鲜而充足的氧气,生长的深度宜在40~60米。如果不具备上述的条件,它将无法容身。如果原来舒适的居住环境恶化,它将以死相拼,真有一股"宁为玉碎,不为瓦全"的气概。在河流入海口,因有淡水和泥沙的侵入,就没有珊瑚礁群体生长。在海水过于平静的海湾中,因氧气不充足,珊瑚群体生长十分缓慢,奄奄一息。由于珊瑚对生长条件要求比较严格,所以只有在具备其所需条件的热带、亚热带海区,以及暖流影响到的温带地区,才能寻觅到它的踪影。珊瑚生长界线,主要在赤道两侧南纬28°到北纬28°之间的海域。

许多死亡的造礁珊瑚骨骼与一些贝壳和石灰质藻类胶结在一起,形成大块具有孔隙的钙质岩体,像礁石一样坚硬,被称为珊瑚礁。在浅水形成的近岸珊瑚礁,构成了风光绚丽的珊瑚礁海岸。珊瑚礁海岸是重要的海岸类型之一。在我国台湾海峡以南的广东、广西、台湾、海南沿海的一些地区以及东沙、西沙、中沙及南沙群岛等地珊瑚礁广泛发育。

按照岩石特征,珊瑚礁分为珊瑚礁灰岩和珊瑚碎屑岩两种。前者系巨大的珊瑚礁群体未经搬运而在它的原生地堆积成礁石,后者是原生礁或造礁珊瑚骨骼经破坏后,其碎块、碎屑被搬运至其他地方后沉积下来而固结成礁。在珊瑚碎屑的形成过程中,有一些完整的贝壳及碎片、石灰质海藻,甚至还有一些岩性不同、大小不一的砾石夹杂其中,因而珊瑚碎屑岩的成分比较复杂,不像珊瑚礁灰岩那样单纯。

有一些珊瑚礁主要的成分并不是珊瑚骨骼,而是由许多其他种类的含钙动物贝壳和在礁上生活的植物的粒状碎屑为主要成分构成的,如加勒比海的珊瑚礁的组成物质就是以石灰质藻类为主。

珊瑚礁形成了独特的珊瑚礁海岸。那么,它们的根扎在哪里?珊瑚礁并不是无本之木,它也需要有固着的地方。岩石是珊瑚礁最好的附着体,海南岛北岸、西岸的珊瑚礁多固着在海底的玄武岩上。除岩石外,珊瑚礁还能构建在细砂和泥质基底上。澳大利亚大堡礁的珊瑚礁层之间存在着泥沙夹层,印度尼西亚有些珊瑚礁形成在淤泥之上。无论是岩石、细砂或淤泥都能托起美丽的"珊瑚礁大厦"。

我国的海洋资源

我国不仅是一个陆地大国,也是一个海洋大国。我国管辖的海域面积约有300万平方千米,可占到我国陆地国土面积的1/3。中国是海洋资源极为丰富的国家,共拥有1.8万千米的大陆海岸线,200多万平方千米的大陆架和6 500多个岛屿。

我国的渤海、黄海、东海和南海的海底基本处于大陆架上,这些海域有丰富的营养和大量浮游生物,海洋生物资源丰富,品种繁多,共有海洋生物20 278种,占世界海洋生物总数的25%以上。其中具有捕捞价值的海洋动物鱼类有2 500余种,包括头足类84种,对虾类90种,蟹类685种,渔场70余个。其中黄渤海渔场、舟山渔场、南海沿岸渔场、北部湾渔场是最著名的四大渔场。这些渔场的鱼类有1 700多种,主要经济鱼类有大黄鱼、小黄鱼、带鱼等70余种。我国近海渔场总面积约150万平方千米,据估测近海鱼类生产力约150万吨。然而由于近些年过度的捕捞,鱼类产量有明显的下降趋势。

到目前,中国海域共发现具有商业开采价值的海上油气田38个,获得石油储量约9亿吨,天然气储量2 500多亿立方米。海滨砂矿13种,累计探明储量15.27亿吨。中国沿岸潮汐能可开发资源,约为2 179.31万千瓦,年发电量约为624.36亿千瓦时;温差能总装机容量13.28亿万千瓦;波浪能资源理论平均功率为6 285.22万千瓦;潮流能1 394.85万千瓦;盐差能1.25亿千瓦。

中国海盐产量约占世界海盐产量的30%,居世界首位。经过多年的努力,中国已在太平洋国际海底成功地圈定了7.5万平方千米的多金属结核资源勘探矿区,并在今后商业开采时机成熟时,享有对这一海域资源开发的优先权。

但是由于诸多的人为和自然的因素,近年来中国海洋环境污染日趋恶化,海洋灾害与日俱增、风暴潮、海浪、赤潮、海水入侵和海岸侵蚀等危害严重。每年因海洋地质灾害造成的直接经济损失在100亿元以上。面临严峻的形势,我国政府已采取有力措施,制定出相关的法律法规,保护宝贵的海洋资源。

地球表面的山地带

  山地是具有一定海拔高度和坡度、在陆地表面凸起和在地面上的延伸的地形，山地包括了山、高原和丘陵三部分。山地是世界陆地的主要组成部分，面积占到了整个陆地的30%左右。

  山地系统是岩石圈内部构造活动挤压、褶皱隆起形成的，成为陆地球表层骨架及其不断演生变化的主体，控制和影响着地理生态格局与环境演变。

  全球陆地十多条高大的山系对全球表面的地貌甚至地理格局具有控制作用和重大影响，而无数散布在各地的低山和丘陵会影响和改变局部地面的起伏、土地和气候等地理特征。我国青藏高原的高大山系对全球影响最大，对整个亚洲区域地理特点控制最显著，与南极和北极共同成为地球的三极，对全球的气候格局与地域分异起着支配作用。

  地球表面最高大的山带有两个，被称为环太平洋山带和阿尔卑斯——喜马拉雅——印度尼西亚山带，是受全球岩石圈板块的控制，在中生代至新生代时期褶皱隆起形成的山带，现在全球的主要山地都集中在这两大山带上。喜马拉雅山脉形成后不仅大大改变了东亚地理格局与气候分布特点，而且也成为长江、恒河等亚洲大河的发源地，成为亚洲大陆的"水塔"；在欧洲，阿尔卑斯山脉成为中欧温带大陆性湿润气候和南欧亚热带气候的分界线，发源了多瑙河、莱茵河等世界名河。此外，在美洲环太平洋山带，落基山脉是美洲科迪勒拉山系在北美的主干，为北美洲的"脊骨"，几乎所有河流都发源于此，最大河流是密西西比河；在南美洲，安第斯山脉是科迪勒拉山系在南美洲延伸的山脉，发育了世界上流量最大、流域面积最广的河流——亚马孙河。

地球的第三极——青藏高原

  青藏高原在阿尔卑斯——喜马拉雅山——印度尼西亚山带，是世界最高的高原，拥有世界上所有8 000米以上的高峰，大部分地区海拔超过4 500米，以其高昂的气势耸立于亚洲的中部，构成举世无双的世界屋脊，又被誉为地球第三极。

青藏高原并不是一开始就这么高大的,据地质学家考证,青藏高原和喜马拉雅山一带原来是古特提斯海的一部分,后来印度洋板块与欧亚大陆板块碰撞抬升才变成了今天的样子。从地质历史时代看,这最高的高原和山脉还处在青壮年期,还在继续增高。

青藏高原位于中国西南偏北部,北起昆仑山脉,南到喜马拉雅山脉,西起喀喇昆仑山脉,东至横断山脉,总面积约250万平方千米,约占我国总面积的38.4%。它是长江、黄河、雅鲁藏布江—布拉马普特拉河、恒河和印度河等世界著名河流的发源地。除西面和西北面与山地相连外,青藏高原其他三面的地貌单元均形成巨大的高差:东面以一系列梯级降低的山地、高原过渡到中国东部平原;南面以陡峻的喜马拉雅山南坡与印度恒河平原相接;北面是海拔相对较低的塔里木盆地和河西走廊。

如此高大的青藏高原对气候形成有很大的影响。

青藏高原的崛起迫使高空西风分为南北两支:北支为弱高压,南支为弱低压,二者绕过青藏高原后于长江入海口汇合。这种分支从每年的10月份持续到第二年的6月份,扩大了西风气流的影响范围,使我国热带、亚热带的冬季具有温带性质。北支弱高压在兰州上空甩出一个个小高压,形成塔里木盆地的"倒灌东风",盆地气候干燥少雨,沙漠广布。南支弱低压带来孟加拉湾水汽,增加了南部冬季降水,南支转向时会在四川、贵州上空甩出许多小气旋,增加了本区多云雾的天气。当小气旋东移时,若条件适宜则强大起来,给中国东部冬季带来丰沛的降水量。

青藏高原的这一天然屏障对冬季气温和夏季降水的影响十分明显。冬季高原北侧冷空气大量堆积于盆地,形成冷空气潮,温度远低于同纬度其他地区;当囤积的冷空气足够强大时,就会沿河西走廊长驱南下,甚至到达长江以南地区,形成寒潮;高原南侧则很少受到寒潮影响,甚至有热带雨林生长。夏季西南季风带来水汽在高原南侧形成降水;当西南季风较强时,沿横断山谷地区向北伸展,影响中国东部;由于高原阻挡,北侧水汽极少,少量的降水多来自大西洋的水汽。

由于热力作用,青藏高原的存在还加强了中国的季风气候。青藏高原海拔极高,冬季高原面比热小于四周空气,迅速冷却,为冷高压,并向四周蔓延,向北叠加到蒙古高压上,加强了冬季的冷高压系统,使中国东部冬季风更强;夏季高原面受热迅速增温,温度高于四周空气,为热低压,并向南蔓延叠加到印度低压上,加强了夏季低压系统,使得中国东部夏季风势力更强。

青藏高原这一特殊的地理单元不仅拥有得天独厚的自然环境,也衍生出独特的风俗文化和人文景观。在广袤的高原上散布着众多的自然风光资源和人文宗教资源,丰富多彩的地质环境,雄浑壮丽的自然风光,神秘深邃的宗教文化令无数科学工作者和旅游者为之沉醉。

世界第一山脉——喜马拉雅山

喜马拉雅山脉(梵语:hima alaya,意为雪域),藏语意为"雪的故乡"。位于青藏高原南巅边缘,是世界海拔最高的山脉,其中有 110 多座山峰高达或超过海拔 7 350 米。是东亚与南亚的天然界山,也是中国与印度、尼泊尔、不丹、克什米尔、巴基斯坦等国的天然国界。西起克什米尔的南迦—帕尔巴特峰(北纬 35°14′21″,东经 74°35′24″,海拔 8 125 米),东至雅鲁藏布江大拐弯处的南迦巴瓦峰(北纬 29°37′51″,东经 95°03′31″,海拔 7 782 米),全长 2 450 千米,宽 200 千米~350 千米。

喜马拉雅山脉由几列大致平行的山脉组成,呈向南凸出的弧形,其主干部分在中国和尼泊尔境内。平均海拔高达 6 000 米,是世界上最雄伟的山脉。海拔 7 000 米以上的高峰有 40 座,8 000 米以上的高峰有 10 座(截止 1997 年,全世界 8 000 米以上高峰仅有 14 座)。

主峰峰珠穆朗玛峰,又名圣母峰,海拔高达 8 844.43 米,是世界最高山峰。藏语名 Qomolangma,是第三女神的意思,意指她银装素裹,亭亭玉立于地球之巅,俯视人间,保护着善良的人们。

在漫长的地质时期,喜马拉雅山脉所在的广大地区是一片汪洋大海,称古地中海,它一直持续到距今 3 000 万年前的新生代早第三纪末期,印度洋板块向北俯冲,挤压碰撞北部的欧亚板块,产生强大的南北向挤压力,使印度大陆与亚洲大陆合并相连,使这一地区逐渐隆起,导致地壳急剧加厚,促使地表大面积大幅度急剧抬升,于是形成雄伟的青藏高原,形成了世界上最雄伟的山脉。在第四纪冰期之后,它又升高了 1 300~1 500 米。现在的监测数据表明,它还处于缓缓上升之中。

喜马拉雅山脉作为一个影响空气和水的大循环系统的气候大分界线,

对于南面的印度次大陆和北面的中亚高地的气象状况具有决定性的影响。在冬季阻挡来自北方的大陆冷空气流入印度,同时迫使(带雨的)西南季风在穿越山脉向北移动前就已损弃携带的大部水分,从而造成印度一侧的巨大降水量(雨雪兼有)和西藏地区的干燥状况。当地地形和位置决定气象的变化,不仅在喜马拉雅山脉的不同地方气候不同,甚至在同一山脉的不同坡向也有差异。东喜马拉雅山脉比西喜马拉雅山脉纬度低,较为温暖。

雅鲁藏布江源自海拔5 300米以上的喜马拉雅山中段北坡冰雪山岭,像一条银色的巨龙,自西向东奔流于号称"世界屋脊"的青藏高原南部,最后于巴昔卡附近流出国境,改称布拉马普特拉河,经印度、孟加拉国注入孟加拉湾。它在中国境内全长2 057多千米,在我国名流大川中位居第五,流出国境处的年径流量为1 400亿立方米,次于长江、珠江,居全国第三位。

由于受喜马拉雅山脉的巨大高差和山脉南北两侧显著的气候差别的影响,喜马拉雅山脉的植被可以大体分为四带——热带、亚热带、温带及高山带。这主要是根据海拔和雨量划分的。地方地形和气候以及光照和风吹的差别,造成每一带内植被构成还有相当大的变化。

大自然的宫殿——阿尔卑斯山

阿尔卑斯山是耸立在欧洲南部的著名山脉,西起法国东南部的尼斯附近地中海海岸,呈弧形向北、东延伸,经意大利北部、瑞士南部、列支敦士登、德国西南部,东至奥地利的维也纳盆地。总面积约22万平方千米,长约1 200千米,宽120千米~200千米,东宽西窄,平均海拔3 000米左右。阿尔卑斯山景色十分迷人,是世界著名的风景区和旅游胜地,被世人称为"大自然的宫殿"。这里还是冰雪运动的圣地,探险者的乐园。

大约1.5亿年以前,阿尔卑斯山区原是古地中海的一部分,在第三纪中期(约4 400万年前),非洲构造板块向北移动,与欧亚构造板块碰撞,形成了高大的阿尔卑斯山脉。整个第四纪期间,大自然侵蚀的力量强烈啃蚀着这庞大的新近推挤上来的山脉,近百万年以来,欧洲经历了几次大冰期,阿尔卑斯山区形成了很典型的冰川地形,许多山峰岩石嶙峋,角峰尖锐,山区还有很多深邃的冰川槽谷和冰碛湖。形成了今日阿尔卑斯山脉的雄伟、迷人的山地景观。

阿尔卑斯山脊将欧洲隔离成几个区域，是许多欧洲大河（如隆河、莱茵河和波河）和多瑙河许多支流的发源地。从阿尔卑斯山脉流出的水最终注入北海、地中海、亚得里亚海和黑海。弧状的阿尔卑斯山脉，将欧洲西海岸的海洋性气候带与法国、意大利和西巴尔干诸国的地中海地区隔开。阿尔卑斯山脉的气候成为中欧温带大陆性气候和南欧亚热带气候的分界线。山地气候冬凉夏暖。

虽然阿尔卑斯山脉并不像其他第三纪时期隆起的山脉，如喜马拉雅山脉、安地斯山脉和落基山脉等那样高大，但它对说明重大地理现象却很重要。

大致每升高 200 米，温度下降 1℃，在海拔 2 000 米处年平均气温为 0℃。整个阿尔卑斯山湿度很大。年降水量一般为 1 200～2 000 毫米。海拔 3 000 米左右为最大降水带。边缘地区年降水量和山脉内部年降水量差异很大。海拔 3 200 米以上为终年积雪区，形成了冰川气候和地貌。

阿尔卑斯山以其挺拔壮丽装点着欧洲大陆，它还是欧洲最大的山地冰川中心。山区覆盖着厚达 1 000 米的冰盖。各种类型冰川地貌都很发育，冰蚀地貌尤为典型。只有少数高峰突出冰面构成岛状山峰。许多山峰角峰锐利，山石嶙峋，峻峭挺拔，并有许多冰川侵蚀作用形成的冰蚀崖、角峰、冰斗、悬谷、冰蚀湖等，以及冰川堆积作用的冰碛地貌山地冰川，呈现一派极地风光，是登山、滑雪、旅游胜地。阿尔卑斯山地冰川作用形成许多湖泊，被世人称为"大自然的宫殿"和"真正的地貌陈列馆"。

阿尔卑斯山景色十分迷人，设有现代化旅馆、滑雪坡和登山吊椅等。山地冬季的滑雪运动吸引了络绎不绝的游客。美丽的冰川湖区是旅游的胜地，山麓与谷地间的不少村镇，山清水秀，环境幽雅，每年都有大量游客来此旅游，是世界著名的风景区和旅游胜地。

北美洲的山地公园——落基山

落基山脉，当地印第安部落名为"石头"，加之该地的山光秃秃的没有植被，于是将此山称为"石头山"，英语译为"rocky"，后来此名扩及纵贯南北的整座山脉。中文音译为"落基"山脉。落基山脉是美洲科迪勒拉山系在北美的主干，也被称为北美洲的"脊骨"。

巍峨的落基山脉绵延起伏,从阿拉斯加到墨西哥,南北纵贯 4 500 多千米,广袤而缺乏植被。这条巨大的山脉南北狭长,北至加拿大西部,南达美国西南部的德克萨斯州一带,几乎纵贯美国全境。除圣劳伦斯河外,北美几乎所有大河都源于落基山脉,是大陆重要分水岭。落基山大部分山脉平均海拔达 2 000~3 000 米,诸多山峰高耸入云,白雪覆顶,极为壮观。有的甚至超过了 4 000 米,如埃尔伯特峰高达 4 399 米,加尼特峰高达 4 202 米,布兰卡峰高达 4 365 米等。在这个大山脉的加拿大境内,雄伟壮观的多处山地组成了"加拿大落基山脉公园群"。

落基山脉的比较年轻的部分,是在白垩纪时代(大约 1.45 亿年至 6 500 万年前)隆起的,白垩纪初期还只是浅海,到第三纪时发生了大规模的造山运动、火山爆发,地壳发生了强烈的褶曲与压缩,山脉再度隆起,形成了高大的花岗岩山系;第四纪时,冰川的作用又留下了陡峭的角峰、冰斗、槽谷等冰川侵蚀的多样地貌特征。

落基山脉南北延伸甚远,气候多样,南端为亚热带北缘气候,北端为北极气候。但南部因山脉为大陆性,海拔高,纬度变化造成的影响往往减弱。有两个垂直气候带贯穿山脉的大部分。较低的一个气候带为寒温带,冬冷夏凉。较高的一个气候带为高山气候,属冻原类型,冬季严寒,夏季短而寒冷;在南方,最高的山峰积雪可保持到 8 月,在北方则许多高海拔山谷仍有永久性冰川。落基山脉是北美大陆重要的气候分界线。对极地太平洋气团东侵和极地加拿大气团或热带墨西哥湾气团西行起屏障作用,导致大陆东、西降水的巨大差异,并对气温分布产生一定的影响。

落基山脉矿产资源丰富,为北美著名的金属矿区,加拿大境内苏里文的锌,美国境内比尤特和宾翰的铜、银、锌、铅,科达伦的铅、银、锌,科莱马克斯的钼等,都很著名。伐木业主要分布在蒙大拿州和爱达荷州北部较湿润的山区。

山区景色奇特优美,旅游业迅速增长。除有落基山众多的山地公园外,还有黄石、大蒂顿、冰川等国家公园以及月火山口、恐龙、大沙丘、甘尼森河布莱克峡谷等游览胜地。旅游资源的开发,茂密的森林、众多的野生动物、凉爽的气候、现代冰川、温泉等奇特景色使之成为北美重要旅游区,每年吸引数万游客。此处,还建有多处国家公园和野生动物保护区。

南美洲的脊梁——安第斯山

南美洲安第斯山脉属于科迪勒拉山系,从北到南全长 8 900 余千米,是世界上最长的一条山脉,纵贯南美大陆西部,素有"南美洲的脊梁"之称,山脉有许多海拔 6 000 米以上、山顶终年积雪的高峰,且地区矿产资源丰富。安地斯山系从南到北分为三大部分:即南安地斯,包括火地岛和巴塔哥尼亚科迪勒拉。中安地斯,包括智利和秘鲁科迪勒拉;北安地斯,包括厄瓜多尔、哥伦比亚和委内瑞拉(加勒比)科迪勒拉,其中阿空加瓜山,海拔 6 959 米左右,为西半球的最高峰,也是世界上最高的死火山。尤耶亚科火山海拔 6 723 米,是世界最高的活火山。南美洲多火山,它们主要分布在安第斯山,这里共有 40 多座活火山。此外,安第斯山脉中的哥多伯西峰是世界最高的活火山之一,海拔约 5 897 米,南美洲诸重要河流的发源地。

安第斯山脉不是由众多高大的山峰沿一条单线组成,而是由许多连续不断的平行山脉和横断山脉(或科迪勒拉)组成的,安第斯山脉从南美洲的南端到最北面的加勒比海岸绵亘约 8 900 千米形成一道连续不断的屏障。安地斯山脉将狭窄的西海岸地区同大陆的其余部分分开,是地球重要的地形特征之一,它对山脉本身及其周围地区的生存条件产生深刻的影响。位于阿根廷境内的阿空加瓜山,海拔 6 962 米,为西半球最高峰。

安第斯山系是形成于白垩纪末至第三纪(地质历史最后的 6 640 万年)阿尔卑斯运动,当时的纳斯卡大洋板块的东缘在下面受到南美洲大陆板块西缘的挤压,形成的年轻褶皱山系历经多次褶皱、抬升以及断裂、岩浆侵入和火山活动,地壳活动仍在继续,成为环太平洋火山、地震带的一部分。安地斯山仍处在火山活动期,容易发生破坏性的地震。

安第斯山脉属于热带沙漠气候,降水量变化很大。南纬 38°以南年降水量超过 508 毫米,往北降水量减少,并有明显的季节性。再往北到玻利维亚的阿尔蒂普拉诺高原、秘鲁高原、厄瓜多尔的谷地和哥伦比亚的稀树草原,降雨适中,但雨量悬殊很大;在秘鲁西科迪形成勒拉的西侧降雨量甚小,在厄瓜多尔和哥伦比亚降雨量有所增加,在东科迪勒拉的东侧(亚马孙河流域一侧)经常下大雨,并有季节性,综合反映热带湿润的基本特征。低地和低坡地带终年高温,年平均气温在 27℃以上,年降水量多超过 2 000 毫米,热带

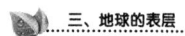

山地常绿林所占比重很大。由下向上，气候和植被类型依次更替，直至高山冰雪带，垂直带图谱完整。中段自北向南气温年较差增大，降水量减少，主要反映干旱特征。南段地处中、高纬，体现温凉湿润特征。最热月平均气温低于10℃，最冷月平均气温0℃以上。

安地斯山是世界上最重要的矿区之一，安第斯山区的主要矿藏有有色金属、石油、硝石、硫磺等，最突出的是铜矿。

我国的三山五岳

我国成语称谓的"三山五岳"，其实是泛指天下的名山。五岳是先人远古时期对山神崇拜、道家五行观念和帝王封禅相结合的产物，以象征中华民族的高大形象，指泰山、华山、衡山、嵩山、恒山。三山最早是指传说中的神山蓬莱、瀛州、方丈三山；现代则以游旅胜地黄山、庐山、雁荡山为三山。三山五岳在中国虽不是最高的山，但都位居在我国历史上人民长期繁衍居住、经济兴盛发达的中部和东部的平原或盆地区之上，显得格外高耸险峻。

五岳，以中原为中心，按东、西、南、北、中方位命名。五岳被称为华夏名山之首，具有景观和文化双重意义，故民间有"五岳归来不看山"之说。五岳各具特色：东岳泰山之雄，西岳华山之险，南岳衡山之秀，北岳恒山之奇，中岳嵩山之峻，各领风骚，胜迹如云，早已闻名于世界。

泰山，乃中国五岳之首，古名岱山，又称岱宗，古人形容"泰山吞西华，压南衡，驾中嵩，轶北恒，为五岳之长"。位于山东省中部，方圆426平方千米。雄踞在鲁中群山间。泰山主峰玉皇顶，海拔1 524米。历经几千年的保护与建设，泰山主体是形成于25亿多年的古老的花岗岩类，以主峰为中心，呈放射形分布，拔起于齐鲁丘陵之上，主峰突兀，山势险峻，峰峦层叠，形成"一览众山小"和"群峰拱岱"的雄伟、高旷气势。

泰山上多苍松翠柏，更显其庄严、巍峨、葱郁；又多溪泉，不乏灵秀与柔美。缥缈变幻的云雾更使它平添了几分神秘与深奥。它既有秀丽的麓区、静谧的幽区、开阔的旷区，又有虚幻的妙区、深邃的奥区；还有旭日东升、云海玉盘、晚霞夕照、黄河金带等十大自然奇观及石坞松涛、对松绝奇、桃园精舍、灵岩胜景等十大自然景观，宛若一幅天然的山水画卷；泰山人文景观布局重点从泰城西南祭地的社首山、蒿里山至告天的玉皇顶，形成"地府"、"人间"、"天堂"三重空间。岱庙是山下泰城中轴线上的主体建筑,前连通天街,后接盘道,形成山城一体。由此步步登高,渐入佳境,即由"人间"进入"天庭仙界"。泰山是中国第一批国家级风景名胜区之一,又是天然的艺术与历史博物馆。

华山,是我国著名的五岳之一,海拔2154.96米,位于陕西省西安以东120千米的渭南市的华阴县境内,北临坦荡的渭河平原和咆哮的黄河,南依秦岭,是秦岭的支脉北侧的一座花岗岩山体。凭借大自然风云变换的雕刻,南峰落雁、东峰朝阳、西峰莲花、北峰云台、中峰玉女五峰环峙,高擎天空,"远而望之若花状",故有其名。华山的千姿百态被历代文人墨客有声有色地勾画出来,引无数英雄竞折腰,前来顶礼膜拜,争睹其风采。现在,华山是国家级风景名胜区,国家5A级旅游景区。

华山山麓下的渭河平原海拔仅330~400米,而华山海拔2154.96米,高度差为1700多米,山势巍峨,更显其挺拔。华山以其险峻、陡峭吸引了无数游客。山上的观、院、亭、阁,皆依山势而建,一山飞峙,如空中楼阁,古松相映,更是别具一格。山峰秀丽,形象各异,如似韩湘子赶牛、金蟾戏龟、白蛇遭难等维妙维俏的拟景。峪道的潺潺流水,山涧的水帘瀑布,更是妙趣横生。仰看华山,东、南、西三峰拔地而起,如刀一次削就,唐朝诗人张乔的诗:"谁将倚天剑,削出倚天峰",就是对华山挺拔陡峭雄姿的真实写照。

南岳衡山,是五岳之中唯独一雄踞南方的山。衡山位于湖南省衡阳市南岳区,海拔1300.2米。其所以称为衡山,因它位处星度二十八宿的轸星之翼,"度应玑衡",像衡器一样,可以称量天地的轻重,能够"铨德钧物",所以定名叫"衡山"。又因轸星旁有一小星,曰"长沙星",这颗星主管人间寿命。而衡山古属长沙。借名申义,所以衡山有"寿岳"之称。后人祝寿,祝辞常说"寿比南山",其来源就在此。

由于地处南方湘水之滨,气候温暖湿润,较其他四岳要好,处处是茂林修竹,终年山林葱郁,奇花异草,四时飘香,自然景色十分幽雅秀丽,因而又有"南岳独秀"的美称。衡山同时尤以壮美的自然风光和佛、道两教形成的人文景观著称。

恒山,亦名"太恒山",曾名常山、恒宗。为五岳之北岳扬名国内外。恒山位于山西省浑源县城南10千米处,距大同市62千米。其中,倒马关、紫荆关、平型关、雁门关、宁武关虎踞为险,是塞外高原通向冀中平原之咽喉要冲,自古是兵家必争之地。

恒山主峰天峰岭在浑源县城南,海拔2 016.8米,被称为"人天北柱"。恒山号称108峰,天峰岭与翠屏峰,是恒山主峰的东、西两峰。两峰对望,断崖绿带,层次分明,美如画卷。果老岭、姑嫂岩、飞石窟、还元洞、虎风口、大字湾等处,充满了神奇色彩。悬根松、紫芝峪、苦甜井更是自然景观中的奇迹。北岳恒山则山势陡峭,沟谷深邃。深山藏宝,著名的悬空寺便隐匿其中。相传4 000年前舜帝巡狩至此,因见其山势雄伟,遂封为北岳。秦时"奉天下名山十二",泰山之次便是恒山。1982年,恒山被国务院批准列入第一批国家级风景名胜区。

中岳嵩山,地处中原,横跨荥阳、新密、巩义、登封、偃师、伊川、洛阳等市县,全长60多千米,主体部分在登封境内。嵩山北瞰黄河、洛水,南临颍水、箕山,东接开封,西连洛阳。峻峰奇异,处处宫观,为中原地区第一名山。

嵩山属伏牛山系,主脉在登封境内,嵩山中部以少林河为界,分东西两部分,东为太室山,西为少室山。太室山主峰为峻极峰,海拔1 494米,少室山最高峰为连天峰,海拔1 512米,两山各有36峰,合称嵩山72峰。往往每一峰名就包含一个有趣的故事。玉镜、狮子、虎头、玉柱、香炉等峰都是以形状外貌而命名。

嵩山峰秀,遍布河、池、潭、泉。河:有颍水、五度河、少阳河、李庄河、双溪河、石柱川等。泉:有天门泉、太乙泉、鸣琴泉、双泉、七星泉、醒心泉、玉皇泉、许由泉、卓锡泉等。卓锡泉,相传为著名禅宗二祖慧可卓锡杖得水处。

嵩山不仅自然风景好,更以武僧少林寺和中岳庙而声名远扬。

嵩山太古宙、元古宙、古生代、中生代、新生代各地质时代的地层和岩石均有出露,嵩山地区的岩浆岩、沉积岩、变质岩的出露,构成了中国最古老的岩系——"登封朵岩"。这里各时期的古生物化石也十分丰富,是世界上稀有的自然地质宝库。

黄山,位于安徽省南部黄山市。有"天下第一奇山"之美称。徐霞客曾两次游黄山,留下了"五岳归来不看山,黄山归来不看岳"的感叹。李白等大诗人都在此留下了脍炙人口的诗篇。

黄山区境内(景区由市直辖),东西宽约30千米,山脉总面积1 200平方千米，核心景区面积约 160.6 平方千米。黄山山体主要由燕山期花岗岩构成，垂直节理发育，长期风化、侵蚀切割，形成瑰丽多姿的花岗岩山峰和洞穴、孔道，"奇松"、"怪石"、"云海"、"温泉"被称为黄山四奇。黄山是国家级风景名胜区和疗养避暑胜地。1985 年入选全国十大风景名胜，1990 年 12 月被联合国教科文组织列入《世界文化与自然遗产名录》。

庐山，地处江西省北部鄱阳湖盆地，九江市庐山区境内，濒临鄱阳湖畔，雄峙长江南岸。山体呈椭圆形，为地质学上典型的地垒式断块山，长约 25 千米，宽约 10 千米，绵延的 90 余座山峰，犹如九叠屏风，屏蔽着江西的北大门。以雄、奇、险、秀闻名于世，素有"匡庐奇秀甲天下"之美誉。巍峨挺拔的青峰秀峦、喷雪鸣雷的银泉飞瀑、瞬息万变的云海奇观、俊奇巧秀的园林建筑，一展庐山的无穷魅力。庐山尤以盛夏如春的凉爽气候为中外游客所向往，是久负盛名的风景名胜区和避暑游览胜地。历代题诗极多，李白《望庐山瀑布》尤为著名。

雁荡山，位于中国浙江省乐清市境内，部分位于永嘉县及温岭市。距杭州 297 千米，距温州 68 千米。史称"东南第一山"，素有"寰中绝胜"、"海上名山"之誉，始开发于南北朝，兴于唐，盛于宋。总面积 450 平方千米，500 多个景点分布于 8 个景区，以奇峰怪石、古洞石室、飞瀑流泉称胜。其中，灵峰、灵岩、大龙湫 3 个景区被称为"雁荡三绝"。特别是灵峰夜景，灵岩飞渡堪称绝中之最。因山顶有湖，芦苇茂密，结草为荡，南归秋雁多宿于此，故名雁荡。

风神造就的土地——黄土高原

日常概念里的黄土指黄色的尘土，状态介乎分期的细沙和黏重的泥土之间。地质学上的黄土专指形成中国黄土高原的黄土，也可以看做是某种松散的软的岩石。与生物作用产生的土壤不同，它是风吹来的沙尘长期堆积而成。黄土是形成于第四纪并延续至今的干旱条件下的特殊沉积物。

它是怎样形成的呢？在"早穿棉袄午穿纱，围着火炉吃西瓜"的戈壁沙漠等干旱地区，白天和夜晚气温相差非常大，而岩石内部不同矿物的热胀冷缩程度不一样，长期反复膨胀、收缩作用，彼此之间的联系就变得松了，从而开裂、剥落，产生沙粒和粉尘。沙漠中的砂粒被风长年累月地吹来吹去，互相碰撞打击，产生许多细小的尖角颗粒，它们就是形成黄土的主要物质。西北风从坡上刮过,沙尘被卷上天空飞向远方,越细的沙尘飘得越远。中国的黄土堆积区域,正是盛行下沉气流、有利于粉尘降落的地方。在中国地图上,大致可以自西向东看到戈壁→沙漠→黄土这样岩石沉降颗粒逐渐变小的顺序。黄土高原,是几百万年的"沙尘暴"堆积的结果。

在我国,黄土遍及陕西、宁夏、山西、河南、甘肃、新疆、内蒙古和辽宁等地,分布面积达44万多平方千米。在这些地区,黄土的发育程度不完全相同,据勘察,有的地方厚度仅十余米,有些地方黄土厚度局部达到400多米,以西北地区和黄河中游一带发育最好。

黄土高原位于黄河中游地区,东起太行山,西抵乌鞘岭,南界秦岭北坡,北达长城,面积约为40万平方千米,70%的地面被深厚的黄土所覆盖(图3-1)。其中,以陕北高原、陇东和陇西高原以及山西高原的黄土景观最为典型。黄土高原横跨我国华北、西北7个省、市、自治区,覆盖面积54万平方千米,海拔1 000~1 500米,土层厚度50~80米,最厚处达200米以上。

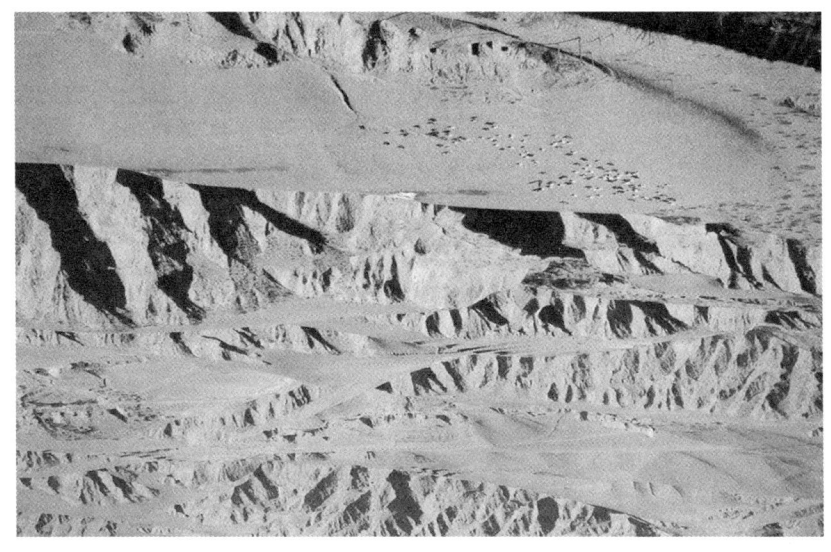

图3-1 黄土高原

黄土高原形态多姿多彩,堆积地貌与侵蚀地貌并存,其形成和发展还与黄土堆积前的古地形密切相关。其中,堆积地貌在高原的中南部保存较为完好,沟壑较少,不少地方还保存有完整而平坦的高原面,坡度一般不超过3°,没有明显的起伏,这种地形当地称为塬,最著名的有甘肃东部的董志塬和陕北的洛川塬。在高原的边缘，受流水侵蚀强烈，沟壑纵横，土地支离破碎，有的地方被分割成一条条狭窄的平顶山梁，当地称为墚。有的地方被侵蚀成为馒头状的山丘，当地称为峁。墚与峁组成了黄土丘陵地貌。在广大的黄土塬、墚、峁地区，现代侵蚀作用均较普遍，沟壑十分发育，晋西和陕北的沟壑密度高达4千米～6千米/平方千米。沟深数十米至百余米，沟壁直立，坡度达80°～90°，站在谷底仰望，只能看见一线蓝天。耸立于高原上的太行山、吕梁山、恒山、五台山、六盘山，以及北山、黄龙山、兴隆山等孤立基岩山地，植被良好，并残存着一定面积的天然林，成为黄土高原中的"绿岛"。

黄土高原的黄土质地疏松，富含氮、磷、钾等养分，适宜耕作，为生产技术水平落后的上古先民提供了理想的土地资源，造就了我国古代灿烂的农业文明。黄土高原地质结构又呈垂直节理发育，直立性很强，适宜开凿冬暖夏凉的窑洞，为当地人民提供自然"空调"的居室。但黄土有一个致命弱点，就是容易被水侵蚀，一旦天然植被遭到破坏，土壤侵蚀现象就会迅速蔓延，原来平坦而连片的土地，不久就会变成一个个孤立的塬、墚、峁地形，呈现千沟万壑、支离破碎、荒山秃岭的苍凉景象。几千年前，黄土高原地区雨量充沛，林丰草茂，先民以畜牧业为生，有利于水土保持。秦汉以后，人口增殖，技术进步，农业取代了牧业，土地大量开垦，加上无休止的战乱，土壤侵蚀愈演愈烈，今天的黄土高原已是一片干燥贫瘠、黄沙肆虐的土地，商周时代的繁荣已荡然无存。古人笔下的"河"先演变成"浊河"，再演变成"黄河"，"疾风冲塞起，砂砾自飘扬"是黄土高原向沙漠退化的典型景观。

风吹磨蚀，鬼斧神工

说到风，你可千万别总陶醉于"和风细雨"、"春风拂面"之中，风的吹蚀作用对地球表面岩石的改造所成的独特的地貌地形，真可谓鬼斧神工、巧夺天工！

在欧洲，中世纪时几乎每座村庄都建有教堂。今天，随便爬到哪座教堂的钟楼或塔顶上去，都能看到在石头或硬砖砌成的墙上（内部的墙）有许多近于圆形或椭圆形的凹穴（直径一般10～20厘米），连在一起就呈蜂窝状了，常称蜂窝石。因为有屋顶和塔壁的遮蔽，这些洞穴可不是雨冲刷出来的，唯一的"作案者"是从不封闭的墙和洞开的窗户里钻进来的风。在受到风蚀作

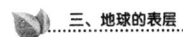

用的悬崖峭壁上也常见这样的凹穴,只是样子更稀奇古怪些。有的凹穴已很深了,且向山里倾斜,常称为石口袋,确实它们常被游牧人放置杂物,甚至像帐篷样较大的东西。有时洞紧挨着洞,整个石壁看上去像一张破渔网。

如果沙漠里有一座基岩构成的平台形高地,高地内有节理或裂隙发育,暴雨的冲刷会使节理或裂隙加宽扩大。一旦有了可乘之机,风的吹蚀就开始起作用了,风蚀沟谷和洼地逐渐分开了孤岛状的平台小山,平台山还可能演变为石柱或石墩。旅游者到了这样的地方,就像进入一个颓废了的古城,纵横交错的风蚀沟谷是街道,石柱和石墩是沿街而建的楼群。这样的"城",当风呼啸而过时,声如鬼哭狼嚎一般,因而被称为魔鬼城。在柴达木盆地、准噶尔盆地内部都有这种魔鬼城,有的规模还十分宏大。

石柱(如前所述,有的石柱就是风成的)继续遭受风的吹蚀而变成各种形状。如果岩层近于水平且硬、软岩层相间,软岩层容易被剥蚀掉,硬岩层相对突出,像屋檐那样,称为石檐。如果软、硬层相间的岩层是倾斜的,那么就形成锯齿状的雅尔塘地形。雅尔塘,原意为有泉水的驿站,因倾斜的石檐像倾倒的或残毁的古老烽火台或岗楼,故名雅尔塘。

如果组成石柱的岩石下软上硬,兼之低处的风携带的沙多且沙粒粗大,高处的风携带的沙少且沙粒细小,风的吹蚀和磨蚀作用在石柱的上部和下部表现出明显不同的结果:下部变得很细,像蘑菇把,上段则成了蘑菇伞,形成风蚀"蘑菇"。最后的结果,蘑菇把也剥蚀掉了,蘑菇伞只靠着很小的一点接触面积坐落在基岩上,看上去摇摇晃晃的,称为摇摆石。在球状风化的配合下,两块圆鼓鼓的大石头只靠一个切点互相接触,上面的圆石似乎风都吹得动,叫做风动石,如福建东山岛的花岗岩风动石。

漫天风沙也会做好事,使岩石内的铁锰质逸出,形成厚 1～2 毫米的外膜,称为沙漠漆。它是乌黑油亮的,不仅美观,而且能保护岩石,就像铝的氧化膜保护铝制品那样。埃及的金字塔和狮身人面像,历经 4 000 年风雨仍傲然屹立,甚至其上的题词还能辨认,其中也有沙漠漆的一份功劳!

神奇的云贵高原

神话般的九寨沟,神秘的梅里雪山,梦幻的香格里拉,壮丽的黄果树大瀑布,壮美的元阳梯田,秀丽的苍山洱海,迷人的玉龙雪山,古老清丽的丽江,还有漓江、泸沽湖、石林、织锦洞……这数不尽的美景都出现在云贵高原上,让人不禁要问为什么造物主这样青睐这里!

云贵高原大致以乌蒙山为界分为云南高原和贵州高原两部分。西面高山集中,高原地形较为明显,东面高原起伏较大,地势西北高,东南低。云南高原和贵州高原相连在一起,分界不明显,所以合称为云贵高原。

云贵高原主要分布在云南、贵州省境内,跨广西西北部和四川、湖北、湖南等省边境,面积约 40 万平方千米,平均海拔 1 000～2 000 米,是我国的第四大高原。

云贵高原最大的特色之一,是显著的喀斯特地形。它是石灰岩在高温多雨的条件下,经过漫长的岁月,被水溶解和侵蚀而逐渐形成的。云贵高原上石灰岩厚度大,分布广,经地表和地下水溶蚀作用,形成落水洞、漏斗、溶湿洼地、伏流、岩洞、峡谷、天生桥、溶洞、暗河、石芽、石笋、峰林、盆地等稀奇古怪的地貌,是世界上喀斯特地貌发育的典型地区之一。

云贵高原面上有一层固结的红色土层(地面岩石的风化壳),表示高原面已是个久经风化的地面。当它被剥蚀去后,就出露石灰岩,形成大片石芽地。路南石林就是石芽地中发育得最好的一片。这里奇峰兀立,或如柱,或如塔,或如笋,高的 10 米以上,矮的 5～10 米。人们在望峰亭或狮子亭眺望,就可欣赏到 40 多万亩石林的奇景。

连绵起伏的山岭间,有许多湖盆和坝子。云南有 1 200 多个坝子,坝子是当地人对小盆地的通称,有的积冰成湖,如以昆明为中心的高原面上,分布着滇池等许多大小湖泊,被称为滇中断陷湖区。湖盆四周由于湖水外泄和四周山地泥沙淤积,大多数已发育成湖岸平原。这里土壤肥沃,土层深厚,是高原的主要农业区。

贵州高原位于多雨的季风区,雨量充足,因此有"天无三日晴"的说法。由于多雨,高原上的河流水量大,许多河流长期切割地面,形成许多又深又陡的峡谷。贵州高原的地貌大致可以分为三级地形面:山原、盆地和峡谷。高原上最高的一级是山原,以贵州西部最明显。高原面因长期受河流切割而呈山原形态。在这个高原面下,分布着一些盆地(坝子),最大的是贵阳盆地,是高原上的主要农耕地带。峡谷是河流长期下切形成的,如乌江河谷深达 300～500 米,在这里"对山唤得应,走路要一天"。黄果树瀑布,宽约 20

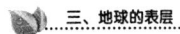

米,从 50 多米高的陡崖上直泻犀牛潭,水花飞溅,气势磅礴,是我国最大的瀑布。

众多的河流穿插在云贵高原上,不停地切割着地面,形成许多又深又陡的峡谷。云南境内的高原地形相对完整,多山间小盆地;贵州境内的高原地形支离破碎,崎岖不平,人们常用"地无三里平"来形容这种状况。

贵州高原和云南高原在气候特色和自然景观方面还有着不完全一致的特点。贵州高原的气候特色可以简单概括为:雨量较丰,雨势和缓,雨日较多,全年多云雾,少日照;气候湿润,温度年变化和缓,有冬暖夏凉之感。

云南高原的气候条件优越而又奇特,地理纬度偏南,具有低纬度亚热带的气候特色;但是它的海拔高度较高,又使它不完全同于亚热带的气候。高原地形和海拔高度大大地丰富了云南的自然景观和气候状况,使云南高原的气候别具特色。从温度特征来说,云南高原的大部分地区,总的可以说,夏无酷暑,冬无严寒,温度适宜,四季如春,一年之中分不出明显的四季变化。所以,昆明在我国的气候中一向享有"春城"的美称。

云贵高原独特的冬天,吸引了很多的黑颈鹤,它们在这里嬉戏,飞舞,这里简直变成了它们了天堂。黑颈鹤非常的美,特别是一群群的在你身边飞过的时候,你也可以感觉到它们的欢乐和笑语。

壮观的火山熔岩地貌——五大连池

我国东北地区濒临环太平洋火山带,第三纪以来经历了多期岩浆活动,区内火山数量之多,熔岩规模之大,火山景观之典型,在我国均居首位。全区有火山 45 处,800 多座,占全国火山总数的 80%。其中,有锥体高大的长白山火山,有数量众多的阿巴嘎旗火山群,有熔岩洞规模较大的镜泊湖火山群等;位于黑龙江省的五大连池是中国境内保存最完整、最典型、时代最新的火山群。

这里是一个休眠的火山群。在五大连池周围,有规律地分布着 14 座火山和 60 多平方千米的熔岩台地,其中 12 座火山形成于 1 200 万～100 万年的地质时期,2 座火山(老黑山和火烧山)喷发于 1719～1721 年,是我国最新的火山。老期火山与新期火山相间排列,规模较大的圆台形火山与规模较小的熔岩渣堆、盾状火山相依偎,圆盆状火山口、圈椅状火山口、漏斗状火山口、破裂状火山口、复合状火山口应有尽有。新期火山喷发形成的翻花熔岩、结壳熔岩交替出现,数量众多,规模宏大,保存完好的喷气锥、喷气碟世界罕见。特别是喷气锥,是国内外极其罕见的火山景观资源,堪称国宝。最新的火山喷发堵塞了当年的河道,形成了5个串珠状溪水相连、倒映山色的火山堰塞湖泊——五大连池,享有"天然火山博物馆"的美誉。五大连池主要有以下两大特色:

(1)景色奇特:由火山喷发形成的熔岩(图3-2),有的像一条长龙,有的像象鼻在吸水,有的像一条瀑布,形象逼真。还有一种外观十分好看的"石塔",高为2~3米,这也是火山熔岩层层盘叠而成的。熔岩在地下流动形成的熔岩空洞,也是旅游者感兴趣的地方。五大连池火山群各火山的熔岩岩性都基本相似,故当地将五大连池火山群富钾的碱性基—中基性火山熔岩统称为石龙岩。五大连池位于东亚大陆裂谷系的轴部,它的形成很可能是在裂谷作用下的地幔柱上隆产生的。五大连池火山岩对探讨地球板块活动租岩浆演化有重要科学意义,对监测当地火山地震活动也非常重要。

图3-2 火山熔岩地貌

(2)矿泉水资源丰富:很多地方都有矿泉水涌出,矿泉多为冷矿泉,水温低,含有十几种对人体有益的元素,统称为重碳酸矿泉水。这种矿泉水可饮

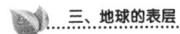

可浴,能治疗胃病、神经衰弱、皮肤病、高血压等病症。

五大连池在我国辽金时代无人居住,伴随着两座新期火山的喷发、5个彼此相连的火山堰塞湖的形成和疗效神奇的矿泉水的发现,逐渐有游牧民族达翰尔人的迁入,后来汉人大量迁入垦荒种地,繁衍生息,并逐渐形成了五大连池人民与周边少数民族的民族文化与民俗风情。

河流——大地的血脉

河流是陆地表面上经常或间歇有水流动的线形天然水道。我国对河流的称谓很多,往往称较大的为江、河、川或水,较小的则称溪、涧、沟、曲等。

河流总是与山相伴而生,"千山万水"或"山高水远"是对山—河关系的绝好写照。河源是指河流的发源地,世界上的大江大河基本都是发源于山地之中,这主要缘于山地是空中水汽汇聚的中心,世界上降水最多的地方基本上都与山地有关。此处,有的河发源于泉水,有的发源于湖泊、沼泽或是冰川。河口是河流的终点,即河流流入海洋、河流(如支流流入干流)、湖泊或沼泽的地方,在干旱的沙漠区,有些河流河水沿途消耗于渗漏和蒸发,最后消失在沙漠中,这种河流称为瞎尾河。

除河源和河口外,每一条河流根据流经各地的水文和河谷地形特征分上、中、下游三段。一般上游比降大,流速大,冲刷占优势,河槽多为山地的基岩或砾石;中游比降和流速减小,流量加大,冲刷、淤积都不严重,但河流摆动向两侧河岸侧蚀有所发展,河槽多为粗砂。下游比降变缓,流速较小,但流量大,淤积量不断增加,河床多浅滩或沙洲,河槽内多细砂或淤泥。通常大江大河在入海处受到海水顶托,导致会分多条入海,形成河口三角洲。通常把流入海洋的河流称为外流河,流入内陆湖泊或消失于沙漠之中的瞎尾河称为内流河。

流水还不断地改变着地表形态,形成不同的流水地貌,如冲沟、深切的峡谷、冲积扇、冲积平原及河口三角洲等。在河流密度大的地区,广阔的水面对该地区的气候也具有一定的调节作用。

地形、地质条件对河流的流向、流程、水系特征及河床的比降等起制约作用。河流流域内的气候,特别是气温和降水的变化,对河流的流量、水位变化、冰情等影响很大。土质和植被的状况又影响河流的含沙量。一条河流的水文特征是多方面因素综合作用的结果,例如河流的含沙量,既受土质状况、植被覆盖情况的影响,又受气候因素的影响;降水强度不同,冲刷侵蚀的能力就不同,因此在土质植被状况相同的情况下,暴雨中心区域的河段含沙量就相应较大。

人们常把河流比作是大地的血脉,河流是地球上水分循环的重要路径,对全球的物质、能量的传递与输送起着重要作用。河流与人类的关系极为密切,因为河流暴露在地表,河水取用方便,是人类可依赖的最主要的淡水资源,而且是不断更新的能源。

世界第一长河——尼罗河

尼罗河流经非洲东部与北部的河流,与中非地区的刚果河以及西非地区的尼日尔河并列非洲最大的3个河流系统。尼罗河有两条主要的支流,白尼罗河和青尼罗河。青尼罗河发源于埃塞俄比亚高原,是尼罗河下游大多数水和营养的来源,但是白尼罗河则是两条支流中最长的。

尼罗河是非洲河流之父,发源于非洲中部布隆迪高原(有关尼罗河发源地目前仍存争论),自南向北,流经布隆迪、卢旺达、坦桑尼亚、乌干达、南苏丹、苏丹和埃及等国,最后注入地中海。干流自卡盖拉河源头至入海口,全长 6 671 千米,是世界流程最长的河流。支流还流经肯尼亚、埃塞俄比亚和刚果、厄立特里亚等国的部分地区。流域面积约 335 万平方千米,占非洲大陆面积的 1/9,入海口处年平均径流量 810 亿立方米。所跨纬度从南纬 4°至北纬 31°。尼罗河最下游分成许多汊河流注入地中海,三角洲面积约 2.4 万平方千米,地势平坦,河渠交织,是古埃及文化的摇篮,也是现代埃及政治、经济和文化中心。

尼罗河有定期泛滥的特点,在苏丹北部通常 5 月即开始涨水,8 月达到最高水位,以后水位逐渐下降,1~5 月为低水位。虽然洪水是有规律发生的,但是水量及涨潮的时间变化很大。产生这种现象的原因是青尼罗河和阿特巴拉河,这两条河的水源来自埃塞俄比亚高原上的季节性暴雨。尼罗河的河水 80% 以上是由埃塞俄比亚高原提供的,其余的水来自东非高原湖。洪水到来时,会淹没两岸农田,洪水退后,又会留下一层厚厚的河泥,形成肥沃的土壤。

尼罗河被视为埃及的生命线。几千年来,尼罗河每年6~10月定期泛滥。8月份河水上涨最高时,人们纷纷迁往高处暂住。10月以后,洪水消退。人们在尼罗河水带来的肥沃土壤上,栽培棉花小麦水稻椰枣等农作物,使干旱的沙漠地区形成了一条"绿色走廊"。现今,埃及90%以上的人口分布在尼罗河沿岸平原和三角洲地区。埃及人称尼罗河是他们的生命之河。

世界第一大河——亚马孙河

亚马孙河,位于南美洲北部,是世界上流量、流域最大、支流最多的河流,长度位居世界第二。亚马孙河流量达每秒21.9万立方米,流量比其他3条大河尼罗河(非洲)、长江(中国)、密西西比河(美国)的总和还要大几倍,大约相当于7条长江的流量,占世界河流流量的20%;流域面积达691.5万平方千米,占南美州面积的40%;支流数超过1.5万条。亚马孙河的源头是在安地斯山脉区中一个海拔5 597米的奈瓦多·米斯米峰的一条小溪,溪水先流入劳里喀恰湖,再进入阿普里马克河,阿普里马克河汇入乌卡亚利河,乌卡亚利河再与马腊尼翁河汇合成亚马孙河主干流。

河流从安第斯山区进入冲积平原,从这里到秘鲁和巴西交界的雅瓦里河,大约有2 400千米的距离,河岸低矮,两岸森林经常被水淹没,只是偶尔有几个小山包,亚马孙河已经进入了亚马孙热带雨林中了。亚马孙河在有些地方河宽达6千米~10千米,有的地方,河水分为两股,中间形成复杂的自然河网,形成许多大小岛屿,比河面高出不到5米,在最窄的地方,如离河口600千米的奥比多斯,河流只有1.6千米宽,但有600米深,这时河水流速达到每小时6千米~8千米。从加拿利亚村在内格罗河和主干流汇合的大弯道附近,直到下游1 000千米地方,和亚马孙河的河口附近相似,地势低洼,广大区域都淹没在水中,森林只有树的上半部伸出水面。从内格罗河到马代腊河河岸低矮,只有巴西城市玛瑙斯附近才有一些起伏的山地,河口在最宽的入海处大约有330千米,作为最后一条支流托坎廷斯河的下游的帕腊河有60千米宽,在河口帕腊河和亚马孙河主河道之间有一个几乎有丹麦一样大的马拉若岛。

下游漏斗状的强潮河口,横亘于巴西东北部,注入大西洋。是由亚马孙河和托坎廷斯河这两条不同水系的河口汇合而成的。径流量大,涌潮汹涌。

感潮河段长约 1 400 多千米，口门处宽约 300 千米，古鲁帕附近束狭至 40 千米左右。

亚马孙河就其水量与流域面积而言，都是世界最大河流，但沿河两岸平坦，河道宽阔，水面平缓，沿河宽数十千米的冲积平原，洪水期泛滥面积很广。该地区大部分为森林覆盖，尚未开发，被称为神秘地带。其可能开发的水能资源主要集中在支流上，至今尚无开发干流的计划。由于这些支流从山地或高原进入平原，形成一系列急流或瀑布，水能资源丰富，总蕴藏量约为 2.79 亿千瓦。仅次于刚果河，居世界第二位。

全流域按支流情况可划分为 13 个小流域，其中水能资源超过 1 000 万千瓦的流域有 3 个。据巴西北方电力公司调查统计，欣古河、塔帕若斯河及马代拉河的水能资源分别为 2 100 万千瓦、1 920 万千瓦和 1 635 万千瓦。至目前为止，亚马孙流域的水力资源开发主要集中在埃内河、瓦亚加河、欣古河和科廷果河。

流经国家最多的河——多瑙河

多瑙河是世界上流经国家最多的河。在欧洲仅次于伏尔加河，是欧洲第二长河。它发源于德国西南部的黑林山的东坡，它的干流自西向东流经奥地利、斯洛伐克、匈牙利、克罗地亚、塞尔维亚、保加利亚、罗马尼亚、乌克兰，在乌克兰中南部注入黑海。流经 9 个国家，是世界上干流流经国家最多的河流。支流延伸至瑞士、波兰、意大利、波斯尼亚—黑塞哥维那、捷克以及斯洛文尼亚、摩尔多瓦等 7 个国家。最后到达河口时，年平均流量 6 430 立方米/秒，流域面积 81.7 万千米，平均径流量 2 030 亿立方米。

多瑙河可分为三部分。上游自河源至奥地利阿尔卑斯山脉和西喀尔巴阡山脉之间、称为"匈牙利门"的峡谷。中游自匈牙利门至南罗马尼亚喀尔巴阡山脉的铁门峡。下游自铁门至黑海的三角形河口湾。多瑙河河网密布，支流众多，有大小支流 300 多条，其中长度在 20 千米以上的有 192 条，有 34 条支流可以通航。上游的支流有因河、累赫河、伊扎尔河等，河水主要依靠山地冰川和积雪补给，冬季水位最低，暮春盛夏冰融雪化，水量迅速增加，一般 6～7 月达到最高峰。在中游接纳了德拉瓦河、蒂萨河、萨瓦河和摩拉瓦河等支流，水量猛增 1.5 倍。中游地区河段最大流量出现在春末夏初，而夏末秋初水位下降。下游流经多瑙河下游平原,河谷宽阔,水流平稳,接近河口时宽度扩展到 15 千米～20 千米,有的地段可达 28 千米之多。多瑙河流到土耳恰城附近分成基利亚河、苏利纳河、格奥尔基也夫 3 条支流,冲积成面积约 4 300 平方千米的扇形三角洲。

多瑙河在中欧和东南欧历史上拓居移民和政治变革方面都发挥过极其重要的作用。它两岸排列的城堡和要塞形成了各大帝国之间的疆界;而其河流水道成为各国间的商业通衢。直至 20 世纪,它仍在继续发挥着重要的经济、贸易大动脉的作用。多瑙河(特别是上游沿岸)开发利用的水电能源,成为沿岸城市(包括一些国家首都,如奥地利的维也纳、斯洛伐克的布拉迪斯拉发、匈牙利的布达佩斯和塞尔维亚的贝尔格勒)经济发展的主要支撑。

俄罗斯的母亲河——伏尔加河

伏尔加河位于俄罗斯西南部,全长 3 690 千米,是欧洲最长的河流,也是世界上最长的内流河,流域面积达 136 万平方千米,流入里海。伏尔加河在俄罗斯的国民经济、生活中起着非常重要的作用,它是俄罗斯内河航运的主要干道,所以都将伏尔加河称为俄罗斯的"母亲河"。

伏尔加河支流众多,河网密布。有 200 余条主要支流,最大的支流有奥卡河和卡马河。伏尔加河干支流河道总长约 8 万千米。它源自莫斯科西北瓦尔代丘陵,源头海拔 228 米,河口在海平面以下 28 米。200 余条的支流,大多自左岸与其汇合。

伏尔加河可分为三段:上游,从发源地到与奥卡河汇合处;中游,从与奥卡河汇合处到与卡马河汇合处;下游,从与卡马河汇合处到窝瓦河本身的河口。

伏尔加河被称为俄罗斯人的母亲河,还因为它是俄国的历史摇篮。伏尔加盆地占俄罗斯欧洲部分的 2/5,居民几乎占俄罗斯联邦全部人口的 1/2。伏尔加河巨大的经济、文化和历史的重要性——还有河流及其盆地的巨大面积——使其跻身于世界大河之列。河流发源于东欧平原西部丘陵中的湖沼,流经森林带、森林草原带和草原带,在这个流域居住的 6 450 万人,约占俄罗斯人口的 43%。它通过伏尔加河—波罗的海运河连接波罗的海,通过北德维纳河连接白海,通过伏尔加河—顿河运河与亚速海和黑海沟通,注入里海。所以有"五海通航"的美称。

伏尔加河水资源十分丰富,流入里海的径流量为2 540亿立方米,为充分开发利用伏尔加河的水资源和洪水灾害,沿河上修建了很多堤坝、水库和水电站,另外也连通很多运河,伏尔加河流域水库拥有巨大的旅游资源,沿着伏尔加河及其支流卡马河等,到处都有浮动的休养所和船上疗养所,使伏尔加河成为举足轻重的经济动脉。

亚洲第一大河——长江

长江以其"长"而得名,它不仅是亚洲和中国最大的河流,也是世界第三大河。

长江像一条银色的巨龙,横卧在中国的中部,从唐古拉山的主峰各拉丹冬雪山发源,越过草原肥美、矿藏丰富的青藏高原,横贯"天府之国"的四川盆地,摆荡于"湖广熟,天下足"的两湖平原之间,滋润着"江淮稻粮肥"的苏皖大地,流经"富饶甲海内"的长江三角洲,沿途汇集了700多条大小河川,浩浩荡荡,一泻千里,在上海市注入东海。干流流经10个省、市、自治区,全长6 300千米,仅次于南美洲的亚马孙河和非洲的尼罗河,列为世界第三大河。

长江的源头在哪里?这是学者们一直在争论的问题,直到1976年以后,才最终确定沱沱河为长江的源头。沱沱河的最上源是发源于各拉丹冬雪山的西南侧的一条很大的冰川,冰川融水形成的涓涓细流,便是万里长江的开始。

长江是其干流的统称,它在不同的河段又有不同的名字。从囊极巴陇到玉树的巴塘河口称为通天河,全长1 188千米。再向下2 308千米到宜宾,这一段因产沙金而得名金沙江;在宜宾附近汇集了岷江之后,才称长江。宜宾与宜昌之间1 033千米,蜿蜒在四川盆地之内,又称川江;湖北的枝城到湖南城陵矶一段,长约420千米,因属古代的荆州地区,取名荆江;镇江一带的长江干流又称扬子江,因古代有扬子津和扬子县而得名,现在外国人常用扬子江这一名称泛指整个长江。

从河源到宜昌为长江的上游河段,宜昌至湖口为中游河段,湖口以下是下游河段。

长江上游河段横跨中国两个地形阶梯,落差大,水流急,峡谷多,两岸皆高山、丘陵。最上游的沱沱河和通天河,因在高原顶部,河流水性温和、平静。曲麻莱与宜宾之间是第一至第二阶梯的过渡地段,地形突变,改变了河流水性,在群山丛岭中咆哮奔腾。金沙江在横断山区像一把锐利的巨斧,把山岩劈开,闪闪发光的江水就像斧刃的亮光,嵌在万丈深谷之中。横断山北高南低,急骤倾斜,金沙江仅在 650 千米的距离内就下降了 1 400 米,平均 1 千米跌落 2 米多。巨大的落差,给予金沙江水千钧之力。世界上罕见的虎跳峡,就在石鼓以下 35 千米的地方,峡长约 16 千米,最窄处仅 30 米,两岸山峰高出水面 2 500~3 000 米,仰望山峡,峰巅穿云天,俯视金沙江,水流似金线。

宜宾以后,长江进入四川盆地,支流从盆地边缘向盆底汇聚,故有"众水会涪(陵)万(县)"之说。众多的支流,使长江水量猛增 2 倍多,浩浩荡荡地进入世界闻名的三峡河段。三峡河段是从第二地形阶梯向第三阶梯的过渡地段,巨大的落差,又给了长江劈山凿石的巨大活力。三峡最窄处不足百米,最深处可达 150 米以上,最大流速达每秒 8 米,犹如万马奔腾之势。唐朝诗人李白曾以"朝辞白帝彩云间,千里江陵一日还。两岸猿声啼不住,轻舟已过万重山"的美妙诗句来描写这里的动人景色。

长江摆脱了峡谷的束缚后,进入天宽地阔的江汉平原,江面豁然开朗,极目远眺,常是一片漫无边际的原野。战国时这里是楚国的属地,故有"极目楚天舒"一语。地势平坦,水流缓慢,江身屈曲,湖泊罗列,支流集中,水量大增,则是长江中游河段的特点。

长江告别了江汉平原,进入江天一色的下游。其突出特点是江面宽阔,沙洲丛生,支流短小,江海相会,轮船航行在江心,如同茫茫大海,远处水天相连,江天一色。诗人李白曾为这壮阔的景色留下了"孤帆远影碧空尽,唯见长江天际流"的感慨诗句。当然现在已不是"孤帆"了,而是一片"百舸争流"的繁忙景象。由于江面宽阔,水流缓慢,加上受海洋潮汐的影响,利于泥沙沉积,在江心形成了数十个大大小小的沙洲。其中最大的是入海口附近的崇明岛,面积达 700 平方千米以上,它不仅是中国的第三大岛,也是世界上最大的冲积岛。

泥沙之河——黄河

黄河,像一头脊背穹起、昂首欲跃的雄狮,从青藏高原冰雪覆盖的巴颜喀喇山北麓越过青、甘两省的崇山峻岭,横跨宁夏、内蒙古的河套平原,奔腾于晋、陕之间的高山深谷之中,破"龙门"而出,在西岳华山脚下调头东去,横穿华北平原,急奔渤海之滨。它流经青海、四川、甘肃、宁夏、内蒙古、山西、陕西、河南、山东等9个省区,在山东省东营市垦利县境内流入渤海,汇集了40多条主要支流和1 000多条溪川,行程5 464千米,流域面积达75万多平方千米。它是中国第二大河,也是世界上泥沙含量最高的大河。"河"字在秦汉以前基本上是黄河的专称,而河流当时一般称为"川"或者"水"。因为这条河河水泥沙含量高,河水浊黄,后人对此河用"黄"字来描述,故得此名。

黄河的泥沙来自哪里?为什么含沙量特别大?

黄河的泥沙绝大部分来自黄土高原。黄土高原是世界上最大的黄土地带,黄土的特性是颗粒细、孔隙多,含有钙质成分,垂直节理发育,极易遇水坍塌,干燥时坚如岩石,遇水则变成流泥,耐冲性很差,这些特性是黄土高原易于水土流失的主要内在因素。

奔流在青藏高原上的黄河干流,含沙量还不足1千克/立方米,水呈清色。兰州至河口镇一段,黄河绕行在黄土高原的边缘,这一带降水量很少,气候干燥,只有祖厉河、清水河、大黑河等几条较小的支流汇入,它们来自黄土高原腹地,含沙量虽然较高,但水量较小,汇入滔滔的黄河干流后,对干流含沙量的变化影响并不显著。

黄河的中游河段主要奔腾在山、陕之间,犹如一把利剑,把黄土高原一劈两半,开出一条深邃的峡谷,峡谷两岸,千沟万壑。黄河在这一段左右逢源,接纳了众多的支流,这些支流都来自黄土高原腹地,每遇暴雨,大量泥沙便输入黄河。千沟万壑输入黄河的泥沙平均每年约16亿吨。如果把这些泥沙平铺在水土严重流失的43万平方千米的黄土高原上,厚度为1.5~2.0毫米。因此,如果按10万年计算的话,黄土高原已经被剥蚀掉的土层已达150多米了。

黄土高原为黄河泥沙提供了物质条件,要把这些巨量的泥沙输送到下游,还必须有强大的动力条件。从河口镇到孟津,是中国地形第二阶梯向第三阶梯的过渡地段,地势倾斜,落差很大。河口镇至龙门,行程725千米,河底落差600余米,平均100千米降落近百米。巨大的落差,使黄河成为一条咆哮的巨龙,不仅有能力把16亿吨泥沙全部带走,还有余力冲刷河床。含沙

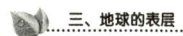

量很高的水流,"体重"很大,侵蚀能力比清水大得多,特别是洪峰到来时,可把河底泥沙像卷地毯一样地揭起,被揭起的一层可达 3 米多厚。这种"揭河底"现象只有在黄河才能看到,也是黄河特有的一种冲刷手段。

含沙量很高的浑水进入黄河下游以后,因河底比降很小,浑水比重较大,而且与河槽之间的黏性也较大,所以在局部河段,浑水可能停止流动。但由于上游不断有浑水流下来,水量堆积,水面比降加大,使暂时停止流动的浑水又开始流动。流动一段时间后,水位降低,比降变平,流动再次停止。这种停滞——流动——停滞的运动规律,称为浆河现象,是高含沙水流条件下的剧烈淤积现象,这种现象在黄河下游经常发生,也是黄河特有的一种淤积方式。

黄河在入海口附近强烈的沉积作用,形成了辽阔的三角洲,填海造陆,每年可造陆 10 多平方千米,土地是人类宝贵的资源,而且越来越宝贵。黄河这条天然的传送运输带,每年把那么多的泥沙搬运入海,填海造地,创造了巨量的土地资源。可见,黄河的泥沙是一项宝贵的资源。

奔腾的黄河水,以渤海作为最后的归宿。黄河入海流量虽然较小,但居高临下,颇有气势,滚滚浊流倾入渤海时,涛声大作,轰轰作响。由于河水比海水轻,黄水在海面上慢慢散开来,洪水季节,黄水之舌可以伸入海区几十千米,清浊分明,好似黄河的延续。

南方大动脉——珠江

珠江奔流于终年郁郁葱葱、四时鲜花盛开的岭南山区,干流总长 2 215.8 千米,流域面积为 45.26 万平方千米(其中极小部分在越南境内),是中国南方最大的河流,也是中国的第四大河。

珠江流域处于亚热带季风区,西为云贵高原,北有五岭山脉作屏障,东、南濒临南海,北回归线横贯中央。这里终年温暖多雨,流域内年降水量一般为 1 200~1 800 毫米,因此,珠江的水量特别丰盈,在全国仅次于长江,是黄河入海河水总量的 6 倍,居全国各大河之首。珠江所跨纬度不大,流域内各处降雨时间相差不远,中下游又没有湖泊调节,所以每遇暴雨,山洪暴发,河流水位猛涨,加上峡谷束水,有时一天内可以猛涨数十米。流域内植物生长茂密,因此河水清澈,含沙量较小。

珠江流域略成东西向的长方形，地势西高东低，山地和丘陵约占流域总面积的 90% 以上，不少河段切过山地，成为水流湍急的峡谷，有的甚至形成瀑布。流域内的西部山地和丘陵大部分为石灰岩分布地区，石灰岩容易被含有碳酸的水所溶蚀，致使这一地区多溶洞、暗河（也称为地下河）、天生桥等，喀斯特地貌十分发育，有的还形成雄伟壮观的石林奇峰，风景秀丽，成为中外驰名的游览胜地。

珠江本来只是指从广州到入海口 96 千米长的一段水道，因为流经海珠岛而得名，如今已经作为西、北、东三江的总称。西江、北江、东江在下游珠江三角洲汇合，通过三角洲上纵横交错的汊道注入南海。

西江在三江中最长与最有经济价值，其正源为南盘江，发源于云南乌蒙山南部沾益县的马雄山主峰东麓，是贵州省与广西壮族自治区的界河。河床深切，坡降大，多急流瀑布，是南、北盘江的一个重要特点。北盘江支流上有十余个瀑布，形成瀑布群。中国最大的瀑布——黄果树瀑布，就在北盘江支流白水河上，瀑布高 67 米，宽约 84 米，河水从悬崖泻下，白沫凌空，随风飘洒，远达市街，夕阳一照，霞光万丈，故有"雨洒金街"和"雪晒川霞"的说法。由于西江沿途接连汇集了几条水量丰富的大支流，故西江中游水量猛增，珠江干流的水量主要来自这里。

北江发源于南岭山地，流域山岭重叠，愈北愈高，南迎海风，雨量充沛，故北江径流深度达 1 050 毫米，远比西江（697 毫米）和东江（853 毫米）大。北江上游流经红色砂岩分布区，这些坚实的红色砂岩被水流切割后，常常形成陡峭的山峰，色丹如霞，壁立如削，以仁化的丹霞山最为典型，称为"丹霞地貌"。

东江发源于江西省安远、寻乌一带。流域内河道有 3/4 以上流经低矮浑圆的山丘区，这些低山丘陵多为久经剥蚀的花岗岩或红色页岩。东江上游水浅河窄，峡谷险滩很多，中游逐渐开阔，在惠阳以下进入平原，河面增宽，水流缓慢，江中沙洲棋布，每当洪水过境，河床就发生较大的冲淤变化。东江的干支流常呈垂直相交，形成格子状水系。

珠江水系支流众多，流量丰富，为沿岸人民发展水利、水电建设提供了非常优越的条件，珠江三角洲成为全国有名的鱼米之乡和经济发达地区。

我国南北分地理界线——淮河

淮河是我国东部的主要河流之一,为我国第六大河,是一条具有悠久历史的古老大河,在古代与黄河、长江、济水齐名,并称为"四渎"。它发源于河南省桐柏县境内的桐柏山主峰太白顶(又称大复峰)。淮河流域西起桐柏山,东临黄海,南以大别山和皖山余脉与长江流域为界,北以黄河南堤和沂蒙山与黄河流域分界。自古以来,淮河与秦岭、白龙江的连线就作为我国南方与北方的"地理分界线",古有"桔生淮南则为桔,桔生淮北则为枳"的生动描述。

淮河从太白顶起源,潜流入崖,穿谷越滩,迂回曲折地冲出峡谷,自此开始奔腾向东流。南北两侧山地、丘陵和坡地上的众多河流顺势向淮河汇集,淮河包纳百川,水量迅速增加,水位陡涨。特别是在穿过崇山峡谷、丘陵洼地之后,淮河在安徽正阳关与颍河相会,骤然变为一条宽阔的主干流,形成了"七十二水归正阳"的奇观。

淮河上游从源头到河南、安徽交界处的洪河口,长 382 千米,穿行于山地和丘陵之间,具有山溪性河流的特点,水流比较湍急,暴涨暴落。中游自洪河口到江苏省洪泽湖出口处的中渡,北岸为黄淮平原的一部分,南岸为江淮丘陵,是长江流域和淮河流域的分水岭。下游从洪泽湖出口处的中渡到三江营或扁担港流入黄海。

以废黄河为界,淮河流域分为淮河及沂沭泗河两大水系,面积分别为 19 万平方千米和 8 万平方千米。沂沭泗水系是沂河、沭河、泗河水系的总称,均发源于山东省的沂蒙山区,位于淮河流域东北部。

淮河流域地处我国南北气候过渡地带,淮河以北属暖温带区,淮河以南属北亚热带区,气候温和,年平均气温为 11~16℃,气温变化由北向南、由沿海向内陆递增,极端最高气温达 44.5℃,极端最低气温为 −24.1℃。淮河流域多年平均年降水量约 888 毫米,分布状况大致是由南向北递减,山区多于平原,沿海大于内陆。淮河流域多年平均年径流深 230 毫米,其中淮河水系 237 毫米,沂沭泗水系 215 毫米,它的多年平均年径流深分布状况与多年平均年降水量相似。当梅雨期结束转入盛夏后,淮河流域常受台风袭击,如 1965 年 7 月 24 日出现梅雨,7 月 27 日就有台风袭击洪泽湖地区,资料显示台风的影响几乎遍及全流域。

淮河流域地理位置特殊,气候条件复杂,流域平原广阔,地势低平,洼地易涝面积广,人水争地矛盾突出。加上历史上黄河长期入淮,泥沙淤积淮河河道,使中游变为半地上河,下游河道被淤塞,淮河失去了独立的入海通道,水系紊乱,环境恶化,淮河流域成为水旱灾害频繁发生的地区,因此,治理淮河是一项漫长而艰巨的任务。

世界奇观——三江并流

2003年7月2日,联合国教科文总部在法国巴黎举行的第27届世界遗产大会上,中国云南的三江并流被一致通过,列入了世界遗产名录。

"三江"指金沙江、澜沧江和怒江,它们均可列为世界大江大河之列,其中金沙江是长江的上游,澜沧江是湄公河的上游,怒江是萨尔温江的上游。三江并流是指云南西北部一块面积为4万多平方千米的区域。在这块区域里,南北向的大江与大山相间排列,由西往东依次是高黎贡山、怒江、怒山(碧罗雪山)、澜沧江、云岭、金沙江。从空中俯瞰,在一个相对狭窄的范围内,三条大江由北向南纵贯全区,平行流动近170千米,气势宏伟,形成了"三山并列,三江并流"这一世界上独有的地理奇观,因而得名三江并流。

三江并流地区由于山高谷深,自然险阻,远离人口密集的城市,是中国少有的最少受到人类干扰,自然性、完整性保持最好,景观多样性、生物多样性最为丰富的地区。

三江并流为什么会获得如此高的评价?从世界范围看,三江并流地区具有其超凡的自然品质和突出的科学、美学价值。

(1)奇异的地质地貌环境:三江并流地区像一部反映地球历史的巨书,这里丰富的岩石类型、复杂的地质构造、多样的地形地貌,不仅展示了地球上正在进行的各种内、外力地质作用,而且蕴藏了众多地球演化的秘密,是解读从古至今许多重大地质事件,如特提斯海演化、印度板块与欧亚板块碰撞、青藏高原隆升等问题的关键地区。

沧桑巨变的这块土地,是由曾相距遥远的、分别位于南、北半球的陆块拼合而成,经历了从海洋到岛弧,从低地到高原,最后到高山纵谷的演变过程。在这里,地球内力与外力都得到了充分的表现,共同塑造出了极为多样

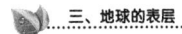

化的地形地貌。可以这样说,在世界上很难再找到这样的地区,汇集了如此众多的陆地地貌类型和自然美景。除三江并流奇观外,壮丽的雪山冰川、险峻的峡谷激流、开阔的高山草甸、明澈的高山湖泊、秀美的高山丹霞、雄壮的花岗岩和喀斯特峰丛……无不展示着自然美。

(2)动植物资源异常丰富:在仅占中国总面积0.4%的区域内,存活了近1/3的中国动物物种,无论在中国还是在亚洲大陆,三江并流地区都是动物多样性最丰富的地区之一。其动物多样性具有以下几个特点:动物种数多;动物区系极为复杂;是南北东西动物的交汇地和过渡地带;有明显而复杂的垂直分布和多样的垂直带谱;特有类群、原始类群多;单型、寡型属种多和珍稀濒危动物多。

三江并流地区是欧亚大陆植物多样性最典型的地区之一,是许多植物的起源和分化中心,拥有丰富的珍稀濒危植物物种。这里云集了南亚热带、中亚热带、北亚热带、暖温带、温带、寒温带和寒带等多种气候类型和植物群落类型,是欧亚大陆植物生态环境的缩影。

地质学家说,这是一个从远古走失的孩子,它珍藏着大地的记忆;植物学家说,这是一粒天神丢失的种子,它盛开着异样的花朵;地理学家说,这儿是自然界选美大赛,只有海洋和沙漠没有到来;人文学者却说,这是一个天、地、人、神的聚会,该来的都来了。的确,在这里,三条大江的滚滚波涛推动了文化的碰撞,孕育出了14种不同的民族文化,藏、汉、白、纳西、普米、独龙、傈僳、怒等民族的不同层次的文明和文化在此交融、叠置,形成了世界上最具有特色的民族文化"富集"区,成为世界上独一无二的景观。

地球屋脊之河——雅鲁藏布江

在青藏高原上,一条银白色巨龙般的大河,奔流在世界最高、最年轻的喜马拉雅山及冈底斯山和念青唐古拉山脉之间的藏南谷地中,这就是著名的雅鲁藏布江。它从雪山冰峰间流出,全长2 900多千米,在我国境内长2 057千米,是我国第五大河。

雅鲁藏布江是西藏最大的河流,也是世界上海拔最高的大河。它发源于西藏自治区南部、喜马拉雅山北麓的杰马央宗冰川,由西向东横贯西藏南部,从我国墨脱县巴昔卡附近流入印度,进入印度后由东向西流,称为布拉马普特拉河；又由东折向南，流入孟加拉国，称为贾木纳河；在达卡附近汇入恒河，最后流入印度洋的孟加拉湾。雅鲁藏布江流域东西狭长，南北窄短；东西最大长度约 1500 千米，而南北最大宽度只有 290 千米。

雅鲁藏布江干流依自然条件、河谷形态及径流沿程变化，可划分为河源区、上游、中游和下游。源头海拔 5590 米，河源区由杰马央宗曲和库比藏布两河组成。在两河源头有杰马央宗冰川、昂若冰川等，构成巨大的固体水库。由于冰川退缩成大面积冰碛物，谷地呈浅 U 形。杰马央宗曲冰峰林立，拥抱着谷地，冰峰上面冉冉升起的云雾，像透明的羽纱在半空中轻轻地飘动。

从杰马央宗冰川的末端至里孜为上游段，河长 268 千米，河谷宽达 1 千米～10 千米。桑木张以下河段称马泉河，平均海拔 5200 米以上，水流平缓，江心湖和汊流发育，两岸大片沼泽地内栖息着许多水鸟。马泉河就像一条银色缎带穿行在南面的喜马拉雅山和北面的冈底斯山之间，谷地开阔，一般都有 10 千米～30 千米。马泉河最大的支流——柴曲，弯弯曲曲地把无数晶莹夺目的小湖泊穿缀在一起，一直挂到那缎带上，雪山、缎带、湖泊铺在一块一望无际犹如翠绿绒毡的草地上。

从里孜到派乡为中游段，河长 1293 千米，两岸支流众多，这里海拔已降到 4500 米以下。中游河段呈宽窄相间的串珠状。在宽谷段，有河漫滩，也有高出水面 10～120 米的阶地，水流平缓。站在两侧山地俯瞰宽谷，蓝绿色的江面和金光灿灿的沙洲相间，构成特有的辫状水系。在峡谷段，河谷呈 V 形，谷底宽 50～100 米，两岸陡壁悬崖，中间流急浪高，水势奔腾咆哮，谷坡以崩塌为主的物质移动十分强烈。最有名的是桑日县的加查峡谷，长 42 千米，宽只有 30～40 米，落差达 300 多米，形成了相对高 4.8～5.2 米的瀑布，江流以雷霆万钧之势奔流而下，激起一串串乳白色的浪花和水雾，使人惊心动魄！这类峡谷中蕴藏着丰富的水力资源，而且在峡谷的两岸往往有平坦的阶地存在，加上与峡谷相串联的宽谷盆地地形，为水能资源开发创造了有利条件。

派乡到巴昔卡附近为下游段，河长 496 千米。在前述的大拐弯峡谷顶部两侧，有海拔 7151 米和 7756 米的加拉白垒峰和南迦巴瓦峰。从南迦巴瓦峰到雅鲁藏布江水面垂直高差达 7100 米，可称为世界上切割最深的峡谷段。大拐弯峡谷历来以它的雄伟峻险和奇特的转折而闻名于世,那里的雅鲁藏布江就像深嵌在巨斧劈开的狭缝里一样。奔腾的江流在迂回曲折的峡谷中奔流,蕴藏着充沛的水力资源,而大拐弯峡谷的地貌形成,又为丰富的水力资源的开发利用提供了难能可贵的条件。位于雅鲁藏布江大峡谷中的墨脱县,沿江狭长分布,是有名的"高原上的西双版纳"。随着河流的降低,南来的湿润气流沿河谷长驱直入,使降水增加、气温升高,因此这里的河谷低地具有稻谷飘香、绿竹滴翠、芭蕉迎客的热带、亚热带风光。

雅鲁藏布江是我国含沙量最低的大河之一,流水对陆地的侵蚀平均每年93吨/平方千米。含沙量虽小,但由于径流量丰富,所以输沙量也很大。

天上有一条银河,地上有一条天河。被称为"天河"的雅鲁藏布江,从雪山冰峰间流出,又将冰液玉浆带到藏南谷地,使这一带草肥畜壮,人民安居乐业。

湖泊与湖盆趣谈

与奔腾的江河相比,湖泊是静滞的水域,但它对人类文明发展的影响不一定亚于河流。设想:没有洞庭湖和滇池,能有"岳阳楼记"和"天下第一长联"吗?

我国湖泊众多,仅湖北一省就有大小湖泊千余个,可谓明珠璀璨。湖泊发育的首要条件是汇水储水的盆地,即湖盆,其次是水源。许多湖泊由于失去水源而蜕变为干涸湖盆,罗布泊就是其一。

湖泊不是一成不变的静止物体,它是不断在自然界中进行物质与能量循环的动态综合体。在人类生存和活动的地方,湖泊同人类发生着千丝万缕的联系和相互影响。

一般来说,湖泊是指陆地上低洼地区储蓄着大量水,而不与海洋发生直接联系的水体。因此,凡是地面上一些排水不良的洼地都可以储水而发育成湖泊。水库属于人工造就的湖泊。

在我国,湖泊的称谓是多种多样的,在不同的地区湖泊的名字可是大不一样,如湖(太湖、杭州西湖)、泊(罗布泊、梁山泊)、池(滇池、阜康天池)、荡(元荡、黄天荡)、淀(白洋淀)、漾(麻漾、金鱼漾)、氿(东氿、西氿)、泡(月亮泡、查干泡)、海(洱海、草海、居延海)、错(纳木错、羊卓雍错)、诺尔(查哈诺尔、腾格尔诺尔)、茶卡(伊布茶卡、扎布耶茶卡)、淖(察汗淖、九连城淖)、洼(团泊洼、文安洼)、潭(日月潭、商秧潭)、海子(盐海子、碱海子)、库勒(阿克苏库勒、硝尔库勒)、塘(官塘、大苇塘)、浣(库水浣)等。

  湖泊的这些称谓，有着明显的地域分布特征，还反映了不同民族与语言的特色。汉族称为湖；藏族称为错或茶卡；蒙古族称为诺尔；满族称为泡子；白族称为海。而汉民族又因地区和地方语言不同，对湖泊又有不同的习惯称谓：江苏、浙江和上海人称为荡、汊、漾；山东人称为泊；河北人称为淀；四川人称为海子。你看，平平常常的一个名字，包含了多么丰富的民族文化的内涵呀！

  湖盆的形成有很多原因。

  (1) 构造湖盆：常见于地表的断陷带或裂谷带内，如沿东非裂谷发育的湖盆；俄罗斯境内里海、贝加尔湖等；在我国云南省昆明和大理附近发育两个近南北向的盆地群，其中的滇池和洱海都是构造湖盆；昆明西山龙门陡崖实为一断层崖，崖下即滇池；大理城外苍山东麓的山前断裂即为洱海西界。

  (2) 火山湖盆：是火山作用形成的，有两个亚类：一为火口湖，即火山喷发停止后火山口嘴积水成湖，如吉林长白山主峰白头山的天池；二是火山喷出物将河谷堰塞成湖，如黑龙江省的镜泊湖。

  (3) 河成湖盆(河迹湖)：是河流发生弯曲改道、废河道两端淤塞等原因造成的湖盆。通常认为这样的湖盆集中于两个地带：一是长江中下游地带(含汉水流域的湖盆)，不过，从历史上看，该地的许多湖盆(如鄱阳湖、洞庭湖)早期都经历过断陷盆地阶段，现今的长江河道发育也受基底中断裂的影响，因而称为复合成因的湖盆可能更恰当。二是北起天津南迄杭州的沿海地带。如山东省西南部著名的"南四湖"(微山湖是四湖其中之一)即是由于古泗水(河)河道被泛滥的黄河故道拦阻淤塞后形成的。

  (4) 冰川湖盆：由冰川的刨蚀形成。在山岳冰川区，原冰斗洼地区可积水形成面积不大的冰斗湖；大陆冰川区则形成顺冰流方向排列、深浅不一的窄长湖盆；冰川或冰碛物堵塞河流也可形成湖，如新疆天山上的天池。

  (5) 风成湖盆：与风有关，风在吹蚀、堆沙的同时，既可掘地成湖，也可堆沙成湖，湖盆呈圆或椭圆形，顺风向延展。内蒙古等西北地区的湖很多属于此类，如居延海、吐鲁番盆地内的罗布诺尔。

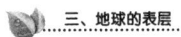

(6) 海成湖盆：是海湾、泻湖等因邻区地壳上升或泥沙堆积而与海洋自身隔绝而形成的，如欧洲的黑海曾是地中海的一个海湾；杭州的西湖原是古杭州湾的泻湖，属于海成湖，现湖水来源于雨水，故逐渐成为淡水湖。

(7) 陨击湖盆：由天外物体撞击形成一个近圆形的坑，坑内注水形成的湖，如江苏的太湖湖盆，许多地质研究成果认为属于此类成因。

别忘了还有各种各样的人造湖盆，有的是掘地成源，如颐和园的昆明湖和北京大学校园内的未名湖；有的是筑坝拦河成湖，如浙江的千岛湖；有的是修堤围海成湖；有的是引水入低洼处成湖，更多的是目前大地上星罗棋布的水库形成的人工湖，真是形形色色，数不胜数！

冰川的杰作——冰川湖

在众多的湖泊中，有一种湖泊是冰川的杰作——冰川湖。冰川湖是由冰川刨蚀成的洼坑和冰碛物堵塞冰川槽谷积水而成的一类湖泊。

冰川是怎样一步步打造冰川湖的呢？

(1) 冰川在山谷中缓慢地向下移动。

(2) 冰川运动时，对经过的地面进行各种方式的侵蚀和刨蚀，冰川在前进的冰川谷地周边留下一些冰蚀洼地，以后形成湖泊。

(3) 冰川中还夹带着不少的泥沙和碎石一起移动，这些沙石会在冰川融化时逐渐堆积起来。

(4) 冰川堆积物会堵塞河谷或冰川谷地，形成堰塞湖或者冰碛湖。

我国的冰川湖主要分布在高山冰川作用的青藏高原地区，其中的念青唐古拉山和喜马拉雅山区较为普遍，它们分布的海拔一般较高，而湖体较小，多数是有出口的小湖。如藏南的八宿错，它是由扎拉弄巴和钟错弄巴两条古冰川汇合以后，因挖蚀作用加强所形成的冰川槽谷，后谷口被冰碛封闭堵塞形成，湖面高程 3 460 米，面积 26 平方千米，最大水深 60 米；藏东的布冲错是由于出口处有 4 条平行侧碛垄和两条终碛垄围堵而形成的冰蚀湖，湖区古冰川遗迹保留完整，东南岸有一片冰碛丘，沿湖伸展 30.0 千米以上。

新疆境内的阿尔泰山、天山和昆仑山亦有冰川湖分布，它们大多是冰期前的构造谷地，在冰期时受冰川强烈侵蚀，形成宽坦槽谷；冰退时，槽谷受终碛垄阻塞形成长条形湖泊。如博格达山北坡的新疆天池，相传是王母娘娘沐浴的地方;还有小天池,相传是王母娘娘洗脚的地方。它们水深且碧蓝,此冰川之缘故。

川西及昌都地区也保存一些冰川湖。如峨边泰永场的大小天池、轮池、天生塘等,湖口至今仍可见到冰碛物。甘孜以西的新路海,青海省文果县的果海也是冰川湖。

新路海,是我国最大的冰川冰碛堰塞湖,大约成湖于第四纪大理冰期后期。湖区属高寒温带季风气候,年平均气温只有5.5℃,1月份平均气温－15℃,极端最低气温达－32℃。湖面从每年9月下旬开始封冻至翌年3月下旬解冻,冰冻期长达半年之久,冰厚60厘米。湖周布满云杉树,新路海下游冰川冰碛垄上的云杉,树龄已达580年,暗绿色的云杉,映着冰清如玉的湖面,真乃纯洁之仙境。

我国最大的咸水湖——青海湖

美丽富饶的青海湖是我国面积最大的咸水湖,湖区的形状像是一只梨。它又名库库诺尔、错鄂博,古称西海、鲜水和错温波等,库库诺尔蒙语意为青色的海。青海得名于北魏,因湖水清澈碧蓝、湖面广袤如海故名。

青海湖位于我国青海省东北部,它浩瀚缥缈,波澜壮阔,是大自然赐予青藏高原的瑰丽珍宝,也是青海省名称的由来和象征。

青海湖地处青藏高原,这里地域辽阔,草原广袤,河流众多,水草丰美。湖的四周被四座高山所环拥:北面是崇宏壮丽的大通山,东面是巍峨雄伟的日月山,南面是逶迤连绵的青海南山,西面是峥嵘嵯峨的橡皮山。

举目四顾,四座高山犹如四幅天然屏障,从山下到湖畔则是苍茫无际的千里草原,碧波连天的青海湖像一个巨大的翡翠玉盘镶嵌在高山、草原之间,构成了浓墨重彩的西部风景画。

青海湖的形成和变迁,是大自然的杰作。早在2.3亿年以前,青藏高原是一片浩瀚无际的古海洋。200万年前,剧烈的造山运动使得这片古海洋逐渐隆起,一跃形成了世界屋脊。海水被逼走时,有的被四周的高山环绕起来,形成了大大小小的湖泊。青海湖就是古海水被山脉堵塞而残留形成的一个巨大湖泊。当时,它是一个外泄湖,周围有100多条河流注入湖中,同时湖水又从东面注入黄河。大约距今100万年前的第四纪,青海湖东面的日月山发生了强烈的隆起,拦截了青海湖的出口,原来从青海湖向东流出的河流,被迫向西流入青海湖,形成了我国罕见的自东向西流的倒淌河。青海湖也成为一个流水只入不出的闭塞湖。由于青海湖位于西北气候干燥地区,湖水蒸发量大于湖水注入量,因此湖水不断下降,湖面逐渐缩小,与初期的湖区相比,现在湖面已缩小了1/3,水位降低了80~100米。在1 500多年前的北魏时期,环湖一周,号称千里,唐代尚称八百里,现在只有七百多里了。

青海湖区属高寒半干旱气候,湖水主要依赖地表径流和湖面降水补给。目前入湖河流有40余条,主要入湖河流有布哈河、巴戈乌兰河和侧淌河等,其中以布哈河为最大。据有关资料,青海湖年入湖总水量约为3 600万立方米,而年耗水量却高达4 159万立方米,收支相抵年亏损水量500多万立方米。这就是青海湖水位不断下降,湖面不断缩小的主要原因。

在不同的季节,青海湖的景色迥然不同。夏秋之际,湖畔山青草绿,水秀云高,景色绮丽。五彩缤纷的野花把芳草茵茵的草原点缀得如锦似缎,膘肥体壮的牛羊和骢马,似珍珠撒满草原,水天一色的青海湖蔚蓝似海洋,它蓝得纯净、深湛、蓝得温柔、典雅。寒冷的冬季,牧草一片枯黄,青海湖开始结冰,浩渺的湖面冰封玉砌,一泓澄碧的琼浆凝固成一面巨大的宝镜,在阳光下熠熠闪光。

青海湖以盛产鲤鱼而闻名。鲤鱼是冷水性无鳞鱼,又名裸鲤,体型肥硕,肉嫩,脂肪多,味道鲜美,是一种稀有鱼类,只产在我国青藏高原的一些湖泊和河流中。

青海湖中分布着5个美丽的小岛,其中的海心山和鸟岛都是著名的游览胜地。海心山高出湖面约70米,面积约1平方千米,岛上岩石嶙峋,林木葱茏,风光旖旎。著名的鸟岛是群鸟聚会之所,数以十万计的各种候鸟一年一度来此欢度盛夏,成为青海湖的一大奇观美景。

长白山天池

长白山天池又称白头山天池,位于吉林省延边自治州、中国——朝鲜两国交界处的长白山之巅,是我国最深的湖泊。古名有闼门泊、图们泊、温凉泊和龙谭等,图们系满语,意"万",是三江万水之源的意思。其面积为9.82平方千米,湖面海拔2 194米,最大水深204米,蓄水量20亿立方米,是我国第一深水湖和面积最大的火山口湖。白头山火山经过多次火山喷发，火山口不断扩大形成典型的火山口湖盆。最近几次喷发分别发生在1597年、1668年和1702年，均是爆发式喷发。火山喷出物堆积在喷火口，形成高耸的锥状山体；环火山口形成了16座海拔在2 500米以上的山峰，主峰白头山海拔2 749.2米。喷火口内因大量熔岩被喷出和挥发性物质的散失，引起了火山颈部塌陷，形成漏斗状洼地，后积水成湖，遂成为壮观多姿的天池。

湖区属于温带湿润气候，年均气温－7.4℃，冬季长达10个月之久，积雪日数258天。湖区植被呈明显的垂直地带分布，在海拔2 000米以下，主要是岳桦林；2 000～2 500米为高山苔原，主要植被有石花、杜香、马兰、牛皮杜鹃等；2 500米以上植物稀疏矮小，呈斑状分布的低级苔藓群落，或地表岩石裸露，有浮石、黑曜石岩、粗面岩、集块岩、凝灰岩，以及火山弹、火山角砾等。

湖水主要依靠湖面降水补给并辅以部分地下泉水的补给。天池水终年外泄，即使在冬季封冻以后，湖水仍能以潜流形式流出，流往乘槎河形成落差达68米的长白瀑布，然后下注二道白河，成为第二松花江正源的源头。湖水湛蓝、清澈，最大透明度5.2米，每年11月下旬封冻到翌年6月中旬解冻，封冻期200天左右。湖水矿化度247毫克/升，属高山淡水湖泊，水化学类型为重碳酸盐类纳组Ⅰ型，营养状况为中营养型，湖中无鱼类生存。湖区多温泉，最大温泉带出现在天文峰下，宽30～40米，长约150米，水温42℃。区内长白山风景秀丽，山水如画，奇峰异谷，银河倒悬，温泉淙淙，热气腾腾，白涧激流，奔腾咆哮，茫茫林海，郁郁葱葱。林中生长有人参等珍贵药材，藏有众多的珍禽异兽，是令人神往的名山和旅游胜地。

地球表面上的气象、天气和气候

当你打开收音机、电视或是翻开报纸，就会听到或看到天气预报的信息，在这些信息中，经常遇到"气象"、"天气"、"气候"这3个名词；当你要到某地出差，总要向别人打听一下那里的气候、天气情况如何？然而，"气象""天气"和"气候"的确切含义是什么，它们有什么区别？有些人常常会将其混为一谈，认为反正都是天、气呗！其实三者的含义有着较大的区别，但相互间又有密切的联系。

(1)"气象"：用通俗的话来说，它是指发生在天空中的风、云、雨、雪、霜、

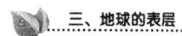

露、虹、晕、闪电、打雷等一切大气的物理现象。地球大气一直在运动和变化着，因此人们看到的天气现象总是处在千变万化之中。有时晴空万里，风和日丽，有时浓云密布，风狂雨骤，具有瞬息万变的特征。

（2）"天气"：是指影响人类活动瞬间气象特点的综合状况，即一个地方在短时间内气温、气压、温度等气象要素及其所引起的风、云、雨等大气现象的综合状况。例如，我们可以说：今天天气很好，风和日丽，晴空万里；昨天天气很差，风雨交加……天气是瞬息万变的，但它的变化是有一定规律的。在大气运动过程中，不同性质气团的矛盾斗争，形成不同的天气系统，而每种天气系统都具有一定的天气特点。因此，掌握天气系统的演变和移动规律就能分析出未来的天气变化。

（3）"气候"：是指整个地球或其中某一个地区一年或一段时期的气象状况的多年特点。例如，昆明四季如春；长江流域的大部分地区，春、秋温和，盛夏炎热，冬季寒冷，我们就称这里是"四季分明的温带气候"；每年的7月下旬和8月上旬中北京的雨季等。

气候和天气有密切关系：天气是气候的基础，气候是对天气的概括。一个地方的气候特征是通过该地区各气象要素（气温、湿度、降水、风等）的多年平均值及特殊年份的极端值反映出来的。例如，北京的气候：1月份平均气温是－4.7℃，7月份平均气温是26.1℃，最低气温纪录是－22.8℃（1951年1月13日），最高气温纪录是42.6℃（1942年6月15日）；年平均降水量636.8毫米，夏季6～8月份降水量占全年降水量的74％。概括说来，北京的气候特征是：冬季寒冷干燥，夏季高温多雨。

所以说，"气象"、"天气"和"气候"的内涵有着明显的区别，不能混为一谈。

说说影响气候的因素

今天人们在谈论社会的进步与发展时，已开始注意到气候的作用了。对于一个地区来讲，形成本地区气候的诸因子在短时间内变化是很微小的，往往被人们所忽视。若从长时间和比较大的范围来分析不同地方的气候变化时，却又使人们对气候的变化感到惊讶。一个地方的气候为什么变化会这样大？为什么它与其他地方不同？今后将怎样变化？这些问题无不涉及到气候的形成因素。

　　气候系统由大气、海洋、陆地表面、冰雪覆盖层和生物圈等5个部分组成，太阳辐射是这个系统的主要能源。在太阳辐射的作用下，气候系统内部产生一系列的复杂过程，各个组成部分之间通过物质交换和能量交换，紧密地联结成一个开放系统。

　　大气是气候系统中最容易变化的部分，例如，当外界热量输入（主要是太阳辐射）发生变化后，在一个月的时间内可以通过各种热量输送和交换过程调整对流层温度的分布。

　　海洋占地球表面面积的71%左右，它能吸收到达地表的大部分太阳辐射能，海水又具有很大的热容量，所以它是气候系统中一个巨大的能量贮存库。洋流在热量输送和全球热量平衡中起着巨大的作用，海洋表层在数月到数年内与大气或海冰发生相互作用，调节其温度。海洋的深层热量调节时间则需要几百年。

　　陆地表面具有不同的海拔高度、地形、岩石、沉积物和土壤，以及河、湖、地下水等。河、湖、地下水是水分循环中的重要组成部分，它们也是气候系统中容易变化的部分。陆块位置、高度和地形发生变化的时间尺度，在气候系统的所有组成部分中是最长的。

　　冰雪覆盖层包括大陆冰原、高山冰川、海冰和地面雪被等。雪被和海冰有很明显的季节变化，冰川和冰原的变化要缓慢得多。冰川和冰原的体积变化与海平面的变化有密切的联系。冰雪具有很大的反射率，在气候系统中，它是一个致冷因素。

　　生物圈指的是陆地上和海洋中的植物以及生存在大气、海洋和陆地的动物。生物对于大气和海洋的二氧化碳平衡、气溶胶的产生，以及其他气体成分和盐类有关的化学平衡都有很重要的作用。植物可以随着温度、辐射和降水的变化而发生自然变化，其变化的时间尺度为一个季节到数千年不等；而且植物反过来又会改变地面反射率和粗糙度，影响水分的蒸发、蒸腾，以及地下水循环。由于动物需要得到适当的食物和栖息地，所以动物群体的变化，也反映了气候的改变。

我国南北气候分界线

我国地理学家认为,长江与黄河之间的秦岭、淮河一线,是我国东部地区的一条南北方分界线。具体地说,这条分界线在甘肃、陕西、河南境内基本上沿秦岭、伏牛山呈东西走向,到方城县折向东南、经板桥往东进入安徽,然后大致沿淮河干流,至江苏的苏北灌溉总渠延伸入海,全长约1700千米。

秦岭是长江、黄河的分水岭,形成我国南北之间的屏障,它使潮湿的海洋气团不易深入到西北;同时也阻挡了北方的寒潮长驱南下,减少寒潮猛烈的侵袭,成为我国亚热带和暖温带的分界线。秦岭以北属暖温带气候,秦岭以南属亚热带气候,而且这种气候特征非常明显,因此秦岭成为我国南北方的分界线。

这条线的南北两侧,无论在气候、水文、土壤、植被以及农业生产、民风民俗等方面都有明显差异。从气候方面来看,其南侧最冷月平均气温不低于0℃,且雨季较长,年平均降水量为750~1300毫米;北侧冬冷夏热,四季分明,日平均气温低于0℃的寒冷期,普遍在30天以上,雨季较短,年降水量一般不超过800毫米。

秦岭是一个绵延约800千米、南北宽达200千米的巨大山系,站在山中某一高处甚至在关中平原上,你都可以看见秦岭一座座山峰直插云霄,巍峨峥嵘,把那一座座高峰连起来的,曲折起伏划破天际的线就是秦岭的主脊线,我国南北方的分界线就在秦岭的主脊线上。秦岭南坡800米以下亚热带植被的特征很明显,树木常绿,亚热带的典型植物和作物,如竹子、芭蕉、茶园、橘园到处可见,显然是亚热带常绿阔叶林。秦岭北坡自下而上依次是中温带、寒温带、寒带的自然景观。

秦岭的主脊线又是渭河水系和汉水水系的分水岭,以秦岭的主脊线划分亚热带与暖温带,既保持了秦岭南北坡垂直自然带的完整性,又保持了渭河和汉水水系的完整。

秦岭南北文化也存在着巨大差异,比如"南稻北麦"、"南船北马"等语言、饮食、民居、生活风俗等方面的差异。这种差异是以秦岭的主脊线作为分野的,因为秦岭的主脊线是古时候交通的最大屏障,正所谓"蜀道难,难于上青天"，因此造就了主脊线两边截然有别的文化。

从气候学角度看，我国南北方的分界线并非是一成不变的。据气候专家预测，由于全球性气候变暖，我国的南北方分界线也将由现在的秦岭一淮河一线，推进到黄河以北。

二十四节气

二十四节气是我国农历的重要组成部分。它起源于黄河流域，据古书记载，早在春秋战国时代，就已经能用土圭来测量正午太阳的影子长短，确定出冬至、夏至和春分、秋分4个节气。古人以一年中正午时土圭影子最短的一天作为夏至；正午影子最长的一天作为冬至；圭影长短适中的一天作为春分和秋分。后来，我国古代天文学家和劳动人民总结了天文、气象与农业生产之间的相互关系，又在这二分、二至之间加插了一些节气。

到了距今两千多年前的秦汉之际，就已经有了完整的二十四节气，并一直沿用到现在。二十四节气反映了寒暑变化和农时季节，在全国特别是在农村中可以说是家喻户晓，并在海外华侨聚居地区也广泛流传。

节气表示地球绕太阳运行时，在公转轨道上的不同位置。在地球上看，太阳在黄道上运动，一个回归年运行一周。太阳在黄道上的位置用黄经表示，从春分点0°开始，每隔15°为一气，其中12个气叫做节气，另外12个气叫做中气。节气和中气相间排列，一年共二十四节气，一般每个月有一个节气和一个中气。

我国二十四节气是一种特殊的阳历。很多人以为二十四节气是阴历，其实只要你注意一下节气在阳历和阴历的日期，就不难看出，因为每个节气在阳历里的日期基本上是固定的，前后仅相差一两天，而在阴历里的日期却变化很大。例如，春分在每年阳历的3月20日或21日，冬至在每年阳历的12月21日或22日。

立春：立是开始的意思，立春就是春季的开始。一般立春后降的雪会融化得很快，南方可以进入农时的准备了。雨水：降雨开始，雨量渐增。惊蛰：蛰是藏的意思。惊蛰是指春雷乍动，蛰眠一冬天的动物惊醒了，开始活动了。春分：分是平分的意思。春分表示昼夜平分。清明：天气晴朗，草木繁茂。谷雨:雨生百谷。雨量充足而及时,谷类作物能茁壮成长。立夏:夏季的开始。小满:麦类等夏熟作物籽粒开始饱满。芒种:麦类等有芒作物成熟。夏至:炎热的夏天来临。小暑:暑是炎热的意思。小暑就是气候开始炎热。大暑:一年中最热的时候。立秋:秋季的开始。处暑:处是终止、躲藏的意思。处暑是表示炎热的暑天结束。白露:天气转凉,露凝而白。秋分:昼夜平分。寒露:露水已寒,将要结冰。霜降:天气渐冷,开始有霜。立冬:冬季的开始。小雪:开始下雪。大雪:降雪量增多,地面可能积雪。冬至:寒冷的冬天来临。小寒:气候开始寒冷。大寒:一年中最冷的时候。

长期以来人们总结了节气和气候的农业谚语,很好地反映了24个节气与农业生产的密切关系。比如:雨水有雨庄稼好,大春小春一片宝;正月十五雪打灯,一个谷穗打半斤;春分早,立夏迟,清明种田正当时;清明麻,谷雨花,立夏点豆种芝麻;清明不见风,麻豆好收成;小满前后,种瓜点豆;过伏不种秋,种秋也不收;三伏有雨秋苗壮,三九有雪麦苗强;白露早,寒露迟,秋分种麦正当时;霜降不起葱,越长心越空;寒露一到百菜枯,薯类收藏莫迟误。

为了帮助大家记忆,从每个节气名称中各取一个字,按照顺序组成一首二十四节气歌:春雨惊春清谷天,夏满芒夏暑相连,秋处露秋寒霜降,冬雪雪冬小大寒。

看风识天气

"东风送湿西风干,南风吹暖北风寒"。这则谚语流传在我国长江中下游一带,它说明不同的风会带来冷暖干湿不同的天气。

长江中下游地区东临海洋,西连大陆,这里的风东吹西刮、南来北往,担负着交流寒暖、运送水汽的任务。东风湿、南风暖,暖湿的东南风为云雨的产生提供了丰富的水汽条件,只要一有上升的机会就会凝云致雨。所以,有"要问雨远近,但看东南风"、"白天东南风,夜晚湿布衣"的说法。而西风干、北风寒,晴天刮西北风,预示着继续晴冷无雨;雨天刮西北风则预示着干冷空气已经压境,随着冷空气层的增厚,空中的云层升高变薄,不久就会云消雨散了。所以,谚语说"西北风,开天锁"。

在温带地区,地面上如有两股对吹的风,它们往往是两股规模大、范围广,温度、湿度不同的冷气流和暖气流。南风运载着暖湿空气,北风运载着干冷气流。在它们相遇的地带,形成了锋面。有时暖湿气流势力强大,主动北袭,并凌驾于冷气流之上,向上滑升,冷却凝云,这时,天上云向(暖气流)与地上风向(冷气流)相反,"逆风行云,定有雨淋",随着云层迅猛发展,增厚,便形成范围广大、连绵不断的云雨了;有时,干冷空气的势力比暖湿气流强大,它主动出击,像一把楔子直插空气下面,把暖湿空气抬举向上,锋面一带便出现雷雨云带,在这一带,雷鸣电闪,风狂雨骤。

一般说来,在东北风中开始的降雨,下的时间长,雨量也较大。如果在将要下雨或开始下雨时,风向时而东北、时而东南,这叫做"两风并一举",预示着移来的低气压系统范围大、移动慢,近期必有连阴雨。

在雨天,如果风向转为偏西,天气大多转晴。风向越偏西北方,风力越大,则转晴越快,晴天维持的时间也越长。有时西风很小,天气仍不晴,这就属于"东风雨,西风晴;西风不晴必连阴"的情况。如果在偏南或西南风里转晴,则往往晴天时间不长,表明下次雨期较近。

有时,偏东风连刮两三天,天气仍不变,风反而越刮越紧,这种情况多在旱天出现,这时气温表现为"日暖夜寒",人们称之为"天旱东风紧"、"东风冷要旱"。当低气压控制本地时,东风风力不大,午后近地面常有旋风发生,预示近期天旱。"东风刮,西风扯,若要下雨得半月"。这是说,在一两天内风向时而偏东、时而偏西,预示中期内没有强大的天气系统侵入,不会有降水现象。

值得注意的是,相同的风也不一定会出现相同的天气。看风识天气还得看具体条件。

(1)要看季节:在夏季,暖气流强于冷气流,东南风一吹,锋面云雨带推向北方。这时长江中下游地区在单一的暖气流控制下,空气缺乏上升运动的条件,所以有"一年三季东风雨,独有夏季东风晴"的说法。在太平洋副热带高压的稳定控制下,盛行夏季风,夏季风虽然是来自东南海洋,但高气压控制下的气流稳定,天气晴热少雨,于是"东南风,燥烘烘"了。如果夏季吹西北风,反而预示下雨,所以有"冬西晴,夏西雨"、"夏雨北风生"的谚语。在冬季,冷空气强于暖空气,西北风常把锋面云雨带推向南方海洋。这时长江中下游地区在单一的冷空气控制下,天气晴朗,正像谚语所说的"秋后西北田里干"、"春西北,晒破头;冬西北,必转晴"。如果这时刮起东南风,但刮不长,这就是"南风吹到底,北风来还礼",预示锋面云雨带影响到本地,天将变阴,"要问雨远近,但看东南风"。

(2)要看风速:谚语说得好,"东风有雨下,只怕太文雅",只有"东风昼夜吼",才能"风狂又雨骤";只有"东南紧一紧",才能"下雨快又狠"。冬天和旱天,偏东风要刮两三天才能有雨;如果风力达到五六级,则刮一两天就可能下雨。而在初夏和多雨期,只要东南风刮一阵就会下雨。

另外,"风是雨的头,风狂雨即收"。阵雨前,往往是风打头阵,先刮风,雨才随后下降。雨停的时候也是风先增大,然后雨再停,即"狂风遮猛雨"。这种现象都是在积雨云下发生的。因为积雨云下快接近雨区时先有风,然后下雨,待风大雨大时,雨区很快就过去了。

(3)要注意地方性,必须区别"真风"和"假风"。在一般情况下,风向风速都有各地不同的日变化规律。这种正常的日变化规律,并不反映天气系统的影响,人们称为"假风"。只有风向稳定在某个方向,风力逐渐增大,才是能预兆天气变化的"真风"。一般"真风"要从早刮到晚,从傍晚刮到午夜,特别是夜风,对于预报天气的晴朗转折,效果更好。至于地方性的山谷风,也属于"假风",不能用来预报天气转折。

千变万化的云

天空中有时万里无云,有时白云朵朵,有时又是乌云密布。云是怎样形成的呢?它又是由什么组成的?我们怎样利用云来为人类造福呢?

漂浮在天空中的云是由许多细小的水滴或冰晶组成的,有的是由小水滴或小冰晶混合在一起组成的,有时也包含一些较大的雨滴及冰、雪粒。云的底部不接触地面,并有一定的厚度。

云的形成主要是由空气上升绝热冷却导致水汽凝结造成的。

从地面向上十几千米这层大气中,越靠近地面,温度越高,空气也越稠密;越往高空,温度越低,空气也越稀薄。江河湖海的水,以及土壤和动、植物的水分,随时蒸发到空中变成水汽。水汽从蒸发表面进入低层大气后,这里的温度高,所容纳的水汽较多,如果这些湿热的空气被抬升,温度会随之逐渐降低,到了一定高度,空气中的水汽就会达到饱和,空气继续被抬升,就会有多余的水汽析出。那里的温度如果高于 0℃,多余的水汽就凝结成小水滴;如果温度低于 0℃,则多余的水汽就凝化为小冰晶。在这些小水滴和小冰晶逐渐增多并达到人眼能辨认的程度时,就是云了。云变成雨或凝聚为霜露后又返回地面,渗入土壤或流入江河湖海,以后再蒸发、再凝结、下降,周而复始,循环不已。

空气上升绝热冷却形成云,这是云形成的共性,但是水汽在凝结或凝华过程中有着不同的特点,因而云的形状也不同。根据形成云的上升气流的特点,云可分为对流云、层状云和波状云三大类。对流云包括淡积云、浓积云、秃积雨云和鬃积雨云,卷云也属于对流云;层状云包括卷层云、高层云、雨层云和层云;波状云包括层积云、高积云、卷积云。

我们根据云的形状、来向、移速、厚薄、颜色等的变化,可以看云识天气,民间有很多谚语总结出了这方面的经验。比如"天上钩钩云,地上雨淋淋":钩钩云指钩卷云,这种云的后面,常有锋面(特别是暖锋)、低压或低压槽移来,预兆着阴雨将临;"棉花云,雨快临":棉花云指絮状高积云,出现这种云表明中层大气层很不稳定,如果空气中水汽充足并有上升运动,就会形成积雨云,将有雷雨降临;"日落射脚,三天内雨落":"日射脚"指太阳从云层的空隙中照射下来,傍晚出现日射脚,说明对流作用强烈,预示有雨,等等。

云的颜色也可预兆灾害天气。冰雹云的颜色先是顶白底黑,而后云中出现红色,形成白、黑、红色乱绞的云丝,云边呈土黄色。黑色是阳光透不过云体所造成的;白色是云体对阳光无选择散射或反射的结果;红黄色是云中某些云滴(直径在千分之一到百分之一毫米之间)对阳光进行选择散射的结果。有时雨云也呈现淡黄色,但云色均匀,不乱翻腾。还有不少谚语是从云色和云形来预兆要下冰雹的,例如,内蒙古有"不怕云里黑,就怕云里黑夹红,最怕黄云下面长白虫"等谚语,都说明当空气对流强盛,云块发展迅猛,像浓烟一股股地直往上冲,云层上下前后翻滚时,就容易下冰雹。另外,在地震知识宣传图册上可以看到,地震发生之前,天空的云也会有奇异的变化,向人们提出警示。

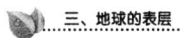

电闪雷鸣

闷热的夏季,突然间一道夺目的闪光划破长空,接着传来震耳欲聋的巨响,这就是闪电和打雷,也称为雷电。

雷电是怎样产生的呢?

雷电是发生在大气层中的声、光、电并发的一种物理现象,通常是指带电的云层对大地的放电现象,这个放电的过程会产生强烈的闪电和巨大的声响,即人们常说的"电闪雷鸣"。雷属于大气声学现象,是大气中小区域强烈爆炸产生的冲击波形成的声波,而闪电则是大气中发生的火花放电现象。

闪电通常是在有雷雨云时出现,偶尔也在雷暴、雨层云、尘暴、火山爆发时出现。闪电的形状有好几种,最常见的有线状(或枝状)闪电和片状闪电,线状闪电经常能够见到,整个闪电好像横向或向下悬挂的枝杈纵横的树枝,又像地图上支流很多的河流,片状闪电则是一种较弱的放电现象,经常是降水趋于停止时出现。球状闪电是一种十分罕见的闪电形状,它像一团火球,但很短暂,大约为几秒钟到几分钟。

伴随闪电而来的,是隆隆的雷声。听起来,雷声可以分为两种:一种是清脆响亮,像爆炸声一样的雷声,一般叫做"炸雷";另一种是沉闷的轰隆声,叫做"闷雷"。还有一种低沉而经久不歇的隆隆声,有点儿像推磨时发出的声响,人们常把它叫做"拉磨雷",实际上是闷雷的一种形式。

闪电和雷声是同时发生的,但它们在大气中传播的速度相差很大,因此我们总是先看到闪电然后才听到雷声。光每秒能传播30千米,而声音每秒只能传播340米。

雷电具有很强的破坏作用,它可以直接对建筑物或地面上的其他物体放电,雷电流通过被雷击物体时,产生大量的热量,使物体燃烧。当雷云向地面放电时,常常发生房屋倒塌、损坏或者引起火灾,还往往造成屋内电线、金属管道和大型金属设备放电,击穿电气绝缘层或引起火灾、爆炸。还可能沿线路或管路将高电位引进建筑物内部,发生火灾及触电事故。

随着我国社会主义建设事业的不断发展,高层建筑物日益增多,因而,如何防止雷电的危害,保证人身、建筑物及设备的安全,成为十分重要的问题。那么,如何预防雷电的危害呢?

当雷鸣电闪时,如果我们在室外,应当遵从以下四条原则:一是应尽量降低自己,以免作为凸出尖端而被闪电直接击中。二是身体与地面的接触面要尽量缩小以防止因"跨步电压"造成伤害。所谓跨步电压是指雷击点附近,两点间很大的电位差,若人的两脚分得很开,分别接触相距远的两点,则两脚间便形成较大的电位差,有强电流通过身体而受伤害。第三是不可到孤立大树下和无避雷装置的高大建筑体附近,不可手持金属体高举头顶。第四是不要进水中,因为水体导电好,易遭雷击。总之,我们应当到较低处,双脚合拢地站立或蹲下,以减少遭遇雷击的机会。建筑物应当装设避雷装置,由主要作用是将雷电流引入大地而消失,有时由它自身来接受雷的放电,有时由它承受雷击来保护建筑物。

看电视云图

云是悬浮在大气中由大量水滴或冰晶或两者混合构成的可见聚合体。卫星云图是气象卫星通过扫描辐射仪等设备对地面云层和地表特征进行探测,并将其信息经地面接收、显示装置还原成的云的图像,主要分可见光云图和红外云图两种。卫星云图能直观、清晰地表示出地表云层的覆盖特征,在天气预报中被广泛应用。我们在电视上看到的云图是经过加工处理后的可见光卫星云图。在电视云图上,陆地一般呈绿色,海洋呈蓝色,云层呈白色—暗灰色。电视云图的不同颜色、不同形状和不同结构都反映着不同的天气状况。

(1)云图的颜色反映天空云层的高低、云层的厚薄、云中冰晶与水滴含量的特征。高云($>$6 000米)多为冰晶构成,反射强,云层薄而稀疏,云图多呈白色;中云(2 000~6 000米)多为水滴、冰晶的混合物,云层较密集均匀,云图多呈浅灰色;低云($<$2 000米)多为水滴构成,云层浓而厚,有时呈起伏的团块状,云图呈现暗灰色。这样,就可以根据云图的颜色分辨出云团是由何种云层构成,若是中低云覆盖,天气就会阴,还有可能降水。

(2)云图的形状反映一定的天气系统。涡旋状云图表明高空受低气压涡状系统控制,在其影响下多为不稳定性降水,如阵雨、雷雨、暴雨等;带状云图表明有冷空气将临,是冷气团前面的锋面云系,有可能产生降水天气;扇形云图是受低压槽前影响,较大范围的扇形云系在我国境内东移北上,常带来大面积降水。

(3)云图的结构反映云层的稳定状况,也指示着未来天气的演化。结构比较均一的云图,一般为稳定的层状云,若产生降水则是连续性降水。云图若出现凹凸不平或絮状云层,表明是不稳定性对流云系,如夏季的积雨云,在其影响下易出现冰雹、阵性降水、阵性大风等天气。根据电视云图的颜色、形状、结构及变化情况,可以分析天气的变化特征。

听天气预报

天气预报的内容包括天气形势预报和气象要素预报。前者是对天气系统的移动、强度变化和生成、消亡的预报;后者是对各气象要素和天气现象变化的预报,即通常意义的天气预报。天气要素预报主要包括下列要素:

(1)气温是大气分子运动平均动能的度量。气温的高低和升降变化,实际上是大气中内能的多少和增多、减少的表现。气象台(站)观测和记录的气温是离地面1.5米的百叶箱中的温度。日平均气温是一日内2时、8时、14时、20时4个时刻测得气温的平均值。根据我国国家气象局的规定,当冷空气入侵,气温在24小时内下降10℃以上,最低气温降至5℃以下时,作为发布寒潮警报的标准,若达不到这个标准,则根据降温的程度称强冷空气活动或冷空气活动。

(2)降水是从云中降落到地面上的液态水或固态水。降水强度是单位时间内的降水量。我国气象部门以日降水量(符号为R,单位为毫米/天)为标准,将降水强度分成小雨($R<10$)、中雨($10 \leqslant R<25$)、大雨($25 \leqslant R<50$)、暴雨($50 \leqslant R<100$)、大暴雨($100 \leqslant R<200$)、特大暴雨($R \geqslant 200$)6个等级及小雪($R<2.5$)、中雪($2.5 \leqslant R<5.0$)、大雪($R \geqslant 5.0$)3个等级。

(3)云量是指云层遮蔽天空的比例。我国国家气象局统一规定了不同云量条件下的天气状况。晴天——天空中云的覆盖面不到10%;少云——天空中云的覆盖面占10%~40%;多云——天空中云的覆盖面占40%~80%;阴天——天空中云的覆盖面占80%以上。

(4)风是由于地球表面的气压差而引起大气由高气压流向低气压的水平运动现象。风是一个向量,因而包括风向和风速。风向用16个方位表示,也可以用方位角表示,一般用一个圈层图来表示。图中内圈是各个方位,外圈是与各个方位对应的方位角。风速是指空气在单位时间内移动的距离。在气象服务中常用风力等级来表示风速,将风力分为13级,最小的为0级,最大为12级。热带气旋是形成于热带海洋的大气涡旋,是影响我国的主要天气系统。我国国家气象局根据热带气旋地面中心附近风力的大小,将其分为三类:热带低压——最大风力相当于6～7级,台风——最大风力相当于8～11级,强台风——最大风力在12级以上。我国还对出现在东经150°以西的台风,按每年出现的顺序编号,如5903号台风就是1959年出现在东经150°以西的3号台风。

天气预报中的一些术语都有其明确的时限。如今天晚上是指当天晚上8点到次日早上8点,明天白天指明天上午8点到明天晚上8点。根据天气预报的时效,一般分为短时预报、短期预报、中期预报、长期预报和超长期预报。时效在几小时内的叫短时预报,时效1～3天的为短期预报,时效3～10天的为中期预报,时效10天以上的月、季、年预报为长期预报,时效1年以上的叫超长期预报,时效越短的预报,要求预报得越精确。

四季气候变化与健康

气候的变化与人类的活动息息相关,这是不争的事实,所以气候的变化,也可以对人类的健康造成影响。时令气候的变化与自然界物候现象及人的生命现象都存在着密切的关系,如暴雨、洪水、寒潮、沙尘暴等天气灾害都严重地影响着人们的健康,所以,我们应当了解四季气候,随时掌握各种天气变化,才能预防疾病,保证身体健康。

每当春季来临,由冷转暖,万物复苏,欣欣向荣。人们为适应自然界温度变化脱掉笨重的冬装,往往忽略了温暖背后暗藏的寒冷杀机,即所谓"春风冻人,不冻水"。如果违背了"春捂秋冻"这一保健规律,很容易受到春季低温、寒风的侵袭,引发疾病。由于春天气温、湿度和气压的变化比较大,时而阳光明媚,时而阴雨连绵,容易使人的情绪不稳定,甚至沮丧和抑郁,所以春季精神病的发病率和复发率明显高于其他季节。若思虑过度,日夜忧愁不解,则会影响肝脏的功能,进而影响其他生理功能,导致疾病的滋生和复发,所以春季尤应重视精神调理,心情舒畅,切忌愤然恼怒。春天风和日丽,人们还应早睡早起,坚持体育锻炼,使人的精神顺应春天升发向上之气而舒畅。

夏季高温多雨,日照较长,酷暑难耐,应预防中暑。长时间在强烈阳光下照射容易患皮炎甚至皮肤癌;紫外线指数预报是气象工作者根据天空云量、温度、湿度等要素的变化测知的,人们应及时了解和掌握紫外线指数预报,采取相应的防护措施。

秋季草木成熟,暑湿已去,气温渐凉,由于昼夜温差较大,空气中缺乏水分,因而出现秋凉、干燥的气候。我国的中医学认为,秋季养生重在调养肺气。肺的呼吸功能健全与否,直接影响着全身之气的生成,通过肺的呼吸,可以不断地呼浊吸清,吐故纳新,保证人体新陈代谢的正常运行。

冬季冷空气活动频繁,气候干燥而寒冷,人们最容易受到寒冷的侵袭,最常见的,如冻疮、关节炎等。因北方地区人们长期使用暖气,容易出现皮肤干燥或口角发炎。冬季紫外线经过雪地反射到眼睛后,会出现畏光、流泪、刺痛感,也就是"雪盲症"。冬季因室内外温差过大,又是流感的多发季节。故人们在寒冷的冬季应顺应冬季气候变化的规律,避寒就温。

总之,从温暖的春天到炎热的夏季,自凉爽之秋到寒冬腊月,四季气候和变化无穷的天气都在直接或间接地对人们的生活和保健产生不同程度的影响。因此,人们应该及时掌握和了解天气变化和各项气象指数,以更好地顺应气温变化,保证身体健康。

气候环境如何"塑造"人类

人的容貌、性格和行为特征,并非完全能由人类自己主宰,这个"权力"有时还握在大自然的"手心"里。

人的高矮胖瘦以及容貌的红黄黑白,不仅与人的遗传有关,而且与气候也有一定的关系。

在欧亚大陆,生活在赤道附近热带地区的人,由于光照强烈,气温又高,人的皮肤颜色黑黝黝的。为了适应酷热的气候,他们的脖子很短,头明显偏小,而鼻子较阔,这样有利于散发体内热量。在寒带、温带的高纬度地区,常年太阳不能直射,光照强度较弱,气温很低,严寒期又长,这里大多为白种人。为了抵御严寒,他们往往生有一个比住在温、热带地区的人更钩的鼻子,鼻梁较高,鼻内孔道较长。就头型而言,寒带和温带居民头大、头型圆,脸部比较平,这很有利于保温,减少散热量。

为适应高山稀薄的空气,山区居民的胸部突出,呼吸功能发达,肺活量和最大换气量比沿海地区的居民明显偏高。气候对身高的影响更为明显。以我国为例,北京的年日照时数为2 778.7小时,武汉年日照时数为2 085.3小时,广州年日照时数1 945.3小时,成都年日照时数最少,仅为1 239.3小时,所以这些城市居民的平均身高依次由高到矮。其原因是日光中的紫外线能使人体肤内的脱氢胆固醇变成维生素D的主要来源,有促进骨钙化和长粗长高的作用。

生活在热带地区的人,在室外活动的时间比较多。气温高,使生活在那里的人性情易暴躁和发怒。居住在寒冷地带的人,大部分时间在一个不太大的空间里与别人朝夕相处,养成了能控制自己的情绪,具有较强的忍耐力的性格。比如生活在北极圈内的爱斯基摩人,被人们称为"永不发怒的人"。居住在温暖宜人的水乡的人们,因为气候湿润、风景秀丽,人们对周围事物敏感,且多情善感,机智敏捷。山区居民因为山高地广,人烟稀少,长久生活在这种环境中,说话声音洪亮,性格诚实直爽。居住在广阔的草原上的牧民,因为草原茫茫,交通不便,气候恶劣,风沙很大,所以,他们常常骑马奔驰,尽情舒展自己,性格变得豪放直爽,热情好客。

引导我们高质量生活——气象指数

在电视、广播、报纸等传播媒体和电话服务中,人们很容易了解到城市气象台为市民提供的名目繁多的气象指数预报,目前已有三十多种,并且还在不断推陈出新。如:感冒指数、洗车指数、郊游指数、晾晒指数等等。这些原来看不见、摸不着的气象要素,经过气象工作者有针对性地研究和人性化的服务,变成了人们易于把握、使用的数字预报。了解这些预报,可以提高

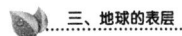

人们生活的科学含量,方便、舒适地享受生活。

鉴于中暑是典型的气象病,气象工作者就中暑的原因和流行病因进行了研究分析,得出引起中暑的气象规律,制作出中暑指数预报。35℃以上的高温是引发中暑的"罪魁祸首",但并不是一出现这样的高温,就会马上发生中暑,而只是在35℃以上的高温持续几天、人体无法承受酷热时才会出现中暑。所以,一旦出现35℃以上的高温就要注意防暑,若35℃以上的高温持续4～5天,就应采取一切可采取的防暑降温措施。根据前期气象条件和明日的天气预报可以预测出第二天的中暑率,也就是中暑气象指数,从低到高划分为5级。中暑指数1级不会中暑;2级一般不会中暑;3级可能会中暑;4级易中暑;5级极易中暑。

气象专家根据自然环境对人体感觉温度影响最大的天气状况、气温、湿度及气象条件进行分析,奔究出衣气象指,指醒人们根据天气变化适时着装,既舒适又可避免感冒等疾病发生。着装厚度不仅与气温有关,而且还与风力大小有关。一般,在气温不变的情况下,当风力在3级以下时,着装厚度随风力变化很小;而当风力变化大于4级时,或有雨雪天气空气湿度较大时,人们对寒冷的感觉就十分敏感,着装增厚的幅度也会有很大的变化。据此穿衣指数分为8级。

气象条件的好坏直接关系到晨练人们的身体健康。阴天时,树林中的二氧化碳含量较高,不适宜晨练;另外,大风降温容易感冒,浓雾天气空气污染物多,也不适宜晨练,为此气象部门推出了晨练气象指数预报服务。该指数是气象专家对与晨练有关的气象要素进行客观分析和定量计算,得出未来天气状况、风、气温、湿度、空气质量状况5种气象预测指标后进行的综合判定,进而得出晨练适宜度的5级标准。

除此之外,还有游泳气象指数、划船气象指数、啤酒气象指数、霉变气象指数、紫外线指数等与人们的吃穿、休闲与保健有关的指数,这些气象指数将引导着我们生活得更有质量。

气候资源浅谈

气候资源是人人都受其恩惠、受其影响的一种自然资源。每一个人,不论自觉还是不自觉,都直接或间接地在适应它、利用它或改善它、破坏它。

严格地说,气候资源是指对人类的生产活动和生活活动有利的气候条件;其不利的气候条件,常常引起气候灾害。因此,气候条件,或者说气候环境,应包括气候资源和气候灾害两个主要方面。

气候资源有哪些特点呢?气候资源是一种很特殊的资源,其特点如下:

(1)气候是光照、温度、湿度、降水、风等要素有机组成的。其资源的多少,不但取决于各要素值的大小及其相互配合情况,而且还取决于不同的服务对象,以及和其他自然条件的配合情况,不像黄金、煤炭等矿产资源那样多多益善。例如,对农作物而言,温度在一定范围内是资源,过高可能成热害,过低可能成冷害或冻害;降水在一定范围内是资源,过多可能成涝灾,过少可能成旱灾。干旱区光、热资源虽很丰富,但水资源短缺,限制了光、热资源的充分利用,使其价值大为降低。又例如,阴雨天气对某些农作物的生长也许是有益的,但对旅游、晒盐业则可能带来不便甚至是有害的;积雪覆盖保护某些作物的安全越冬,是有益的,而使牛羊吃草困难,又可能有害了。

(2)气候有时间变化。这种变化,有的具有周期性,有的周期性不明显,变化规律难于捉摸。例如气温的昼夜变化、季节变化,大都是日日如此,年年如此,周而复始,循环不已。但某一天或某一季的天气,却不是年年如此的。至于某段时间的或多年的气候变化,虽有一定的范围,但变化比较复杂,难于准确预测。因此,气候资源的利用,必须因时制宜。我国最古老的农书《氾胜之书》开篇就说:"凡耕之本,在于趣时";《孟子》也说:"不违农时,谷不可胜食",这都说明,栽种作物要掌握时机,如果错过时机,资源稍纵即逝,就白白地浪费了。

(3)气候有地区差异。一方面,世界上任何一个地方,都有其独特的气候,和其他地方的气候不可能完全相同,《氾胜之书》说:"种禾无期,因地为时",意思是种谷子没有固定的日期,随地方不同而定时间,因此,气候资源的利用,还必须因地制宜;另一方面,世界上有些地方,尽管彼此相距很远,气候虽不完全相同,但却相似,因此,作物可以引种,牲畜可以引养,可以相互交流利用气候资源的经验。

(4)气候资源是一种可再生资源。不像黄金、煤炭等矿产资源,开采一点就少一点,终将有枯竭的时候,而气候资源归根结底来自太阳辐射,如果利用合理,保护得当,它将与太阳同寿,可以反复、永久地利用。

(5)气候是人力可以影响的。这种影响,有有意识与无意识之分。由于气候条件与其他自然条件密切相关,人类在生产和生活活动中,在改造自然过程中,常常自觉或不自觉地改变了气候条件。例如,种草植树、蓄水灌溉等可以使气候变湿润;而伐林毁草、排干湖沼等则可以使气候变干燥。都市化和工业化污染大气,使降水酸度增大,气温升高,可能导致气候产生长远的、大规模的、对人类生存有巨大影响的变化。人类有意识改善气候,目前多局限在小范围内进行。例如营造防护林,设置风障;建造排灌设施、玻璃温室、塑料棚、人工降雨等。随着社会的发展、科技的进步,人类改造气候的能力将日益提高,所能改造的范围将日益扩大,所能改造的方面也将日益增多,甚至能把某些不利的气候条件改造成为有利的气候条件,把某些气候灾害改造成为气候资源。

四、人文地理

人类的生产活动与地理学

地理学是研究人类赖以生存和发展的地理环境，以及人类活动与地理环境关系的一门科学，它与人类的生产和生活、社会的进步和发展有着密切的关系。在人类各种活动中与自然环境最紧密、相互影响最深刻的就是生产活动，人类的生产活动是多方面的，其中农业和工业是生产活动中的基础部门。

农业作为国民经济的基础部门，人类历史发展的任何阶段和任何一种社会形态都离不开农业这个最基本的生产部门。作为人类生产活动之一的农业生产，在其发展过程中，必然要与地理环境发生关系，如农业与土地、气候、水、地形、劳动力、政策、市场等因素有关，这样也就导致了不同地域的农业生产方式不同。比如我国存在西北地区的灌溉和绿洲种植业、草原及高山畜牧业，青藏地区的河谷种植业、高寒畜牧业，东部地区的平原种植业、家禽家畜圈养业等区域农业生产模式，其主要原因在于西北地区缺乏水分，青藏地区热量不足，东部季风区人均土地少等。

工业生产，同样是人类生产活动中的基础部门，在现代经济中起着主导作用，是国民经济的重要支柱产业。虽然工业生产主要在工厂里进行，对自然条件的依赖性不像农业那样强，一般不受季节和地带约束，受自然灾害的影响小，生产也比较稳定、可靠，但是依旧受到地形地貌、水源、资源、能源等自然条件的制约。如就地形而言，一般工业企业要选在较平坦处，既方便工业生产的安排，又方便人们的生活及交通。再如就工业生产而言，一般都离不开水源供应，这就要求附近有比较丰富、优质的水源作保证，尤其是钢铁工业的布局。

因此，人类活动离不开地理环境，地理环境的发展、变化又深受人类活动的影响。

农业地理区位的选择

区位理论，是关于人类社会经济活动的地理空间分布及其空间关系的学说，是指导人类选择行为场所的理论。它的研究核心，是确定最有利的行为场所，寻求最低成本的经营生产区位，即产业的"合理布局"。

这个理论最初是由德国农业经济学家杜能（Von Yhunen）提出的，被称做古典农业区位论，又称屠能圈理论（Thunen. Zone. Theory）或孤立城邦理论。杜能根据自己 40 多年经营农场的经验，假设在自然条件相同，生产成本也相同的情况下从事商品性农业生产，从而得到以城市为中心，由内向外呈同心圆状分布的六个农业地带——杜能圈。第一圈称自由农业地带，生产容易腐烂的蔬菜及鲜奶等食品；第二圈为林业带，为城市提供烧柴及木料；第三至第五圈都是以生产谷物为主，但集约化程度逐渐降低的农耕带；第六圈为粗放畜牧业带，最外侧为未耕种的荒野地带。这个学说不仅证明了市场距离对于农业生产集约程度和土地利用类型（农业类型）的影响，更重要的是说明了土地利用方式（或农业类型）的地理区位存在着客观规律性和优势的地理位置的相对性。杜能以后，一百余年来，有大批农业经济学家先后多次论证、应用和修订杜能的农业区位学说。杜能学说只考虑了市场距离对农业生产布局的影响，现代农业区位论者除考虑这一因素外，还考虑到了自然、技术、社会、行为、政策因素，同时，更多地注意不同农业区域的优化组合，才能更好地为农业决策提供科学依据。

具体地讲，影响农业区位选择的主要因素可分为两大类：一类是自然因素，包括气候、地形、土壤等；一类是社会经济因素，包括市场、交通运输和政策等。

（1）自然因素：

①气候：热量、光照、降水等气候因素对农业区位的影响极大。因为太阳光热是植物生长的最基本因素，因此，进行农业生产需要因地制宜，充分合理地利用光热条件，各地纬度不同（即位置不同），农作物的分布也不同

（即生产情况不同）。例如，可可、咖啡生长于热带，柑橘生长于亚热带，苹果则生长于温带，因此，一个地区农业生产的选择，应充分考虑当地的气候因素。

②地形：世界各地的地形多种多样，对农业生产有很大影响，在不同的地形区，适宜发展不同的农业生产。例如，平原地区地势平坦，土层深厚，易于开垦大片耕地，并有利于机械化生产操作；丘陵、山地的缓坡可适量修筑梯田，种植庄稼。

③土壤：土壤直接供给作物养分，是作物生长的物质基础，不同的土壤类型，适于生长不同的作物。例如，我国东南丘陵广泛分布着酸性的红壤，就很适宜种植茶树。

(2) 社会经济因素：

①市场：农业产品要到市场上销售，才能实现其价值，因此，市场的需求量最终决定了农业生产的类型和规模。例如，美国人爱喝咖啡，咖啡在美国的需求量较大，而南美洲的哥伦比亚、巴西等国家，有盛产咖啡的热带条件，且距美国较近，集中生产比较有利，这些国家为了满足美国的市场消费需求，它们便纷纷扩大了咖啡的生产。

②交通运输：交通运输主要影响农业产品的地理位置，因为农业产品需要及时运往销售市场。例如，园艺业、乳畜业等，由于其产品容易腐烂变质，要求有方便快捷的交通运输条件。

③政策：各国（或各地区）政府，从自身利益、国际贸易、区域规划等方面考虑，常会制定出相应的政策，影响或直接干预农业生产，从而影响农业区位的选择。例如，我国政府从20世纪80年代以来，积极建设了一批商品粮、商品棉等农业生产基地，对我国的农业生产布局、各区农业的相对地理区位的关系产生了深远的影响，同时，政府也限制性生产一些特殊产品，如烟草等。

④科技：科技可以改造自然因素。如我国干旱的宁夏平原加强灌溉改造水分条件，发展种植业；针对东北三江平原沼泽地过湿，通过排水改造水分条件，发展种植业；华南的东南丘陵通过修筑梯田改造地形条件，发展种植业等。科技也可以改变社会经济因素。如科技的进步改善了运输条件（空运、大型船舶等），加上保鲜技术和冷藏技术的发展，使市场和农产品的生产地分离，从而促进跨地区以至世界性的农业区域专业化的发展。

农业地理区位的选择,实质上就是综合考虑多种区位因素对农业土地的合理利用,形成因地制宜发展农业生产的思想,这样在进行农业生产时,就会作出科学合理的选择,使农业走向可持续发展的道路。

工业最优区位的选择

创建现代工业区位论理论基础的是德国经济学家韦伯(A. Weber),他于1909年发表了《工业区位论》一书,为工业区位理论创建了完整的理论体系,并提出了严密的研究方法,其中心思想是区位因子决定生产场所,将企业吸引到生产费用最小、节约费用最大的地方。他认为,决定工业区位的因子有三个,即运输成本、劳动力成本和聚集,合理的工业区位应位于三个总费用最小指向的地方。这一过程分为三个阶段,第一阶段,假定把工业生产引向最有利的运费地点,就是由运费这个第一区位因子勾画出各地区基础工业的区位网络。第二阶段,第二区位因子劳动力费用对这一网络首先产生修改作用,使工业有可能由运费最低点引向劳动力费用最低点。第三阶段,单一的力(凝聚力或分散力)形成的凝聚或分散因子修改基本网络,有可能使工业从运费最低点趋向集中(分散)于其他地点。

现实生活中影响工业区位的因素有很多,主要有原料、劳动力、市场、交通运输、土地、水源、政府等。不同工业选址所考虑的因素不同,主要有原料指向型工业、市场指向型工业、动力指向型工业、廉价劳动力指向型工业和核技术指向型工业五种类型。

随着社会生产力的发展和科学技术的进步,上述各因素对工业区位的影响也是在不断变化的。

(1)由于工业所用原料的范围越来越广,可替代原料越来越多,加上交通运输条件的改善,原料地对工厂区位的影响逐渐减弱,与此同时,市场对工厂区位的影响正在逐渐加强。比如,鞍钢是我国建立的第一个大型钢铁联合企业,当时其区位选择靠近原料供应地;随着社会的发展,南方市场对钢铁的需求增大,20世纪70年代在上海兴建了宝钢,就已经改变了原料供应地的原则,而是主要依靠当地广阔的市场和便利的海陆交通运输条件。

(2)工业原料的运入、产品的运出,都需要交通运输,因此,沿海沿江港口、铁路枢纽、高速公路沿线地区,对工业具有很大的吸引力。例如,日本工业集中分布在太平洋沿岸的三湾一海地带；我国沿海沿江的上海、南京、武汉、重庆等城市，也成为重要的工业中心。

（3）信息通信网络的通达性作为工业区位因素的重要性越来越突出。尤其是在市场经济体制中，市场信息的及时获取，对企业改变生产规模，调整产品方向都有重要的指导意义。

（4）在工业生产机械化、自动化不断代替体力劳动的同时，工业对劳动力技能的需求逐渐增加，因此，劳动力素质对工业区位的影响力在逐渐增强。对发展中国家和地区来说，本地劳动力素质往往成为是否能吸引外资、尤其是吸引技术先进的大型跨国公司到该地投资办厂的重要因素之一。

（5）工业区位的选择受国家政策的影响十分明显，特别是在发展中国家。我国20世纪50年代在内地建立了一些大型工业基地（如重庆钢铁基地、攀枝花钢铁基地），主要是出于国防的需要；20世纪末开始开发西部，大力推动内地工业的发展，主要是为了缩小内地与沿海地区经济发展的差异。为解决就业问题，政府甚至会采用补助的形式，将工厂设在并不盈利的区位。对于厂商来说，个人的偏好可能对工厂的区位选择产生很大的影响，例如，许多人乐意到自己的家乡投资。

一寸土地一寸金

俗话说，一寸光阴一寸金，寸金难买寸光阴。随着人口膨胀、经济迅猛发展，在耕地资源锐减的今天，又可谓一寸土地一寸金。

我国用不到世界10%的耕地养活了占世界22%的人口，这在全世界是了不起的壮举。然而人多地少是我国的基本国情。2004年底，我国耕地面积只有1.234亿公顷，人均耕地仅有0.095公顷，不到世界人均水平的40%，有1/3的市县人均耕地面积低于世界粮农组织0.05公顷的警戒线。自1997年以来，全国耕地减少了6700万公顷，占全国耕地总量的5%以上，其中，生态退耕62%，农业结构调整18%，建设占用14%，灾害损毁6%。可见，造成耕地面积缩减的原因，从自然因素来看，主要是生态环境趋于恶化、沙漠化、荒漠化、盐碱化等；从社会因素来看，则主要是对土地肥力消耗大而投入少，以致地力衰竭而撂荒；或者滥用化肥、农药，过度灌溉，致使土质恶化而撂荒；还有滥伐森林导致水土流失等。历史上造成土地退化的因素，人祸的作用远远大于天灾。在近代,除上述原因外,主要是伴随着城市化高速发展而带来的城市建设占用地:工厂和住宅建设占地、交通建设占地的不断增加。

耕地总量的逐年减少,进一步加剧了土地供需矛盾,土地资源与经济社会发展的矛盾日益突出。大量耕地被占用和浪费,既侵害了农民利益,又影响了宏观经济的平稳运行,也增加了社会不稳定因素。保护耕地对国家粮食安全具有基础作用,对亿万农民的生计具有保障作用,对农村乃至全社会具有稳定作用。

因此,我们要珍惜每一寸土地。2004年6月25日是我国第14个"土地日",其宣传主题就是"坚持科学发展观,珍惜每一寸土地"。"珍惜每一寸土地、实行世界上最严格的土地保护制度"对我们这个人多地少的国家尤为重要,全面建设小康社会,对土地资源的保障能力提出了更高的要求。珍惜和合理利用每一寸土地,切实保护耕地,是我国必须长期坚持的一项基本国策。深入开展土地市场治理整顿,大力盘活存量土地,转变土地利用方式,推进土地集约利用,是解决土地供求矛盾的有效途径。进一步发挥市场配置土地资源的基础性作用,健全完善集约合理用地的激励和约束机制,努力在全社会形成树立和落实科学发展观和正确政绩观、珍惜和节约每一寸土地的良好风尚,从而走出一条符合我国国情的资源集约型的经济社会发展道路。

土地资源

土地资源是指当前和可预见到的将来在一定条件下可供人类开发利用的土地。在今后相当长的时间内,极地、高山、荒漠、沼泽等地域的土地,预计还难以利用,因此土地资源并不是全部土地。土地具有自然属性和社会属性,土地资源不仅包括土地这个客观实体,而且包括土地在被人类开发利用后所能创造的价值,从这个意义上说,土地资源的含义比土地要广。

土地资源是一种综合的自然资源,与气候资源、水资源、土壤资源、生物资源等单项自然资源相比,对人类生存来说是最基础和最重要的。土地资源有以下主要特点:① 具有一定的生产力,通过人类的劳动可直接或间接地生产出人类需要的某些植物和动物产品,还可以为人类生产和生活提供多种服务。② 具有可更新性和可培育性,在合理利用的情况下,其内部物质和能量处于动态平衡中,可以供人类永续利用,还可以按人类的需要加以培育和改良,如改造盐碱地、沼泽地。③ 面积有限,在人类历史中不会显著增加。④ 不可移动,各种土地类型具有一定的空间分布规律和时间变化的周期性,可利用的程度在一定程度上受地域分异规律的制约。

不合理地滥用土地资源,会造成水土流失、荒漠化、次生盐渍化等土地质量下降的现象;城市建设、工业、交通和住房用地不断扩大,使可利用的土地面积不断减少。土地问题已成为最严重的全球问题之一。合理开发利用土地资源关系到社会、经济的发展,世界各国都十分重视土地资源的研究。随着对土地资源的深入研究,逐渐形成了介于自然地理学和经济地理学之间的一门新兴学科——土地资源学,其主要内容包括土地资源调查、分类和评价等。土地资源评价又称土地评价,包括了土地质量评价、土地潜力评价、土地适宜性评价。

人口和城市

人类在地球上出现,已有二三百万年的历史。按照历史上生产方式的不同特点,可以把人口增长的全部历史划分为 3 个时期:

(1) 缓慢增长期:这个时期包括奴隶制出现以前的全部人类历史,即旧石器和新石器两个时代。

(2) 稳定增长期(公元前 3000～1750 年):由于生产力发展,这个时期奴隶社会、封建社会相继出现,从生产技术上说,这是由青铜器、铁器工具相继使用组成的金属时代。

(3) 快速增长期(1750 年至今):18 世纪工业革命标志着社会生产力有了更大的飞跃,人口增长进入了一个新的历史时期。从 1750～1900 年这 150 年间,世界人口大约增加了 1.5 倍,人口数由 7.28 亿增加到 16.08 亿。

由于生产力发展水平的地区差异,同一时期世界不同地区人口增长很不平衡。按照出生率、死亡率和增长率三者组合特点,可把当代世界人口增长分为如下 4 种类型:

(1) 原始型:特点是高出生率、高死亡率和低人口增长率。婴儿死亡率超过 20%。人口总数增长很慢,甚至停滞不前。现代世界,属于此类的国家已不复存在,但在一些发展中国家的个别地区,特别是一些孤立的民族,人口增长仍处于这种状态,非洲西南部的布须曼人就是典型代表。

(2)年轻型:其特点是高出生率、低死亡率与高人口增长率。多数发展中国家属于这种类型。

(3)成熟型:特点是低出生率、低死亡率和低人口增长率。这是工业化成熟时期社会人口增长的一般模式,属于这个类型的大部分为发达国家。

(4)"衰老型":其特点是死亡率有低水平回升,并且等于或超过了出生率,人口自然增长出现了零增长或负增长。属于此类型的国家有德国、卢森堡、捷克斯洛伐克、英国、比利时、丹麦、匈牙利、挪威和瑞典等。

人口的增长与发展必然会导致人群集中的聚落的出现,最终演化形成城市。"城"是适应统治阶级的需要由政权力量自上而下形成的,"市"是由于经济原因自下而上形成的。随着生产力的发展,在一些交通要道和繁华的市通常因军事或政治原因出现城市,或者是统治者为了自身发展的需要在城内设市。

城市就是在人造环境的区域上,非农业人口聚集,以从事第二、第三产业活动为主体,引导并推动社会发展的居民点。城市的合理发展和布局,对于促进区域经济的发展有十分重要的意义,但是城市规模的无限扩大,城市人口的迅猛增长,给社会生活带来了一系列的问题,从而也会影响国民经济和社会发展,对城市环境造成很严重的问题,如环境的严重污染、交通拥挤、居住条件差、绿化面积小等。因此应制定合理的城市规划,保护和改善城市环境:① 分散城市职能,建立新城市和卫星城,包括:实现郊区城市化,在大城市周围建立新城和卫星城,分散城市的多种职能,如美国的华盛顿(独立战争后,建都费城,后在马里兰州、弗吉尼亚州之间选一荒地建都,命名为华盛顿)。② 进行合理规划,加强对城市的管理,包括从城市生态系统的角度,确定城市居民点体系和工业区的合理规模;在城市建设中,进行城市功能分区,妥善安排居民用地、工业用地、交通运输用地等的相对位置;合理布局工业,适当分散污染源,尽量减少工业生产过程中"三废"的排放量等。

"城"与"市"的形成

中国古代的城和市是两个不同的概念,"城"是四面围以城墙,扼守交通要冲，具有防卫意义的军事据点，《管子·度地》篇中说："内为之城，城外为之郭"。"市"指的是交易市场，《周易·系词下》中说："日中为市，致天下之民，聚天下之货，交易而退，各得其所"。以后随着社会的发展，城与市逐渐融为一体，成为一个统一的集合体——城市。城市就是规模大于乡村和集镇的以非农人口和非农业活动为主的聚落，一般人口数量大，密度高，职业和需求异质性强，是一定地域范围内的政治、经济、文化中心。

资本主义社会以前的城市，由于生产力水平较低，能提供给城市的农产品数量有限，因而不但城市数目少，而且城市规模也较小，除了一些大国的首都，像洛阳、古罗马、长安等少数城市外，城市人口在总人口中的比重较小，只有3％，当时的城市主要集中在灌溉农业发达的地区，如两河流域、尼罗河沿岸、古巴比伦和我国的黄河流域等地区。当时的城市职能主要是行政、宗教、商业或军事中心。

随着资产阶级产业革命的成功，资本主义大工厂和大农场的出现，将社会生产力提高到前所未有的水平，大批破产的农民涌入城市，使城市人口和规模以前所未有的速度在增长，尤其是第二次世界大战以来，世界城市的发展达到了一个崭新的高度。

城市经济的集聚与扩散

城市是经济、社会、环境、文化组合的空间景观，是经济社会活动空间集聚与扩散的过程与结果，总是处于集聚力与扩散力的相互影响和相互作用中。

所谓集聚经济，是指因社会经济活动及相关要素的空间集中而产生的效益，是由集聚一定规模的经济与一定范围内经济共同作用形成的复合经济形态。当城市集聚到一定规模又会产生向外扩展的排斥力，因此而产生扩散效应。集聚与扩散是城市经济空间演化的基本表现，它们贯穿城市发展运动的历史全过程，并体现在不同尺度的地理空间结构、形态上和不同阶段的产业结构、形态上。

城市经济的集聚是为了进行扩散。如果仅仅为集聚而集聚，没有扩散，这种集聚是无法持续的。从城市经济发展的过程来分析，集聚往往是手段，扩散才是目的，集聚是为了扩散，而扩散则会进一步增强集聚能力。城市的扩散功能主要在于：

(1) 扩张城市的市场性占有、配置和利用资源要素权利的作用范围。

(2) 构筑更大地理空间的经济协作体系。

(3) 扩散城市的优势能力，如技术、资金、管理、观念、加工体系等，提高和带动周边地区的经济发展水平和能力，从而确立城市对周边地区的主导性作用及城市对周边地区的吸引力。

城市经济的集聚概念就是充分利用、吸纳城市本身、周边地区及国内外的各种资源要素和积极因素，增强城市经济实力和发展潜力；而扩散就是利用城市经济在各方面的优势，把这种优势有系统地渗入周边地区及更大区域，从而带动这些地区的发展，并在这一过程中进一步增强以城市为中心的区域经济的整体实力。因此，城市经济的主要功能在于集聚与扩散，而城市综合竞争力优势则集中反映为集聚和扩散能力的强弱。

城市化对地理环境的影响

城市人口所占比重不断提高，大城市不断涌现，这都是城市化的具体体现。城市化就是人口向城市地区集中并转化为城镇人口和农村地区转变为城市地区。简单地说，就是城市人口不断增加和城市用地不断扩大，从而使城市数目不断增加，城市人口比重不断提高。

城市化是人地关系的焦点。社会、经济和科技的进步，促进了工业化和城市化进程，高度城市化的结果又会使城市中的人口流、物质流、能量流和信息流在城市内循环中高速运行与高速摩擦，其正面效应是人口与财富和经济高速聚集，物质高消费和生活高水平；其负面效应是随着城市的恶性膨胀、耕地减少、热岛效应、环境污染等，结果反过来又抑制城市的发展和居民生活水平的提高。

(1) 城市占用耕地面积不断扩大：城市扩大的过程就是原郊区耕地减少的过程。我国不同类型城市土地扩张情况的统计结果表明，城市化占用耕地的情况是相当惊人的。沿海平原城市，内地丘陵城市，内陆平原城市扩展占用耕地的比例分别达到65.3%、65.5%、80.5%，也就是说，我国每年要占用1 000余平方千米的耕地来发展城市。特别是沿海城市密集的太湖平原、珠江三角洲，原来都是"鱼米之乡"，后来由于乡镇企业的发展，弃农务工经商,人口大量流入城市,耕地除部分被占用外,很多耕地荒弃无人种植。

(2) 城市水源恶化和地面下沉:随着城市化、工业化的发展,全国2/3的河流和50%的城市地下水已受到污染,78%的城市河段不适宜作饮用水源。水污染和水浪费使可利用的水资源更加短缺。目前我国人均水资源约2 400立方米,仅为世界平均水平的1/2。像广州、深圳、青岛、合肥、北京、天津这样的城市,由于地下水的污染和短缺,不得不耗巨资到几十千米以外的河源、水库输水。有些城市地区本来地下水资源比较丰富,但由于过度开采地下水出现了地下水漏斗区,造成地下水流向紊乱,从而又恶化了原有的良好水质。与此同时,为解决城市供水水源,过量开采地下水,许多城市又产生地面沉降的问题。

(3) 城市的热岛效应和酸雨、光化学烟雾:城市本身是消耗能源的集中区,自然会产生大量的废热,城市中除少量的绿地以外,地面绝大部分被建筑和水泥路面占据,其吸热和散热功能无法与森林、草地相比,在城区往往形成温度高于周边地区的热岛,称为城市的"热岛效应"。一般来讲,城区比郊区的平均气温要高出1~2℃。在气候炎热的夏季,尽管城市办公室和住宅内装有空调,但一出门,扑面而来的热浪已是城市人苦于面对的环境灾难。

汽车尾气排放出大量的氮氧化物,在阳光紫外线的作用下,发生光化学反应,产生光化学烟雾。它会显著降低大气能见度,刺激人的眼睛、喉、鼻,使人头痛呕吐,并使动、植物受到伤害。1955年,洛杉矶光化学烟雾事件,65岁以上的人死亡近400人,成千上万的人受到不同程度的损害。曾几何时,烟囱林立是象征工业化和城市化的标志,上海近15年来拔掉烟囱1 000余根,营造绿色生态文明城市已成为富裕以后城市居民要求的首选。

(4) 城市固体废弃物污染及处置:城市固体废弃物主要是由残剩食品、庭院垃圾、废纸、废塑料、废棉毛织物、木块、炉灰、废金属、碎玻璃、建筑废料等组成。在工业发达国家的城市中,废弃物可回收比例较高,相对而言发展中国家城市则比例较低。城市废弃物中会有多种病菌,可危害人体健康、污染地下水;堆积废弃物侵占大片土地,导致河道淤塞,恶化生活环境。因此,废弃物的安全处置在城市尤为重要。目前处置城市固体废弃物的主要方法有:露天填埋法、卫生填埋法、堆肥处理化、焚烧技术法和综合利用法。目前填埋处置仍是世界各国广泛采用的方法。

21世纪城市发展的模式——生态城市

生态城市是按生态学原理建立起来的一类社会、经济、自然协调发展，物质、能量、信息高效利用，生态良性循环的人类聚居的城市。其中人和自然环境和谐共处、互惠共生，物质、能量、信息高效利用，技术与自然充分融合，人为创造力和生产力得到最大限度的发挥，而居民的身心健康和环境质量得到最大限度的保护。很明显，生态城市的定义不是一成不变的，将随着社会和科学的发展而不断完善。

随着人类对于人与自然环境关系认识的提高，如何以生态的方式进行城市建设和发展，使人工环境与自然环境协调统一起来，保护自然环境并不断开拓城市自然景观，建设和发展生态城市，已成为21世纪城市发展的基本模式。

生态城市建设是一种渐进、有序的系统发育和功能完善过程。生态城市的建设在各地有不同做法，但任何一种做法都要跨越五个层次：即生态安全、生态卫生、生态整合、生态文明和生态文化。

生态城市建设中的生态安全包括：水安全（饮用水、生产用水和生态系统服务用水的质量和数量），食品安全（动植物食品、蔬菜、水果的充足性、易获取性及其污染程度），居住区安全（空气、水、土壤的污染程度），减灾（地质、水文、流行病及人为灾难），生命安全（生理、心理健康保健，社会治安和交通事故）。

生态卫生就是通过高效率、低成本的生态工程手段，处理和回收生活废物、污水和垃圾，减少空气污染和噪声污染，为城镇居民提供一个整洁健康的环境。人口分布集中的城市，生活废物、污水和垃圾每天的排放量当然也就非常大了。生态卫生，就是建立一种物质处理的哲学，这种哲学就是不把垃圾和废物当做废物来看。

生态整合，即生态产业问题，就是怎么调整产业结构，使废弃物更少，包括生产过程中的废弃物，消费过程中的废弃物，还有扔掉的废弃物怎么循环回来，实现循环经济。循环经济，就是把清洁生产和废弃物的综合利用融为一体的经济，本质上是一种生态经济。

生态景观强调通过景观生态规划与建设来美化、优化景观格局及过程，减轻热岛效应、水资源耗竭及水环境恶化、温室效应等环境影响。

生态文化是物质文明与精神文明在自然与社会生态关系上的具体表现，是生态建设的原动力。它具体表现在管理体制、政策法规、价值观念、道德规范、生产方式及消费行为等方面的和谐性，其核心是如何影响人的价值取向、行为模式，启迪一种融合东方"天人合一"思想的生态境界，引导一种健康、文明的生产消费方式。

自然环境与人类生存

人类居住在各种各样的自然环境中，不管是适宜居住的中纬度地区还是不利于密集居住的北极冻原地区和赤道热带雨林地区，甚至是那些极其恶劣的环境中都会发现人类的足迹，然而自然环境特点对人类的生存有很强的控制作用。

在地球表面的任何区域，都有其固有的土壤、气候、植被和地貌形态等自然特点，为人类提供生存的环境背景，居住在任何自然环境中的人们必须具备能够对区域自然条件扬长避短的适应生存能力。比如世代生活在北极的因纽特人和北美山区的爱斯基摩人，以及生活在赤道和火山活动地区的人，都有适应其居住环境的独特生活方式。

自然系统和环境特征会限制人类活动的方式，又都不能单方面影响人类，因为人类有无限的智慧与创造力，当然也需要人类巨大的投入和承担很大的风险。

现代社会人类使用科学技术作为减少自然系统对人类活动制约的手段。例如，空调的普遍使用，使人们可以迁往早先认为不适合居住的低纬度地区。然而，人类活动对克服自然障碍的先进技术的使用，有可能产生一系列意想不到的后果。例如，人类修建水坝和清疏水路控制河流，可以用来发电和防止破坏性的、有威胁的洪水，但也可能导致水土流失和盐分增加，加大了河岸侵蚀，破坏了植物和动物原来的生存规律。

由此看来自然环境与人类生存存在一个平衡关系，这就引出了一个重要概念：环境承载能力，也就是环境对人类索取所能够承受的最大值。这是对环境进行利用而又不引起重大环境变化和最终导致环境恶化的临界值，即环境所能承受的水平。

环境的承载量是变化的,特别是雨量非常少的环境会产生周期的变化,人类在那个环境生存会产生特殊的问题,并且可能导致像中非北部的萨赫尔地区发生的沙漠化、饥荒和大量迁徙的情况。一个环境和当地居民之间的敏感的平衡关系,是由其居民对资源消耗多少和用什么方式消耗而决定的。

超出了承载力,就会导致自然环境关键的系统功能的突然变化,经常给人类社会带来巨大的灾害。即使科技最发达的美国,每年也要为此花费数十亿美元。飓风、地震、龙卷风、火山、风暴、洪水、森林火灾频频发生,这些灾害出现的精确地点、时间和大小也往往是不可预测的。灾害带来的消极后果,只能通过减少潜在人员伤亡和减小损失程度来降低,譬如改进的建筑与工程设计、土地利用章程、建立预警系统和公众教育。

因此,节约能源、保护和循环使用水源在环境利用模式中有重大意义,生活在任何自然环境的居民都应适应这种生活模式,只有这样,有限的地球空间及资源才能承受人类的发展,人类才不会亲手毁掉自己的家园。

人地关系的矛盾焦点

"人"是指人类,"地"是指自然地理环境,即人周围的自然界,人类自从出现的那一天起,就与自然地理环境保持着密切的关系,辩证唯物主义认为人与地理环境是相互作用、相互联系的,人在人地关系中居主导地位。

(1) 空气、水源、土壤、地形、矿产等地理环境是人类生存与物质生产必需的条件。自然为人类生存提供条件,人类改造自然,并从其中获取生活和生产资料,使人类社会不断发展。

(2) 地理环境对人类社会发展的制约作用,主要表现为加速或延缓社会进步及社会劳动分工的发展。这是由于:不同生产力的发展阶段,人类作用于自然的能力不同,生产水平越高,人对自然的作用越大,反之亦然。特别严重的自然灾害具有强大破坏力,不仅阻滞生产发展,甚至危及人类生存。丰富而多样化的自然资源是人类社会分工的基础。

(3) 人类在人地关系中居主导地位。人类社会变化比自然环境演变快得多,二者演化不具相关性;在一定条件下人类在恶劣环境下可能更有作为。这都反映了人的主观能动性。

(4)人与地理环境的矛盾斗争是人类社会发展的动力之一。人在与自然界的斗争过程中,认识和顺应自然规律办事,使人的智力和物质财富不断增长,从中获得对自然环境斗争的更大的主动权,从而推动社会生产力的发展。

人类要从自然界获取各种物质,也要把消耗后的废弃物排放到自然界。如果自然界能够满足人类的物质需要,人类排放的废弃物也没有给自然界带来不良的后果,未改变原有的环境质量,这时,我们说人地关系是协调的。如果因人口增长过快,打破了人地的协调关系,势必要产生许多问题,这些问题统称为人口问题。当今人类共同关注的四大全球性问题是:人口问题(Population)、资源问题(Resources)、环境问题(Environment)和发展问题(Development),简称PRED,其中人口问题是目前人地关系的矛盾焦点,是人类面临的粮食问题、资源、能源问题和环境恶化的根源。

人口的过快增长会导致人地关系恶化,产生许多不良后果,如资源紧张,粮食短缺,各种资源不能满足需要;加剧环境恶化,如大气污染、水体污染、土壤污染、沙漠化、噪声污染等;造成生活条件不易改善,如住房紧张、交通拥挤、人均占有的绿地少、教育医疗条件差等。当然,人口若长期停止增长即零增长或负增长,同样会导致人地关系不协调,产生劳动力不足,老年人增多,社会出现老龄化现象,西欧、东欧及北美一些国家'已经出现上述情况。

解决人口问题应从两方面入手:一是控制人口数量,实行计划生育,使人口的增长与社会、经济的发展相适应,与环境资源相协调;二是提高人口素质,使人们能够受到良好的教育,健康成长。

环境问题的表现

人类活动必然影响环境,影响的"度",就是所谓的环境自净能力,也就是说,自然环境系统有自身发展和内部调节功能,在一定的范围内,人类活动可促进环境系统的自身发展和内部调节,这种影响对环境系统和人类生存都有利,为正面影响,即人类活动很好地把握了"度"。但是,当人类对环境施加的影响超过一定的程度,超出环境所能承受的能力,环境系统便不能

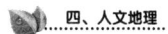四、人文地理

正常发挥原有的功能,而且会大为衰退,即人类活动没有把握好这个"度",这时就会出现环境问题。因此,环境问题就是由于人类活动影响周围环境,周围环境又反作用于人类,破坏自然资源和生态平衡,影响人类的生产和生活,产生危害人体健康甚至危及人类生存的种种问题。

20世纪初,世界人口大约16亿。1999年10月,世界人口已经突破了60亿。随着人口的激增,生活需求的扩大以及工业的迅猛发展,人类赖以生存和发展的环境受到污染,生态遭到破坏,环境问题已从地域性走向全球性,成为当今人类面临的全球性问题之一。环境问题主要表现为环境污染和生态破坏两大类。

环境污染指来源于人类任意排放废弃物和有害物质的污染,主要形式有工业"三废"和农药造成大气、水、土壤污染,生产和生活垃圾造成固体废弃物污染,交通、工厂造成的噪声污染,放射性物质泄漏产生放射性污染,各类污染物排入海洋,造成海洋污染(表4-1)。

生态破坏指人类活动对环境的破坏,导致环境退化,主要形式有植被破坏导致水土流失,土地荒漠化;不合理的灌溉引起土壤盐碱化;大气成分改变,导致二氧化碳增加,臭氧层破坏;环境破坏和过度捕猎,使部分物种灭绝等。

表4-1　　　　　　环境问题的主要表现及其成因

主要表现	具体方面	原因	典型事例
环境污染	大气污染、水污染、土壤污染	工业"三废"和有害人体健康的农药任意排放	山西太原城市的大气污染,淮河、滇池的污染
	固体废弃物污染	生产、生活中的大量垃圾随意堆放	太原煤矿区的煤矸石、街道垃圾的任意倒放
	噪声污染	交通、工厂造成的	噪声——无形的杀手,飞机场附近
	放射性污染	放射性物质泄漏造成	前苏联切尔诺贝利核电站泄漏
	海洋污染	各类污染物排入海洋海上航道泄漏	渤海湾赤潮、日本水俣湾汞污染、海上石油泄漏

(续表)

主要表现	具体方面	原因	典型事例
生态破坏	森林的环境调节功能下降	滥伐森林,森林面积锐减	森林——地球之肺,巴西热带雨林遭破坏
	水土流失,土地荒漠化加剧	自然植被的破坏,砍伐森林,开垦草原	黄土高原的水土流失,我国沙漠化趋势与沙尘暴
	土壤盐碱化	不合理的灌溉等原因	淮河平原的盐碱地
	大气增温、臭氧层空洞	由于大量燃煤和使用消耗臭氧物质	冰川融化、海平面上升、南极臭氧空洞,北极、西伯利亚、青藏高原相继出现臭氧空洞
	物种灭绝	生物的生存环境遭到破坏或过度捕猎	大熊猫、华南虎、藏羚羊等

环境问题的分布

环境问题是全球性的问题,但世界上各个国家和地区所面临的环境问题又是不同的,存在着区域差异,具体表现在不同经济类型国家之间和城乡之间。

(1)不同经济类型国家之间:发达国家主要表现为环境污染,但已得到治理和缓解。发展中国家主要表现为生态破坏,但环境污染随工业化进程的加快越发严重,超过了发达国家。

从全球看,发展中国家的环境问题比发达国家严重,这主要是一方面发展中国家一般都处于经济发展的初级阶段,而人口增长却很快,环境承受着发展和人口的双重压力。限于经济、技术水平,发展中国家没有足够的能力进行环境保护,在环境问题发生后,不能及时、充分解决。另一方面,发达国家利用一些发展中国家对经济发展的需要,将污染严重的工业转移到发展中国家。

(2)城乡之间:城市地区,由于交通、工业活动和人类聚居地的过于密集,造成了污染物的集中,环境问题主要表现为环境污染,如大气污染,水污

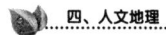

染、噪声污染等。乡村地区则因利用资源的方式不当或强度过大，环境问题主要表现为生态破坏，如水土流失，荒漠化，土壤盐碱化，森林减少，水源枯竭，物种减少等；同时也有乡镇企业污染。

由于地理环境的整体性，区域性的环境问题会通过自然界的物质循环和能量流动而导致全球性的变化，出现全球性的环境问题。主要的全球性环境问题，如酸雨随大气运动，影响到很远的地区；国际性河流的上游被污染，将使全流域受到影响；热带雨林的破坏，会对全球的气候产生影响；大气中二氧化碳浓度的上升和臭氧层的破坏，威胁着全人类；海洋污染随洋流漂散到沿岸其他国家。

人类既是地球环境的产物，在一定意义上讲也是环境的塑造者，因此两者是对立统一的辩证关系。人类对物质和能量的需求与自然界的供给能力之间存在着矛盾，如人类需要木材，就砍伐森林，但是乱砍乱伐又不及时种植，导致森林减少，环境恶化，无森林，人类便无木材可取，这种恶性循环体现了人类与森林植被的对立；另一方面人类的需求又必须理智地局限于自然界所允许的范围之内，如人类需要木材，采伐的同时培育更新，周而复始，形成良性循环，这就体现了人类与环境的统一。

人类活动与自然环境平衡

现代社会中人类对自然环境所做的种种改变，已经引发了许多重要问题。如媒体上报道的，某水库大坝和渡槽的修建造成了野生生物种类的减少，裸露的山区需要重新造林，甚至严重影响了河流下游的供水；某些市区的扩建加重了大气污染，加剧了臭氧层的消耗及形成酸雨的生态影响；大量抽取地下水造成了大面积地面塌陷，等等。

环境的改变对人类有着重要的经济、社会和政治意义。因此，我们需要了解世界上不同地区环境改变的人为原因和引发的后果，了解人类为满足生存而对地表变化需求的全球性的相互依赖关系。成功时，人类和自然环境之间的关系是能相适应的；矫枉过正时，这个关系是相互对立的。

人类对技术能力的掌握也是改变自然环境的因素之一。人们的生存依靠自然环境，人们适应它和改变它来满足自己不断改变的需求，例如食物、衣服、水、住所、能源和文娱设施等。为了满足需要，人类学会了涉及自然系统的知识和技术,结果改变了自然平衡,一些区域经济繁荣而其他地区则出现了环境困境和危机。城市移民、采矿以及农业为一些人提供了家园和生计,却改变了地球的自然系统,减少了野生生物物种,破坏了原生植被,由此所造成的对空气和水的污染以及垃圾有害废料的增多、资源的过度开采等等,都极大地超过了自然系统能够吸收和容纳的容量。

任何一个自然环境都存在能够满足人类需要的潜力和极限。超过了这种潜力和极限,就会造成资源耗竭和土地贫瘠等不同种类的环境恶化。超负荷的农业和制造业会造成区域的脆弱环境,森林锐减和土地盐碱化、沙化等。另外,现代科技造成的光化学烟雾和酸雨等对空间的影响会给人类带来疾病和烦恼。然而,这些都是人类自己制造的恶果。

一个区域的人口增长、都市化对自然系统会产生重要作用。都市化的过程会迅速影响野生生物栖所、自然植被和自然水流的排泄。城市创造了它们自己的小气候和生产相当数量的固体废料、光化学烟雾和污水。世界人口的增长刺激农业、都市化和工业化的增长。这些发展过程需要水资源,可能造成水质和水量的改变及其他我们不愿看到的环境后果。

人类对自然系统的有意的和无意的影响,在范围和尺度上是变化的。它们可能是地方性和小规模的,区域性和中等规模的,甚至可能是全球性和大规模的。

我们应当建立这样一种理念:充分认识地理背景所提供的机会和局限性,并能以全球视角理解所在区域的地理背景,在人类需求和自然环境之间选择双赢。

以地为生 人地协调发展

所谓"以地为生",是指地球为人类之家,大地是人类赖以生存发展的唯一基地。没有地,也就没有人类。地之不存,人将焉附?

人类自从在地球上出现以来,就十分关心和认识地球表面的状况,从而萌生出各种地理概念。随着人类社会生产力的发展,农业、工业、服务业的不断开拓进展,以及环境问题的出现和日趋严峻,人们就更需要正确认识人与地理环境的关系。

自20世纪70年代初期,提出"零增长"理论以后,越来越多的人开始认真思考全球范围内的长期发展问题。人们认识到,当今世界发达国家的生产和生活模式是无法,也不能推广的。在这种模式下,少数人消费了大部分资源,而大多数人则实际上被剥夺了发展的机会。这首先是不公平的;同时,如果全球人口都按这种模式生产和生活,人类社会将在很短的时间内耗尽一切不可更新的资源,同时使环境污染达到前所未有的程度,人类自己也将迅速走向灭亡。基于这样的认识,人们开始重视发展的持续性,希望能找到一条可持续发展的道路。

国际地理联合会大会(1981年,东京)提出了"在今日世界人口日增、环境变化急剧、资源匮乏和自然灾害频繁的处境中,如何协调自然环境和人类文化生活的关系已成为国际地理学界面临的主要研究课题",这一"人地关系协调论"思想普遍为与会代表所接受。

世界环境与发展委员会(1987)公布了著名的《我们共同的未来》,提出了可持续发展的理念,其含义是,既满足当代人的需求,又不损害后代人满足其需求能力的发展。此后,世界各国掀起"可持续发展"的浪潮。1992年,联合国"环境与发展大会"首脑会议以"可持续发展"为主题,并通过了世界《21世纪议程》,这标志着可持续发展理论取得了全球共识。

可持续发展是一个综合概念,其丰富的内涵可概括为三点,即生态持续发展、经济持续发展和社会持续发展,三者相互联系,相互制约,共同组成了一个复杂系统。在可持续发展复合系统中,生态持续发展是基础,强调发展要与资源、环境的承载能力相协调;经济持续发展是条件,强调发展不仅要重视增长数量,更要追求改善质量,提高效益,节约能源,减少废物,改变传统的生产和消费模式,实施清洁生产和文明消费;社会持续发展是目的,强调发展要以改善和提高生活质量为目的,与社会进步相适应。

实现可持续发展需要遵循的三个原则:① 公平性原则,即财富分配公平合理,包括代内公平和代际公平。资源和环境是有限的,人类的活动须在资源和环境的承载能力之内。② 持续性原则,即保持适度人口规模,处理好发展经济与保护环境的关系,解决全球性问题需要进行国际合作。③ 共同性原则,即制定各国都可接受的全球性目标和政策。

全球变化科学

频繁的台风、肆虐的洪水、漫天的沙尘暴、酷热的夏季和温和的暖冬,越来越多的动植物成为濒临灭绝的珍稀物种等等这些现象,都是地球给人类敲响的警钟!

在人类活动强烈的干扰之下,全球自然界所发生的变化越来越显著,催生了一个新的研究领域——全球变化科学。

全球变化研究活动的酝酿是从 20 世纪 80 年代初开始的。1983 年,在纪念国际地球物理年 25 周年的大会上,加兰(Garland)首次提出了物理过程与生物过程相互作用的观点,并将其与自然界尚未揭开的"奥秘"联系起来。1986 年国际科学联合会(ICSU)第 21 届大会后在麦卡锡(McCarthy)教授领导下,经过高效率工作,在国际科学联合会第 22 届大会上提出了全球变化研究的计划大纲。

如果说到全球变化研究的科学思想起源,甚至可以追溯到公元前 300 年古希腊哲学家和自然科学家亚里士多德(Aristodle),他第一次提出地球是支持生命的物理系统,但是直到 1984 年马隆(Malone)才第一个将全球变化研究付诸实施。

从人类社会文明发展看,全球变化研究科学的产生是历史进程的必然。1905 年发现大气电离层;1906 年发明放射性同位素测年;1915 年大陆漂移学说提出;1920 年米兰克维奇天文理论提出;1930 年臭氧层学说提出;1948 年第一个数值天气预报产生;1957 年国际地球物理年开始全球范围内的第一次多学科合作;1960 年第一张全球卫星图片诞生;1969 年人类登月成功……,因此全球变化是 20 世纪地球科学发展的里程碑之一。

当前全球变化在人类面前的表现最多、最明显的是气候变暖和灾害性气候,全球变化研究的对象是整个的地球系统,其中包括气候系统,地球系统运行的许多变化直接涉及气候变化,然而,地球系统还包括对它的运行很重要的其他生物、物理与人类活动过程和组分。许多自然或人类活动驱动的地球系统变化,能够在任何气候变化都不参与的情况下产生严重的环境后果:洁净淡水短缺、生物多样性破坏、土壤侵蚀加剧、渔业产量下降等。所以全球变化不仅仅是气候变化,它要比气候变化内涵丰富得多。

全球变化科学以地球整体为研究对象,以地球各圈层中诸多要素的相互作用过程及未来变化和预测为研究目标,更着重探讨人与地球系统的相互作用,是地球科学与生命科学、自然科学与社会科学的结合。全球变化科学不同于单一的地理学或我们平常所说的传统地球科学,而是一门内涵丰富的交叉科学。传统的地球科学以地球各部分为研究对象,认识地球各部分的结构、演化过程(尤其是过去的变化)和联系,以自然为主体,是单纯的自然科学,很少涉及人在地球系统中的作用。

在全球变化科学研究的前期,主要进行了过去全球变化(PAGES)的研究,以大陆黄土——古土壤、深海沉积物、极地冰心等作为重点信息源,找寻高分辨率的古环境记录,恢复第四纪以来的环境变化。研究涉及万年、千年、百年和十年的不同时间尺度,拟建立完整的环境代用指标的数据库,用来判断、预测全球环境变化未来趋势和没有人类影响的全球自然变化的基本特征。近十多年来,全球变化科学研究更侧重揭示地球系统所具有的复杂性和内部相互作用的本质,以及人类活动影响该系统的方式。目前通过大量的监测、实验、研究,我们认识到地球系统的变化已经超越了至少过去50万年的自然变化率范围。这也就是说,当前全球环境系统正在发生的种种变化的本质、变化的幅度和速率,在我们人类历史上,甚至地球历史上都是前所未有的。由于正在发生的这些变化,实际上是源于人与自然之间关系的变化,因此,我们人类社会最起码要有所反应,要有针对性和有创造性地采取响应和适应策略。人们希望科学研究能够提供必要的知识基础,使人类社会有能力对全球变化的问题进行充分的讨论和思考,并最终拿出解决的办法来。

对于全球变化的研究,需要科学技术和雄厚资金的支持,在20世纪末全球国际性应用的探测器和预测预报系统已建立约有1 000个高空站、10 000个气象站、3 000个飞行器、7 000艘充气船、500个浮标、长期立体动态信息库,还有全球海洋观测系统、全球陆地观测系统、全球气候观测系统。

可以说,全球变化科学是在时代发展、科学进步、社会需要的情况下产生的,目前的直接任务就是国际合作共同解决公认的十大全球性的环境问题,即:大气污染、温室效应臭氧层破坏、土地沙漠化、水的污染、海洋环境恶化、森林锐减、物种濒危、垃圾成灾和人口增长过快。

五、地理学的基本工具——地图

历史的见证

跋山涉水，人在旅途，在他乡异域，人们都知道要准备一张地图。地图起源很早，人类要在一个地方定居，开展生存活动，就要记录下这个地方的山川、水泽、土地状况，出走远地就要辨别方向、熟识路途的山丘、沟壑、河流、湖泽、树木、道路，要出得去，回得来。没有文字就用符号、线段、极简易的图形描绘成示意地图。相传在人类发明象形文字以前就有了地图。

说起地图，在我国已经有非常久远的历史了。公元前11世纪，周成王决定在洛河流域建洛邑，《尚书》中《洛诰》就记述了有人就图兴建的事。春秋战国时期，由于战争和管理需要，出现了不同用途的地图。《周礼》中列举执掌不同用途地图的部门二十余个，有的掌"版图"（户籍图）、有的掌"土地之图"、有的掌"金玉锡石之地图"、有的掌"天下图"（全国性区划图），还有的掌"兆域之图"（墓葬地图）等。1977年，河北平山县发现了，战国时中山王陵墓形式范围示意图。

战国时期，军事地图最为普遍。《孙子兵法》和《孙膑兵法》分别附图9卷和4卷。《管子·地图篇》曾写道，凡统帅军队者，必事先洋尽熟悉和掌握军事活动地区的地图。

1973年，湖南长沙马王堆3号汉墓出土了三幅距今已有2100多年西汉初年地图：一幅为地形图，一幅为驻军图，另一幅为城邑图。

公元3世纪，中国已提出绘制平面地图的科学理论。西晋时山西闻喜人裴秀（223～271年）主持绘制《禹贡地域图》，明确提出绘制地图的六项原则：

一为"分率",用以反映面积、长宽之比例,即今之比例尺;二为"准望",用以确定地貌、地物彼此间的相互方位关系;三为"道里",用以确定两地之间道路的距离;四为"高下",即相对高程;五为"方邪",即地面坡度的起伏;六为"迂直",即实地高低起伏与图上距离的换算。

唐以后,贾耽(730~805年)师承裴秀六体,绘制了《海内华夷图》,这是当时世界上最著名的地图。保存在西安碑林宋代(1136年)刻的《华夷图》、《禹迹图》和保存在苏州的修正《华夷图》的宋代石刻《地理图》,是人们现今能看到的最早的石刻地图。元代朱思本总结唐宋前人经验,根据已有图籍,辅之实地调查,编成《舆地图》2卷。明代罗洪先将其改成分幅图,名为《广舆图》,是最早的地图集。清康熙年间,政府主持,聘用西洋教士,对全国实地测量,绘制出《皇舆全图》。1869年(同治六年),晚清杨守敬整理和编制了历代舆地图,用墨色标志古名,朱色标志今地名,为后人研究地理沿革做出了不朽的贡献。1863年(同治二年),胡林翼主纂,邹世治、顾圭斋运用计里画方古法和经纬度制图新法,编制成《大清一统舆图》,因涉外,又称《皇朝中外一统舆图》,为应用最广泛的古代地图。

由谭其骧先生主编的《中国历史地图集》,从1955年开始编纂,1975年内部试行,1982年公开发行,包括原始社会、夏商西周、春秋战国、秦两汉、三国、两晋、十六国、南北朝、隋唐五代、宋辽金、元明清等,共8册20个图组304幅图,收地名7万个,是最完整的历史地图集。20世纪60年代竺可桢、黄秉维、陈述彭教授主编了《中华人民共和国自然地图集》,比例尺1∶1 000万,包括地质、地貌等8个图组和附录,共47个单元,200多幅地图,系统反映和总结了地学、生物学、自然资源等部门区域研究的最新成果。

地图的三要素

传统概念上的地图是按照一定数学法则,用规定的图式符号和颜色,把地球表面的自然和社会现象,有选择地缩绘在平面图纸上的图,如普通地图、专题地图、各种比例尺地形图、影像地图、立体地图等。现代地图已有缩微地图、数字地图、电子地图、全息照片等新品种。

一幅地图的构成要素,主要包括数学要素、地理要素和整饰要素(亦称辅助要素),所以又通称地图"三要素"。

(1) 数学要素：指构成地图的数学基础，如地图投影、比例尺、控制点、坐标网、高程系、地图分幅等。这些内容是决定地图图幅范围、位置，以及控制其他内容的基础，它能保证地图的精确性，作为在图上量取点位、高程、长度、面积的可靠依据，在大范围内保证多幅图的拼接使用。数学要素在军事和经济建设中使用地图都是必不可少的内容。

(2) 地理要素：指地图上表示的具有地理位置、分布特点的自然现象和社会现象，因此，又可分为自然要素（如水文、地貌、土质、植被）和社会经济要素（如居民地、交通线、行政境界等）。

(3) 整饰要素：主要指便于读图和用图的某些内容，如图名、图号、图例和地图资料说明，以及图内各种文字、数字注记等。

地图与建立在"近大远小"透视关系上的地面照片和风景画不同，它具有可量测性。地图运用数学方法将球面上的点投影到某种可展面上，地图投影建立了球面上点的经纬度和其在平面上直角坐标之间的解析关系，投影后可清楚地了解并精确地算出投影后的误差大小，并控制误差的分布规律，而且可严格地对地图进行定向。

地图使用特殊的地图语言系统（符号、色彩、文字等）表现复杂的自然或社会现象，它与"见物绘物"的风景画和对客观实体的机械缩影的航片、卫片截然不同。地图上使用分门别类的地图符号对复杂的事物进行抽象概括，使实地很小的物体仍有清晰的表示。地面上受遮盖的物体（隧道、涵洞等）和许多自然及社会现象，如工农业产值、行政界线、人口数、太阳辐射等无形的现象仍能通过地图符号或注记表达出来。使用地图语言还能表示物体质和量的特征，如水的性质、路面材料、房屋的坚固程度等。地图不是地面物体的机械缩小，而是制作过程中对地面事物进行了选取和化简，并按质量和数量进行了分类和分级。这种有目的的综合制图，使用图者更易于理解事物内在的本质规律，所以，特殊的数学法则、使用地图语言和实施制图综合是地图的基本特性。正是有了这一特性，地图上才能浓缩存贮了大量有关地点、状况、相互关系、自然和经济的动态现象，详细记录了对象的空间分布、组合、联系及随时间的变化，凝聚了极丰富的空间信息，从而使地图成为人们认识和研究客观世界的重要技术和工具。

地图比例尺

如果一个地方的面积很大,要把它绘在平面图纸上,就必须予以缩小,缩小时,又必须使地图上的长度与相应实地的距离保持一定的比例关系,并以这种比例关系作为两者之间的量算尺度,这个尺度就叫地图比例尺。按照这一原理,地图比例尺即定义为:图上某线段的长度与相应实地水平距离之比,即地图比例尺。列成公式表示:地图比例尺:图上长度/相应实地水平距离。

地图最基本的特点,是以缩小的图形显示制图区域的物体和现象,这势必需要对其进行综合。按照上述比例尺的计算公式可得:实地 25 平方千米在 1∶100 000、1∶250 000 和 1∶500 000 比例尺地图上,分别为 25 平方厘米、4 平方厘米、1 平方厘米。很明显,欲在上述各种比例尺地图上以相同的详细程度显示实地 25 平方千米范围内的制图物体和现象是不可能的。即使是很大比例尺的地图(例如 1∶1 000 或更大),也不可能将实地的全部物体(现象)毫无遗漏地表示出来。显然,在编制较小比例尺地图时,不加任何选取、化简和概括地将资料地图上的全部内容都表示到新编地图上,那也是不可能的。这样一来,当所编地图上单位面积内的地物数量过多时,就要对其进行取舍,即选取一部分,舍去另一部分;当地物轮廓图形的弯曲太小太多时,就要予以化简,即删除一些小弯曲;当制图物体(现象)的数量、质量特征过于详细时,就要减少其数量、质量的差别。

传统地图上的比例尺通常有以下几种表现形式:数字式比例尺、文字式(说明式)比例尺、图解式比例尺。

(1) 数字式比例尺:可以写成比的形式,如:1∶10 000、1∶25 000 和 1∶50 000 等;也可以写成分式的形式,如:1/10 000、1/25 000 和 1/50,000 等。

(2) 文字式比例尺:可分为两种:一种是写成"一万分之一"、"五万分之一"、"百万分之一"等;另一种是写成"图上 1 厘米等于实地 1 千米"、"图上 1 厘米等于实地 10 千米"等。

(3) 图解比例尺:可分为直线比例尺、斜分比例尺和复式比例尺。

直线比例尺是以直线线段形式标明图上线段长度所对应的地面距离。斜分比例尺又称微分比例尺,是一种根据相似三角形原理制成的图解比例尺。利用这种斜分比例尺，可以量取比例尺基本长度单位的百分之一。例如，比例尺基本长度单位为 2 厘米，在 1∶50 000 图上代表 1 千米，如果在图上量取 1.57 个长度单位，它的实地距离为 1.57 千米。

上述几种比例尺主要用于大、中比例尺地图。而在小比例尺地图上，由于投影的原因使各条纬（经）线变形不同，为便于长度量算，在小比例尺地图上设计一种复式比例尺。通常是对每一条纬线（或经线）单独设计一个直线比例尺，将各直线比例尺组合起来就成为复式比例尺。

当制图的主区分散且间隔的距离比较远时，为了突出主区和节省图面，可将主区外的部分按适当比例相应压缩，而主区仍按原规定的比例表示。例如，旅游景区比较分散的旅游图，或街区有飞地的城市交通图等，就可用变比例尺表示。另外，还可出于保密原因或政治目的，将制图区域内部有些景物之间的比例关系，人为地加以改变，也是变比例尺的具体应用。

地图比例尺标志着地图对地面的缩小程度，直接影响着地图内容表示的可能性，即选取、化简和概括地图内容的详细程度；它决定着地图的几何精度，影响着各要素相互关系处理的难度；它决定着地图表示的空间范围，影响着对制图物体（现象）重要性的评价。

地图投影——地图"大厦"的根基

地球是一个南北略扁、赤道隆起、近似椭球的球体，它的自然表面高低起伏，陡缓不一，有高山、丘陵、平原、江河、湖泊和海洋等。珠穆朗玛峰的高度为世界之最，高出海平面 8 844.43 米，而位于太平洋西部的马里亚纳海沟为最低，在海平面以下 11 034 米。可见，地球表面是一个复杂而不规则的自然曲面。把一个类似于地球的球体——如西瓜、橘子的表面展压成平面，其结果是，有的地方被撕裂，有的地方起褶皱，有的地方则相互覆盖，显然在这样的平面上是无法绘制地图的。

怎样才能把不可展的球曲面变为平面的地图呢？科学家经过反复研究终于发现，利用投影可以解决这一问题。在实际生活中，人们对投影并不陌生，例如，小朋友们在阳光下或灯光下做游戏，把两只小手一合，大拇指一跷，便在墙上出现了小兔或小狗样的影子等，这样的游戏就利用了投影的原理。运用投影的原理如何将地球面上的点、线投影到平面上？地球那么大，又是一个实心的球体,怎样进行投影呢?

起初,人们把地球假设成一个空心的、透明的球体,由此制作了一个替身——地球仪,地球仪表面画上了经纬网,在球心装上一盏灯,球面上放上图纸,然后打开灯光,这时地球仪表面上的点、线就投射到了图纸上了。

这样虽然实现了把地球仪由曲面变为平面,但是平面上的点位与实地位置对应不准确,因为地球是曲面,因而图纸上的地图投影必然有长度、面积、角度等变形。人们在使用地图的过程中都会发现,同是地球表面上的经纬网,但在不同地图上却表现为不同形式;同是一个大陆或一个区域,在不同地图上则往往表现出明显的形状差异。这就是地图投影所引起的变形的具体体现。为了解决变形问题,科学家根据不同投影的变形规律,采用一定的数学法则,计算出了变形的大小。从以上分析可以知道,地图投影就是运用一定的数学法则把地球表面上的点、线投影到平面上,建立地球面(实际上是旋转椭球面)与地图平面之间的点与点、线与线的一一对应关系,实现由曲面到平面的转换。

地图投影按投影变形的性质分为等角投影、等面积投影、等距离投影;按正常位置投影,经纬网图形分为方位投影、圆锥投影、圆柱投影等。由球面到平面,必然会产生变形,在实际制图中,要根据不同要求和各种投影的特点选择合适的投影以减小投影变形。

有关的教科书、词典和百科全书对"地图"的解释,都强调了地图必须"具有严格的数学基础"。如果把地图比作一座巍峨的大厦,那么地图投影就是它的根基,有没有地图投影,是地图区别于其他示意图、鸟瞰图、卫星遥感相片、航空摄影相片等的主要标志之一。

海拔高度

所谓海拔就是超出海水面的高度,但海面潮起潮落,大浪小浪不停,可以说没有一刻风平浪静的时候,而且每月每日涨潮与落潮的海面高度也是有明显差别的。因此,人们就想到用一个确定的平均海水面来作为海拔的起算面,海拔就定义为高出平均海水面的高度,这也就是通常人们所说的高程或绝对高程。

如何得出一个确定的平均海水面呢?对此,测绘专家们很早就想到通过在沿海设置验潮站的办法。选择对一个国家或地区来说具有位置适中、外海海面开阔、海底平坦、地质结构稳定、有代表性和规律性的半日潮等特点的港区，建立一个长期使用的验潮站，根据长期验潮资料来确定一个平均海水面，把它作为零高程面。然后用精密水准测量联测到陆地上预先设置好的水准原点，测定出这个点的海拔高度作为一个国家或整个地区的起算高程。新中国成立前，各部门各自为政，确立海拔高度的验潮站很多，高程系统比较混乱，这曾给经济和国防带来许多问题和麻烦。新中国成立后即着手建立我国统一的高程系统，1957年确立了青岛验潮站为中国基本验潮站，并以该站 1950～1956 年的潮汐资料推求的平均海面作为中国高程系统的起算基准面，其他验潮站的验潮结果只能作为参考比较及研究海面地形之用。基于经济和科学技术发展的需要，20 世纪 80 年代末，通过复查，并参照更长时间的验潮资料，又对原高程系统的起算高程进行了新的确认，新老高程基准相差仅 29 毫米。

用什么方法来测定地面点的高程呢？按所使用的仪器和施测方法不同，测定地面点高程的方法可分为水准测量、三角高程测量和其他物理高程测量(如流体静力水准测量、气压高程测量)。现在用全球卫星定位系统(GPS)也能直接测定地面点的大地高，并可换算为地面点高程。最通常使用的方法为水准测量，也称几何水准测量。

水准测量法是利用水准仪提供的水平视线，观测竖立在地面两点上的水准标尺，分别读取尺上的读数以推算两点间的高差。这样，由一个已知高程的地面点出发便可以推测地面上任何一点的高程。

地形图是怎样测绘出来的

地形图，是普通地图的一种，是按一定比例尺表示地貌、地物平面位置和高程的一种正射投影图。人们看到的一张张反映地球表面形态和面貌的地形图是相当复杂的，不论是地形起伏变化的山区，还是河流湖泊水网密集的水乡平原，图上各种各样的地貌和地物符号都准确地反映了地面的实际情况。那么它们是怎样测绘出来的呢？

这首先要明确确定地形图上的每个点位需要的三个基本要素：方位、距离和高程，同时这三个基本要素还必须有起始方向、坐标原点和高程零点作依据。

用一张固定在图板上的白纸测绘地形图时,一开始先要对图板定向,这可根据事先测量的大地控制点作为起始方向来定向;在简易测图中,也可用指北针来定向。图板定向后,就要确定测图点在图纸上的位置,对于纳入国家统一的基本地形图的测绘,是有统一规范的坐标原点要求的;对于小面积局部地区测绘,可假设独立的平面直角坐标系原点,即可着手按测量方位和距离两要素的方式,测定地面上其他任何点的平面坐标位置。至于点的高程,由于国家高程系统已在全国各地布设了很多统一高程基准的水准点可供利用,一般均可用水准测量方法联测到测图区,因此在测图时采用视距三角高程测量的方法就可同时测定出任何一点的点位和高程。

地面上任何地貌和地物的描绘都可用其变换点所组成的线条反映出来。地貌可用等高线反映出其高低和形态变化;地物如房屋、道路、河流等均可用其变换特征点所构成的线条表示出来;有不少特殊的地貌和地物还有专门的图例符号来表示。因此,测绘地形图的工作实际上就是测定并表示地面上所有地貌和地物的特征点。当然,不同比例尺的地形图,也还有对特征点的取舍和繁简综合问题。

随着测绘科学技术的发展和进步,现代地形图的大量艰巨的测绘工作也已由传统的野外白纸测图转向室内的航空摄影测绘和航天遥感测绘,并已逐渐迈向全数字化、自动化测图。

国家基本地形图即国家基本比例尺地形图,简称国家基本图,它是根据国家颁布的统一测量规范、图式和比例尺系列测绘或编绘而成的地形图,是国家经济、国防建设和军队作战的基本用图,也是编制其他地图的基础。各国的地形图比例尺系列不尽一致,我国规定 1∶1 万、1∶2.5 万、1∶5 万、1∶10 万、1∶20 万(现已为 1∶25 万)、1∶50 万、1∶100 万七种比例尺地形图为国家基本比例尺地形图,其测制精度和成图数量、质量是衡量一个国家测绘科学技术发展水平的重要标志之一。

此外,为保持地形图的现势性,还规定了定期更新。

等高线与地貌

以等高线法显示地貌,启迪于等深线。1728 年,荷兰工程师克鲁基最先用等深线法表示河流的深度和河床状况,后来又用来表示海洋的深度。1729年,库尔格斯首次制作等深线海图,再后来才应用到陆地上表示地貌的高低起伏形态。1791年,法国都朋·特里尔绘制了第一张等高线地形图,裴品·特里列姆用等高线表示了法兰西领域的地貌。18世纪末至19世纪初,等高线开始逐渐用于测绘地形图。19世纪后半叶,等高线法冲破不易识别的阻碍,取得公认。此后,等高线法才成为大比例尺地形测图显示地貌的基本方法。

地形图上的等高线分为首曲线、计曲线、间曲线和助曲线4种。首曲线,又叫基本等高线,是按规定的等高距,由平均海水面起算而测绘的细实线(线粗0.1毫米)用以显示地貌的基本形态。计曲线,又叫加粗等高线,规定从高程起算面(平均海水面)起算的首曲线,每隔4条加粗(线粗0.2毫米)描绘1条的粗实线,用以计数图上等高线和判定高程。间曲线,又叫半距等高线,是按1/2等高距测绘的细长虚线,用以显示首曲线不能显示的某段局部地貌。助曲线,又叫辅助等高线,是按1/4等高距测绘的细短虚线,用以显示间曲线仍不能显示的某段个别地貌。间曲线和助曲线,只用于局部地段,除显示山顶、凹地时各自闭合外,一般只画一段;表示鞍部时,一般对称描绘,终止于鞍部两侧;表示斜面时,终止于山脊两侧。

为了表示斜坡方向,在独立山顶、凹地处,绘一与等高线相垂直的短线,叫示坡线,不与等高线相连的一端指向下坡方向。

地形图上的等高线不仅可以显示地面的高低起伏形态和实际高差,而且有一定立体感,其特点是:

(1)在同一条等高线上的各点高程相等,并形成闭合曲线。

(2)在同一幅地图上比较,等高线条数多,山势就高;等高线条数少,山势就低。

(3)在同一幅地图上比较,等高线间隔大,坡度平缓;等高线间隔小,坡度较陡。

(4)等高线的弯曲形状与相应实地的地貌形态相似。

根据等高线的这些主要特点,就不难判读出一个区域内的地貌特征。

电子地图与数字地图

通常我们所看到的地图是以纸张、布或其他可见真实大小的物体为载体,地图内容是绘制或印制在这些载体上。而电子地图是以数字地图为基本来源、以地图数据库为基础,并必须借助于计算机观测显示的地图。它可实时地显示各种信息,具有漫游、动画、开窗、缩放、增删、修改、编辑等功能,并可进行各种量算、数据及图形输出打印,便于人们使用。随着多媒体技术的发展,电子地图将与音像等内容结合起来,极大地丰富地图的表示内容,全方位、多角度地介绍与地理环境相关的各种信息,使地图更富有表现力。

电子地图与纸质地图相比较有以下特点:

(1) 电子地图以计算机屏幕和投影大屏幕为媒介,而传统地图一般以纸张作为信息的载体。

(2) 电子地图的制作、管理、阅读和使用能实现一体化,对不满意的地方能够方便实时地进行修改,而传统纸质地图的生产、管理和使用都是分开的。

(3) 电子地图显示地图内容的详略程度是可以随时调控的,可以很方便地与卫星影像、航空照片等其他信息源结合,生成新的图种,而传统纸质地图的内容是固定的、不变的。

(4) 电子地图能把图形、图像、声音和文字合成在一起,而纸质地图则做不到。

(5) 电子地图可以很方便地与卫星影像、航空照片等其他信息源结合,生成新的图种,还可以利用数字地图记录的信息,派生新的数据。例如,利用数字地图的等高线和高程点可以生成数字高程模型,可以直观立体地表现出地貌形态,这是纸质地图不可能达到的表现效果。

(6) 电子地图的使用要依赖专门的设备,而纸质地图的使用则不需要。

(7) 电子地图由于受计算机屏幕尺寸和屏幕分辨率的限制,整幅地图显示的效果受影响,是以分块分层显示为主,而传统纸质地图以图幅为单位整页出版印刷,幅面大,读图的整体印象深刻,地理要素相互之间的关系比较明白清楚。

数字地图是电子地图的基本来源,是以数字形式记录和储存的地图。

根据数据格式的不同,可分为矢量型和栅格型数字地图。数字地图是存储在计算机的硬盘、软盘或磁带等介质上的,地图内容是通过数字来表示的,需要通过专用的计算机软件对这些数字进行显示、读取、检索、分析。数字地图可以显示的信息量远大于普通地图。

综观一览　心中有数

"综观一览"是地图产生几千年来即有的特殊功能,古人称之为"集千里于纤毫之处"。唐代虞世南描述地图特点:"以一分为十里,一寸为百里,备载名山都邑,王者可不下堂而知四方。"就是说将大于世界缩小绘成图,领导者可以足不出户而了解各地大势。人眼直接所及毕竟有限,将地面缩小绘成图,就可以一目了然大环境状况。这就是地图的最特殊功能,可称之"地图一绝"。人的认识,由点及面,再逐步深入,也是一种规律。从人对地球的认识和地图制作史来看,基本上是先完成全球的小比例尺概图,再局部编制大比例尺地图。只有掌握全局,才能把握住局部。地图的一览性效果,如果用某种形象来比喻,则更便于记忆,如意大利国土形状像一只长靴。中国在20世纪30年代,国土形状像一片桑叶,当受日本军国主义侵占时,犹如桑叶被蚕食;1949年新中国成立,由于外蒙已独立成国,中国版图形如一引颈高鸣的雄鸡,被形容为"一唱雄鸡天下白"。

这种综观一览,常常概括了各种环境要素的特征,如中国地形呈三个台阶等。到某地旅游时,要充分了解该地、东西南北交通要道、车站、旅店,以确定旅游的最佳路线,综观这一地区的交通旅游图是最好不过了。今天,随着卫星升空,返看地球,一览无遗,比在地球上绘全球地图又胜过多少倍。

无论做什么事,都要心中有"数"。要规划、建设、改造,就需要足够的地理数据,如面积、体积、长度等,这些数据常常不可能直接在地面上简单量测,而需要从地图上进行量算。当然,也不是拿什么地图来都能量算,而需要根据特定要求,选择不同比例尺和不同内容的地图,如要测量湖泊面积,首先要选用较大比例尺地图,如 1:5 万或者 1:10 万,再小比例尺就不合适了;其次湖泊水面积在不同季节水面周边不一,即丰水期要大,枯水期要小。因此,要进行实地调查,确定平均湖面高程线,才能在地图上量算。有的对象事先要在典型地块取得平均值后,才能通过地图量测计算。如计算某树种森林的蓄积量,就需先在实地取典型样方面积,先计算其纯度,量测每棵树的积材量,才能从地图上量算出其分布范围内的总蓄积量。

地图主要是一种空间框架,填充在内的普通地理要素和专业社会、自然要素,不是能简单量测的,需要很多相当的专业知识才能在地图上量算。例如,计算某种矿产储量,首先要看懂地质图,了解地区的基本地层结构和变异,然后要按规定进行地质钻探,根据勘探采样分析含量,再从地图上量测并计算其实际储量。

在自然界、人文界,几乎所有的数据都存在动态变量,故从地图上量算的很多数据都不是一劳永逸的,如城市变迁、交通线路变化、土地的改造利用等都需定时或不定时地重新测绘,才能适应建设发展的需要。

知己知彼 百战不殆

军队行军或作战总是离不开地图。地图对于军事的作用,自古以来就受到军事家的重视,现代条件下的战争,指挥员对地图的依赖性更大,已成为军队各级指挥作战的重要工具,其作用有以下几点:

(1) 供各级指挥员掌握战场全局:地形图可以将某个战区,或某个重要战略、战役方向上的地形轮廓、地势起伏、江河、城镇、交通枢纽等情况,真实地展现在眼前,供指挥员分析研究战场、地形、友邻情况,以及敌我双方态势,审时度势地制定作战方案,组织战斗行动。

(2) 作为标绘要图的底图:标绘要图是指挥员、参谋人员的一项重要业务技能,如首长决心图、敌我态势图、战斗经过图、行军路线图、宿营部署图、工事筑城图和各兵种战斗保障图等,常需要以图的形式表达。地形图一般作为标绘要图的底图。

(3) 为各兵种提供资料、数据:地形图的突出特点是精确、详细,尤其是大比例尺地形图,各军兵种都要从地形图上获得作战行动的必要地理资料和数据,如地貌的起伏形态和坡度,道路的质量和里程,江河的流速和水深,居民地的大小和建筑质量,森林的种类和高度、直径等数据,都可以直接从地形图上获取。

(4) 进行图上作业:部队在用图中,除战术标图外,还有大量的室内和野外图上作业。如航空兵计划航线,确立飞行高度;炮兵联测战斗队形和准备开始射击诸元；工程兵进行规划、设计和计算工程量等，都要在地形图上进行量取距离、方位，判断高程和计算面积等作业。

（5）为合成军队作战提供统一的地形基础：诸军兵种协同作战时，需要有统一的坐标系统、高程和地名，进行协调指挥，而基本比例尺地形图能为这种统一指挥的实施时间、地点和主攻方向做好战斗协同。

地图对军事活动的作用是不言而喻的：各种军种、兵种的首脑机关决策战略方针、中级指挥员制定战役计划、基层指挥员指挥具体的战斗行动，都离不开地图。从古至今，军事活动的需要往往推动与加速了科技成果的发展及应用，地图也不例外。

地图与生活

地图是根据一定的数学法则，将地球的自然现象和社会现象通过概括和取舍，用符号缩绘在平面上的图形。地图所表现的是地球上的物体或现象在平面上的缩写，但是它不同于地面的写景图、照片或图画。地图在现代人们日常生活中已十分普及了，甚至到了出门必带地图的地步。人们日常生活中所用的地图，无论是表现的内容还是表达的形式都是多种多样的，如外出旅游一般需要看旅游地图，城市内公交车站牌和公共汽车车厢内有线路图，甚至大型商场内部也有平面示意图。这些地图的存在，使人们的生活更加方便，可以节省时间，选择出行最佳方案。

目前，人类应用最多的还是纸质地图。随着科技的日新月异，人们出行必备的地图也发生了改变，从传统的纸质地图发展到网络电子地图，又到现在流行的"GPS全球定位系统电子地图"。

遥感技术、地理信息技术和全球定位技术的发展使地图产生了新的形式，从而更有效地指导着今天人们的生活，电子地图可以应用于车载GPS、掌上电脑、PDA等终端。例如，汽车通过车载导航系统，使其位置、行驶速度在车内电子地图中实时显现出来，并可以反映出道路的畅通程度，自动选择最佳行驶路线。电子地图将革命性地改变人们的出行方式，并给人们的日常生活带来更多的便利。电子地图比传统纸质地图的信息量要丰富得多，它可以包含各地的交通道路状况、生活、商务等常用信息，尤其是各地旅游景点的图文介绍、相关交通设施等信息，甚至每一个厕所的位置都有所标注,对人们日常出行、旅游非常实用。电子地图另一个特色功能是支持模糊查询。市民使用时,即使不知道目的地的详细名称,也可以用某个关键词进行搜索,电子地图会迅速列出相关各种单位的详细名称,用户点击自己需要的一项,电子地图会立即自动转到当地,显示详细的道路状况、附近其他单位等信息。现代地理学技术将对我们未来的生活产生越来越重要的影响。

野外旅游迷途中的地理常识

在风景优美的深山峡谷中旅游时,常常发生旅游者脱离团队的事情,最担心的就是迷失方向,找不到回去的路。这时,可以借助于地理常识寻觅返回的路径。

一个优质的罗盘是野外旅游的必备品,用于正确地辨认方向时要记住:罗盘(指北针)指针指向"北"或"N",这个方向是磁北方向,与正北方向有一个偏差角度,应计算出磁偏角的数差,以取得准确的正北方向。手边一定要有一张旅游景点图,就可以"按图索路"了。

如果没有罗盘和旅游图,指南针丢失或者损坏了,迷失方向后千万不要紧张和恐慌,在发现迷路的时候,自己离原有的路径一般不超过20分钟的距离。这时不要着急,更不能乱喊乱跑,应冷静下来,仔细回忆一下刚才走过的泉水、山石、大树、水流、洞穴、山峰、岔路口等参照物,然后凭着自己的记忆寻找自己的足迹,退回到原来的路线上。要及时了解你前进的方向是否正确,白天可以利用对太阳、地貌和植物的观察,晚上可用星星导航。

太阳东升西落,所以能根据它找到东西方向。如果天气多云,则根据天空中最明亮的地方进行判断。

在晴朗的白天,用一根直杆,使其与地面垂直插在地上,在太阳的照射下形成一个阴影。把一块石子放在影子的顶点处,约15分钟后,直杆影子的顶点移动到另一处时,再放一块石子,然后将两个石子连成一条直线,向太阳的一面是南方,相反的方向是北方,直杆越高、越细、越垂直于地面,影子移动的距离越长,测出的方向就越准确。

借助植物、动物也可以辨别方向:找一棵树桩观察,年轮宽面是南方;可以观察一棵树,其南侧的枝叶茂盛而北侧的则稀疏;可以观察蚂蚁的洞穴,洞口大都是朝南的;在岩石众多的地方,也可以找一块醒目的岩石来观察,岩石上布满青苔的一面是北侧,干燥光秃的一面为南侧;树木和树冠茂密的一面是南方,稀疏的一面是北方。积雪融化的地方定是朝南方的。

还有一种可行的办法就是立刻分析山势走向和山地地貌的环境,因为不论是在林木遮蔽的山林中,还是在丛草盖地的山坡上,低头近看,根本找不出路迹来,只有远看,看到几十米以外,才能隐约地看出一条草枝微斜、草叶微倾、叶背微翻的痕迹,然后再由远而近、由近再远、远近比较之后,就能分辨出路来了。

北方　　太阳方向

图5-1　利用表针辨别方向

在有太阳的情况下,只要再加上一块手表,就能找到南北方向(根据你所在的半球)。方法是这样的:用手将带指针的手表托平,表盘向上,转动手表,所处位置在北半球时,将时针指向太阳所在方向,这时表的时针与表盘上的12点形成一个夹角,这个夹角的角平分线的延长线方向就是南方。南半球时,将12点处对准太阳所在方向,时针与12点的中央即指向北方(图5-1)。

星星很少相对运动,所以可用来导航。

在北半球,可以观察北斗七星,也就是大熊星座,像一个巨大的勺子,在晴朗的夜空是很容易找到的,从勺边的两颗星的延长线方向看去,约间隔其5倍处,有一颗较亮的星星就是北极星,即正北方。在南半球,南十字星的横杆延长4.5倍,这一点的下方就是水平地面上的南方(图5-2)。

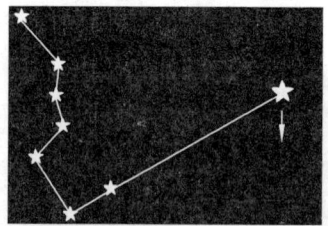

北半球

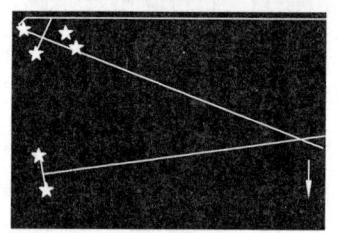

南半球

图5-2　利用北斗星辨别方向

郑和下西洋与航海地图

郑和是我国明代著名的航海家,出生于1371年,原姓马,名和,字三保。郑和12岁时被抓入宫中,给燕王朱棣当侍童。郑和懂阿拉伯语,朱棣当皇帝后,备受朱棣重用,派他率船队七出西洋。

那时所谓西洋,泛指我国南海以西的广大地域,包括印度洋及沿海地区在内。郑和多次统率水手、军卒、医官、买办等约2万人,分乘宝船百余艘,浩浩荡荡,比起哥伦布发现美洲新大陆的三艘载重不到百吨的船,规模大得多。从1405年到1433年,7次航行前后用了28年时间,历经37个国家。郑和是我国第一个横渡印度洋到达非洲东岸的人,比1492年哥伦布横渡大西洋到达美洲,1471年葡萄牙人达迦马沿非洲南岸绕好望角到达印度洋,要早半个世纪以上。

郑和七下西洋,是世界航海史上的伟大创举。上万人的船队远航,与大海波涛、明岛暗礁及变化万千的恶劣气候搏斗,必须准确地测定船舶的地理位置、航向和海深等。这样大的船队航行,靠什么来导航呢?这就是古代的天文定位技术。我国古代很早就将天文定位技术应用在航海中。东晋僧人法显在访问印度乘船回国时曾记述:"大海弥漫无边,不识东西,唯望日、月、星宿而进"。到元、明时期天文定位技术有很大发展,当时采用观测恒星高度来确定地理纬度的方法,叫做"牵星术",所用的测量工具,叫做牵星板。根据牵星板测定的垂向高度和牵绳的长度,即可换算出北极星高度角,它近似等于该地的地理纬度。郑和率领的船队在航行中就是采用"往返牵星为记"来导航的。在航行中,他们还绘制了著名的《郑和航海图》。我国的航海图虽然宋代就已应用,但多以近海为主,不能满足大船队的远航需要。郑和与其助手王景弘依据多次航行所得的海域和陆地知识,制成了远航图册,名为"自宝船厂开船从龙江关出水直抵外国诸藩国",后人称之为"郑和航海图"。该图以南京为起点,最远达非洲东岸的图作蒙巴萨,全图包括亚非两洲,地名500多个,其中我国地名占200多个,其余皆为亚洲诸国地名。所有图幅都采用"写景"画法表示海岛,形象生动,直观易读。在许多关键的地方还标注了"牵星"数据,有的还注有一地到另一地的"更"数,以"更"来计量航海距离等。可以说,郑和航海图是我国古代地图史上真正的航海图。

早在古文化时期,生活在岛屿上和海岸边的人们为了采集海藻、鱼类和贝类作为食物,就利用简陋的舟船航行于海上,出现了原始的海图,到古希腊和古罗马时期又出现了许多表示海陆分布的地图。但真正从地图中分离出来、专用于航海的航海图,出现较晚,形成于中世纪。13世纪,中国发明的指南针已传入欧洲,地中海沿岸国家航海业已比较发达。随着航海经验和资料的积累,以及航海业进一步发展的推动,出现了著名的"波托兰海图"。在这种海图上以表示海洋为主,海岸也表示得很详细,海域上表示岛、礁、滩等地貌,还突出表示航海用的罗盘方位线。

航海图发展较快的第二个阶段是在地理大发现时期。航海探险使海洋的轮廓、岛屿分布逐渐明晰,16世纪初,航海图上开始用水深注记显示海底地貌,海域内容越来越丰富,形成了现代航海图的雏形。1569年,墨卡托编成世界地图,首次使用了墨卡托投影,奠定了现代航海图的数学基础。

西方资本主义兴起带动了现代海图的快速发展。资本主义列强为寻找原料产地和市场,大肆推行殖民政策,航海业随之空前发展,欧洲各国相继成立了海道测量机构,纷纷测绘世界范围的航海图,航海图内容越来越详细,直至1921年国际海道测量局成立,标志着航海图测绘进入到现代化阶段。

沙盘的特点和用途

在军事题材的电影、电视作品中,我们常常看到指挥员们站在一个地形模型前研究作战方案。这种根据地形图、航空相片或实地地形,按一定的比例关系,用泥沙、兵棋和其他材料堆制的模型就是沙盘。沙盘分为简易沙盘和永久性沙盘。简易沙盘是用泥沙和兵棋在场地上临时堆制的;永久性沙盘是用泡沫塑料板(或三合板)、石膏粉、纸浆等材料制作的,能长期保存。沙盘具有立体感强、形象直观、制作简便、经济实用等特点。

沙盘的用途广泛,能形象地显示作战地区的地形,表示敌我阵地组成、兵力部署和兵器配置等情况。军事指挥员常用其研究地形、敌情、作战方案,组织协同动作,实施战术演练,研究战例和总结作战经验等。沙盘还常用来制作经济发展规划和大型工程建设的模型,其形象直观,颇受计划决策者和工程技术人员的青睐。

应用沙盘研究作战情况在我国有着悠久的历史。《史记·秦始皇本纪》中记载:"以水银为百川大海,相饥灌输,上具天文、下具地理。"据说,秦在部署灭六国时,秦始皇亲自堆制沙盘研究各国地理形势,在李斯的辅佐下,派大将王翦进行统一战争。后来,秦始皇在修建陵墓时,墓中堆塑了一个大型的地形模型,以地形模型作为殉葬品,这说明秦始皇从统一战争中认识到地形之重要。模型中不仅砌有高山、丘阜、城邑等,而且用水银模拟江河、大海,用机械装置使水银流动循环。可以说这是最早的沙盘雏形,至今已有2 200多年历史。《后汉书·马援传》中记载:汉建武八年(公元32年),光武帝征伐天水、武都一带地方豪强隗嚣时,大将马援"聚米为山谷,指画形势",使光武帝顿有"虏在吾目中矣"的感觉。这是我国战争史上运用沙盘研究战术的先例。北宋,著名科学家沈括(1031~1095年)发展了沙盘制作方法,把宋朝与契丹辽接壤的沿边地形制成木制地形模型。为方便起见,后来改为石面糊木屑做在木面板上,他所在的定州(今河北定州市),冬天寒冷,容易脱落,又改用熔蜡制作。报送皇上,神宗看后甚为嘉评,并下诏边疆州俱效法制作。因适用于军事,很快得到推广。由于沙盘使用价值高,所以到第一次世界大战后,在军事上得到了广泛应用。第二次世界大战中,德军每次组织重大战役,都预先在沙盘上予以模拟演练。

随着电子计算机技术的发展,出现了电脑模拟三维立体的新技术,推动沙盘技术向自动化、多样化的方向发展。

六、地理学的现代技术

地理信息系统(GIS)

地理信息系统,简称 GIS(Geographic Information System),是处理地理信息的系统。地理信息指直接或间接与地球上的空间位置有关的信息,又常称为空间信息。物质世界中的任何地物都被牢牢地打上了时空的烙印,人们的生产和生活中 80% 以上的信息和地理空间位置有关。地理信息系统作为获取、处理、管理和分析地理空间数据的重要工具、技术和学科,近年来得到了广泛关注和迅猛发展。

从技术和应用的角度,GIS 是解决空间问题的工具、方法和技术;从学科的角度,GIS 是在地理学、地图学、测量学和计算机科学等学科基础上发展起来的一门学科,具有独立的学科体系;从功能上,GIS 具有空间数据的获取、存储、显示、编辑、处理、分析、输出和应用等功能;从系统学的角度,GIS 具有一定的结构和功能,是一个完整的系统。一般来说,GIS 可定义为"用于采集、存储、管理、处理、检索、分析和表达地理空间数据的计算机系统,是分析和处理海量地理数据的通用技术"。

地理信息系统是以地理空间数据库为基础,采用地理模型分析方法,适时提供多种空间的和动态的地理信息,为与地理空间相联系、与空间特征相关的研究和决策服务的计算机技术系统,具有以下三方面的特征:

(1)具有采集、管理、分析和输出多种地理空间信息的能力,具有空间性和动态性。

(2)以地理研究和地理决策为目的,以地理模型方法为手段,具有区域空间分析、多要素综合分析和动态预测能力,产生高层次的地理信息。

(3)由计算机系统支持进行空间地理数据管理,并由计算机程序模拟常规的或专门的地理分析方法,作用于空间数据,产生有用信息,完成人类难以完成的任务。

地理信息系统从外部来看,它表现为计算机软硬件系统;而其内涵是由计算机程序和地理数据组织而成的地理空间信息模型,是一个逻辑缩小的、高度信息化的地理系统。

地理信息系统可以对在地球上存在的东西和发生的事件进行成图和分析,也就是说,GIS 技术把地图这种工具所独有的视觉化效果和地理分析功能与一般的数据库操作(例如查询和统计分析等)集成到了一起,这种独特的能力使 GIS 与其他信息系统相区别开来,从而使它在公众和个人、企事业单位、行政管理部门中解释事件、预测结果、管理和规划战略等工作中具有很强的、广泛的实用价值。

当今面世界面临最主要的挑战是人口、资源、环境与发展。这些领域的问题都与地理的空间因素有关。不论是从事一种企业、商场的经营,还是寻找生长粮食、水果最适宜的土壤,或是为运输、消防车、救护车计算最佳的行车路线,这些实际问题也都直接联系着地理空间因素。

地图制作和地理分析已不是新鲜事,但 GIS 执行这些任务比传统的手工方法更好、更快而且更便利,在 GIS 技术出现之前,只有很少的人具有利用地理信息来帮助做出决定和解决问题的能力。今天,GIS 已是一个拥有全球上百万的专业人员和数以千亿美元的大产业。GIS 已在全世界的中学、大学里被讲授,并且已逐渐渗透并影响到了社会各个方面,每个领域里的专家都不断地意识到按地理的观点来思考和工作所带来的优越性。

GIS 的组成

一个实用的 GIS,要支持对空间数据的采集、管理、处理、分析、建模和显示等功能,其基本构成一般包括 5 个主要的元素:硬件、软件、数据、人员和方法。

硬件:计算机与一些外部设备及网络设备的连接构成 GIS 的硬件环境,用以存储、处理、传输和显示地理信息或空间数据。计算机是 GIS 的主机,是硬件系统的核心,用作数据的处理、管理与运算。今天,GIS软件可以在很多类型的硬件上运行,从中央计算机服务器到桌面计算机,从单机到网络环境。GIS的外部设备包括输入设备的数字化仪、扫描仪和全站型测量仪器等,输出设备的绘图仪、打印机和高分辨率显示装置等。GIS的网络设备包括布线系统、网桥、路由器和交换机等,具体的网络设备根据网络计算的体系结构来确定。

软件:GIS软件是系统的核心,提供所需的存储、分析和显示地理信息的功能和工具。主要的软件部件有:输入和处理地理信息的工具,数据库管理系统(DBMS),支持地理查询、分析和视觉化的工具,容易使用这些工具的图形化界面(GUL)。按其功能分为:GIS专业软件、数据库软件和系统管理软件等。

地理信息系统的操作对象是空间数据,它具体描述地理实体的空间特征、属性特征和时间特征。空间特征是指地理实体的空间位置及其相互关系;属性特征表示地理实体的名称、类型和数量等;时间特征指实体随时间而发生的相关变化。空间数据的表达可以采用矢量和栅格两种组织形式,分别称为矢量数据结构和栅格数据结构。

GIS系统中最重要的部件就是数据。地理数据和相关的表格数据可以自己采集或者从商业数据提供者处购买。GIS将把空间数据和其他数据源的数据集成在一起,而且可以使用那些被大多数公司用来组织和保存数据的数据库管理系统来管理空间数据。由于GIS数据库存储的数据包含空间数据和属性数据,它们之间具有密切的联系,因此如何实现两者之间的连接、查询和管理,是GIS数据库管理系统必须解决的重要问题,目前有混合式、扩展式和开放式3种解决方法。

GIS技术如果没有人来管理系统和制订计划应用于实际问题,将没有什么价值。GIS的用户范围包括从设计和维护系统的技术专家,到使用该系统并完成每天工作的人员。他们的业务素质和专业知识是GIS工程及其应用成败的关键。

虽然GIS为解决各种现实问题提供了有效的基本工具,但对于某一专门应用目的的解决,必须通过构建专门的应用模型,如土地利用适宜性模型、工厂选址模型、洪水预测模型、人口扩散模型、森林增长模型、水土流失模型、最优化模型、影响模型等。

GIS对空间地物的抽象

GIS首先要解决的问题是,怎样采用计算机技术来描述和表达复杂的空间地物及其空间位置关系?

GIS采用高度抽象的方法将空间地物或现象抽象成点、线、面和复合对象等几种基本类型。

空间地物间的位置关系采用空间拓扑关系来描述。

点数据类型,具有特定位置,用于表达离散分布的空间地物,如教育网点的分布。

线数据类型,是对线状地物或现象的抽象。比如对收费站和立交桥的线状表达。

面数据类型,表达具有一定空间范围和面积的空间实体,这种数据类型是以空间坐标的闭合链来表示,比如对城市地面现状的表达。

复合对象类型,用于对点、线、面无法表达的复杂地物的抽象,通过点、线、面的组合进行表达。

空间拓扑关系用于表达空间地物间复杂的位置关系,如铁路和行政区之间的关系,河流作为水源与居民区分布的关系,自来水管道设施与控制阀门的关系等等。GIS将地物的空间关系抽象为点与点之间、线与线之间、面与面之间、点与线之间、点与面之间、线与面之间的各种空间拓扑关系,包括相邻、相离、相交、包含、重合等关系进行表达。不同的使用目的,对同一地物的抽象方法也各不相同。如研究全国百万人口大城市的分布时,可将各城市抽象为点,但当对城市的基础设施进行管理时,城市就不能只是一个点状地物了。

GIS对空间信息的表达方式主要有以下两种:

(1)风格设置:风格设置是指对几何对象设置特定的符号,以区别于其他层或其他几何对象,达到有效表达几何对象的目的,用户可以通过不同的风格直观识别不同地物。地图符号是进行风格设置的重要手段。

(2)专题渲染:专题渲染的主要目的是通过各种方式(如符号大小对比、颜色层次、各种统计形式等),突出表达空间数据某一方面的专题信息,是更深层次的信息表达。

地理信息系统与相关学科的关系

　　地理信息系统作为传统地理科学与现代技术相结合的产物，为各门涉及空间数据分析的学科提供了新的技术方法，而这些学科又都不同程度地提供了一些构成地理信息系统的技术与方法。因此，认识和理解地理信息系统与这些相关学科的关系，对准确定义和深刻理解地理信息系统有很大帮助。

　　(1) GIS 与地理学及地学数据处理系统：地理学为 GIS 提供了有关空间分析的基本观点与方法，是地理信息系统的基础理论依托，而 GIS 的发展也为地理问题的解决提供了全新的技术手段，并使地理学研究的数学传统得到充分发挥。

　　地学数据处理系统是以地学数据的收集、存贮、加工、集成、再生成等数据处理为目标，为地理信息系统提供符合一定标准和格式数据的信息系统。① 作为 GIS 的外部数据处理，为 GIS 准备数据，如遥感校正。② 作为 GIS 内部数据处理，已成为 GIS 空间分析的有机组成部分。

　　(2) GIS 与地图学及电子地图：GIS 脱胎于地图，并成为地图信息的又一种新的载体形式。地图是 GIS 的重要数据来源之一，地图学理论与方法对 GIS 有重要影响。地图强调的是数据分析、符号化与显示，而地理信息系统则注重于信息分析。

　　与传统地图集相比，电子地图（EMS）有许多新的特征：① 声、图、文、多媒体集成。② 查询检索和分析决策功能。③ 图形动态变化功能。④ 良好用户界面，读者可以介入地图生成。⑤ 多级比例尺的相互转换。

　　一个好的电子制图系统应具有地理信息系统的所有功能，且拥有更强的空间信息表达与显示功能。

　　(3) GIS 与计算机科学：

　　① 桌面制图：桌面制图系统用地图来组织数据和用户交互。这种系统的主要目的是产生地图，地图就是数据库。大多数桌面制图系统只有极其有限的数据管理、空间分析以及个性化能力。桌面制图系统在桌面计算机上进行操作，例如，PC 机、Macintosh 及小型 UNIX 工作站。

② 计算机辅助设计(CAD):CAD 系统促进了建筑物和基本建设的设计和规划的形成。这种设计需要装配固有特征的组件来产生整个结构,这些系统需要一些规则来指明如何装配这些部件,并具有非常有限的分析能力。CAD 系统已经扩展,可以支持地图设计,但管理和分析大型的地理数据库的工具很有限。

③ DBMS 数据库管理系统:该系统专门研究如何存储和管理所有类型的数据,其中包括地理数据。DBMS 使存储和查找数据最优化,许多 GIS 为此而依靠它,相对于 GIS 而言,它们没有分析和可视化的工具。

④ GIS 与遥感和 GPS:遥感是一门使用传感器对地球进行测量的科学和技术,例如,飞机上的照相机、全球定位系统(GPS)接收器或其他设备。这些传感器以图像的格式收集数据,并为利用、分析和可视化这些图像提供专门的功能。由于它缺乏强大的地理数据管理和分析作用,不能叫真正的 GIS。

GIS 的发展趋势

GIS 正朝着一个可运行的、分布式的、开放的、网络化的全球 GIS 发展。

(1) GIS 与其他学科结合更加紧密:更广泛应用 3S(地理信息系统 GIS、遥感 RS、全球定位系统 GPS)或 5S(前面 3S 加上数字摄影测量系统 DPS、专家系统 ES)的集成,使测绘、遥感、制图、地理、管理和决策科学相互融合,成为快速而实时的空间信息分析和决策支持工具,使 GIS 广泛用于交通、环保规划、公安侦破、车船自动驾驶、大田农作物因地施肥、科学耕种和海上捕鱼等。在 3S 或 5S 的集成概念中,"3"和"5"不是一个确切的数字概念,它们泛指多个系统。3S 和 5S 强调的是"1+1>2",有了这个观念,我们就可以将 GIS 与其他可以与之结合的任何学科进行集成研究,输出方式更直观,以满足人们生产、生活的各种需求,使人们可以合理利用资源、保护环境,实现人类可持续发展。事实上,GIS 已涉及社会科学、自然科学的许多领域,因此,我们还可以得出这样的结论,GIS 必将发展成为集社会科学、自然科学于一体的全球性、综合性巨型软科学。

(2) 基于因特网的 Web GIS 是下阶段 GIS 发展的主流:从 GIS 发展的历程来看,GIS 每一次大的发展都与计算机发展水平有关,今后仍将是这样。

计算机网络的兴起和迅速发展,信息高速公路的建设,为 GIS 的新发展铺设了通行无阻的金光大道。由于地理信息和大量的空间数据都是以文字、数字、图形和影像方式表示的,将它们数字化,送入电子计算机,便可方便、快速和及时地将地理信息传送到需要的地方去,以发挥地理信息在国民经济建设、国防建设和文化教育等行业中的应用价值。而 GIs 工作者则需研制一个万维网上的 GIS 和 GIS 浏览器(即视窗 GIS),使亿万网民能随时根据需要来查询 GIS。

(3)空间数据基础设施建设:"数字地球"一词已在世界广为提及,但很多人并不理解它的真正含义,仅仅把它理解成全球各零散的数字信息在因特网上的流通。按照美国前副总统戈尔在阐述"数字地球"概念时所举的例子不难理解,它实际上就是一个 GIS。要实现地球数字化必须有数据基础,数字地球的基础是空间数据基础设施。空间数据基础设施建设包括空间数据服务体系、空间数据交换网站、数字地球空间数据框架和空间数据标准体系的建立。要在今后做到"秀才不出门,便知天下事",做到网上"逛商场"必须要搞好空间数据基础设施建设。

(4)组件式 GIS 的研究:建立一个小型的 GIS 不是一两个人所能完成的,数字地球的建立更是一个极为庞大的工程,需要全世界的参与。因此,把庞大的 GIS 软件系统分解成可按应用需要组装成"定做系统"的 GIS"元件",怎样将这些 GIS"元件"通过标准的系统环境(如 OLE 和 Open)DOC)与其他非 GIS 的"元件"嵌接,有效地实现系统合成,自然就成了 GIS 的研究方向。一旦实现了这一步,全世界的人都可以参与 GIS 的建设,完善数据库,建立丰富的元件库,用户可根据需要拼装调用。这种组件式的 GIS 的各元件或数据应该是分布式的存贮,通过分布式对象管理系统进行管理。

(5)与多媒体技术的结合:多媒体技术正在更广泛地融入 GIS 中,以改善 GIS 的数据采集、数据处理以及成果表达与输出的效能,发挥声、像等多媒体的功能和效果。目前,图形图像的立体显示已成功地融入数字摄影测量系统(DPS)中,DPS 与 GIS 的集成和多媒体技术的应用将把我们感兴趣的东西变成一个虚拟实体,我们可以通过 GIS 的输出系统用视觉、听觉、触觉、嗅觉等来感知它。

让空间信息数字化

空间地球信息，包括巨量卫星图像信息，既包括公共空间信息，也包括商业化信息。这些空间信息是多分辨率的、遍及全球的。支持巨量空间图像信息与多源地球信息集成和实时网络应用的全球信息基础设施需要运行环境，在这个环境中网络用户能够对于分布在世界任何不同节点上的多种来源地球信息和图像信息进行提取和网络空间集成。信息处理技术立足于面向对象进行智能化虚拟现实计算，对地球现象进行三维描述和多媒体显示，以人们能够理解的方式帮助人们更好地认识自己生存的星球，甚至可以让各类网络用户感受到是我们这颗星球的"没有围墙的实验室"，同时还可以为解决一系列可持续发展问题来服务，达到促进社会、经济发展的目标。

让空间信息数字化需要计算科学、大规模存储、卫星图像、宽带网络、互操作性和元数据等6项关键技术，它的21世纪初期发展的指标正是围绕以上特点提出的。从目前提出的关键技术和要达到的指标来看，是有其特定的技术层次的。例如建立标准化的空间数据框架，实现基于空间数据仓库、高分辨率卫星数据的空间信息网络实时传输、共享和处理技术，开发面向对象的网络在线智能化虚拟现实计算等一系列新的技术，都属于面向21世纪的前沿领域。技术研究都是围绕"信息高速公路"上巨量空间图像信息与多源地球信息的网络应用集成展开，即在多分辨率遥感（以卫星为主）图像和NSDI支持下，面向各类应用，在NII与GII上构造一个支持各地、各层次网络用户进行智能化地球信息虚拟现实计算、多分辨率三维描述和辅助决策的应用环境，其中的第一步是实现海量空间图像信息与地球信息的网络集成和共享。

地理信息系统（GIS）作为获取的空间定位信息数字化及其管理、应用的技术体系，随着计算机技术、空间技术和现代信息基础设施的飞速发展，在全国经济信息化进程中的重要性与日俱增，特别是当今"数字地球"概念的提出，使得人们对GIS的重要性有了更深地了解。20世纪90年代至今，地理信息系统在全球得到了空前迅速的发展，广泛应用于各个领域，产生了巨大的经济和社会效益。

GIS 的作用与功能

GIS 目前在我国的应用大致可概括为以下几个方面：GIS 在资源、环境调查、评价、管理和监测中的应用；GIS 在城市管理、城市规划和市政工程中的应用；GIS 在水文与水利中的应用；GIS 在商业与市场分析、金融与保险、邮政和电信等多个领域中的应用。在这些领域中应用的地理信息系统尽管名称不同，但实质上都是与具体部门相结合的地理信息系统软件。地理信息系统的作用十分巨大，在地理信息系统基础上建立了重大自然灾害监测与评估系统、三北防护林系统、重点产粮区主要农作物估产系统等大型应用系统。

GIS 的基本功能如下：

（1）数据采集：数据输入/输出是地理信息系统具有的基本功能，数据输入是把现有资料转换为计算机可处理的形式，按统一的参考坐标系统，统一的编码，统一的标准和结构组织到数据库中的数据处理过程。

（2）数据编辑：数据编辑指对地理信息系统中的空间数据和属性数据进行的数据组织、修改等。数据可分为空间数据编辑和属性数据编辑两部分，其中空间数据编辑是 GIS 的特色。简单地说，空间数据编辑就是利用地理信息系统软件工具，对现有的已采用的空间数据进行处理和再加工的过程。

（3）数据存储管理：地理或地图数据属于空间数据范畴，其数据量之巨大、关系之复杂、应用面之广都是其他数据所不能比的，因而对数据的存储管理都提出了较高的要求。在关系型数据库基础上新近开发出处理空间数据的能力和引入数据仓库的概念和技术。提出解决地理信息数据的存储管理问题的方法。

（4）查询与空间分析：地理信息系统的查询与空间分析功能是 GIS 的主要优点，也是它区别于一般地图制作系统的主要特点。事实上，在人们的日常生活中，许多衣、食、住、行等实际问题，都与地理信息系统的应用密切相关。以下几例是经常出现的空间查询问题：① 某商场在何处？② 这个商场距居住地有多远？③ 走哪条路才能以最短的距离到达该商场？④ 在某一城市中，居住用地、城市绿地、水域的面积各是多少？

上述问题，利用 GIS 的空间查询和空间分析功能，可很方便地得出所需要的结果。

（5）地理信息系统的可视化功能：就是将已经获取的各种地理空间数据，经空间可视化模型的计算机分析，转换成可以被人的视觉感知的计算机二维图形和图像。目前已出现了动态三维表现、图形数据和多媒体数据混合表现、网上地图和多媒体信息浏览，以及虚拟现实技术等。

（6）地图显示和输出：地理信息系统可以将空间地理信息以地图、报表、统计图表等形式显示在屏幕上，也可以通过绘图机、硬拷贝机、打印机等输出为模拟地图。屏幕显示的地图通常称为电子地图，与模拟地图相比，它具有很多优点：可以利用开窗缩放工具对所显示的地图中的任意地点和范围进行无级开窗缩放，直至视觉效果最佳为止。

GIS 与政府管理

国内外研究和应用实践证明：政府 GIS 是一项应用领域非常广阔的信息管理技术，对解决经济和社会可持续发展中所遇到的问题具有重要作用。政府 GIS 的理论体系、信息资源和主要技术支撑环境与一般 GIS 没有本质区别。从这个意义上讲，政府 GIS 是 GIS 的一个特别应用领域。政府 GIS 有其自身的明显特征，主要体现在：

（1）政府 GIS 是面向政府领导机关的专用 GIS。

（2）政府 GIS 是"数字中国"的重要组成部分，是"数字中国"服务于政府首脑机关的"绿色通道和平台"。

（3）政府 GIS 是基于网络环境的分布式 GIS，在体系结构上具有逻辑上统一、物理上分散的特点，政府对系统的标准化和规范化要求很高。

（4）政府 GIS 的建设需要遵循"权威部门使用权威数据"的原则。数据的提供部门要对数据的准确性、完整性和现势性负责。

（5）政府 GIS 具有 GIS 与政府 OA 相结合的特点。

（6）政府 GIS 的安全保密极为重要。

（7）政府 GIS 是社会性的技术工程，既要解决复杂的技术问题和多源数据的采集和融合问题，还要面对大量的组织协调问题。

政府 GIS 在政府管理中的应用主要体现在以下几个方面：

（1）为研究全球范围内的政治、经济和军事现状及发展态势提供决策信息支持。

(2) 为研究全国和局部地区的经济社会的可持续发展提供查询和决策信息服务。

(3) 提高政府决策的科学化、民主化水平。

(4) 为逐步实施"电子政府"和"数字地球"的发展战略创造条件。

(5) 提高对应急事件的决策和反应能力。

(6) 提高政府机关的办事效率。

(7) 提高政府 OA 的应用层次,拓展其应用领域。

西方发达国家对政府 GIS 的建设和应用非常重视。出于政治、经济和军事方面的需要,美国最早提出了"信息高速公路"、"空间数据基础设施"和"数字地球"的发展战略。美国的政府机关几乎都采用了政府 GIS。美国白宫的政府 GIS 建立较早,已投入日常的业务运行。美国联邦政府的业务部门也建立了自己的专业信息系统,主要用于资源开发、环境保护、防汛抗灾、人口管理、城市规划和农业发展等,取得了明显的社会效益和经济效益。

我国政府 GIS 的建设始于 20 世纪 80 年代,在"八五"期间取得了明显进展,其中最具代表性的是"国务院综合国情地理信息系统"(简称 9202 工程)。"9202 工程"是由国务院办公厅秘书局和国家测绘局联合研建的政府 GIS,目的在于为国务院和地方政府首脑机关研究建设一套适用于业务管理和宏观分析决策的辅助工具。到目前为止,9202 工程已开发出自主版权的 Geo Windows 软件系统,建成了国务院综合国情电子地图系统、国务院防汛气象信息系统、国务院综合业务管理信息系统和若干综合省情 GIS,初步形成了政府 CIS 的建设模式和运行机制,受到政府领导机关的肯定。

GIS 与土地管理

GIS 在土地方面得到广泛的应用,从地籍管理到土地分类、从耕地保护到土地变更、从土地评价到土地利用规划等方面都是 GIS 重要的应用领域,可以说,所有有关土地的管理和应用都离不开 GIS。

土地信息系统(LIS)是用于土地信息的输入、存储、管理、分析和输出的地理信息系统,现在所有和土地信息相关的系统都可以纳入土地信息系统的范畴,包括城市、规划、地籍管理、土地利用、资源开发等领域。其中许多应用领域已经发展成为单独的分支,如城市 GIS、规划 GIS 等。以 GIS 在地籍管理和土地利用方面的应用最为显著。

地籍信息系统,GIS 在地籍管理中的应用又被称为地籍信息系统(Cadastre Information System,CIS),是地理信息系统最早的应用领域之一。地籍管理的核心是对土地各种权限,如土地所有权、使用权、租赁权等的管理。欧美等国家的地籍从资本主义发展初期就开始建立,在 20 世纪 80 年代末期基本实现了计算机管理,到 90 年代实现了包括土地调查、土地登记、宗地图制作等内容的计算机管理,其中不少国家(如加拿大、芬兰、荷兰等)的地籍信息系统实现了网上查询,一般用户可以随时通过 Internet 查询其所需要的任何一块宗地信息,荷兰、加拿大等国已经开始宗地信息网上查询的有偿服务。系统用户可以通过网络修改、更新数据。荷兰的地籍信息系统还完全实现了对属性和图形的历史数据的统一管理。

我国地籍信息系统自 1987 年国家土地管理局成立时正式开展以来,发展迅速。目前地籍信息系统的内容大为扩展,数据库已经从过去的属性数据库到现在的集图形和表格、声音、图像于一体的综合性数据库,系统功能从简单的档案管理到现在的集办公、统计、分析和管理于一体的大型信息系统,许多城市的土地信息系统还基本实现了网络化。

GIS 在土地利用分类、土地分等定级、耕地保护、土地利用变更、土地利用评价和土地利用规划等方面发挥了重要作用。GIS 可以根据要求对遥感图像进行分类,得到土地利用类型图。在土地利用图的基础上,结合相关的自然地理和社会经济信息,对土地适宜性和土地潜力等进行评价,从而对土地进行分等定级,划定基本农田保护区,进而对耕地进行有效的保护。目前大多数卫星影像的分类都是基于 GIS 进行的,所有关于土地质量、土地适宜性、土地潜力、土地承载力等方面的评价都依托于 GIS 的支持,许多是直接采用 GIS 完成的。一些地方的土地分等定级工作是在 GIS 辅助下进行的。

目前国土资源部正在开展的耕地资源动态监测则基本上全部采用了 GIS 以及相关的遥感、GPS 等高新技术对耕地变化进行监测。一些发达的沿海省份采用 GIS 技术进行土地资源的动态监测。

GIS 与城市基础设施管理

无论在国际或国内,城市一直是 GIS 产业关注的热点。之所以如此,是由城市的性质和特点所决定的。城市是一个地区的政治、经济、社会、文化、交通和科学研究中心。不仅城市政府需要利用它来管理现代化城市,探索城市可持续发展的途径,随着 GIS 的迅速发展,企业也需要它来辅助管理和决策,应用于社区管理与物业管理的 GIS 更可以直接为市民服务。可以说,城市与 GIS 已经是密不可分。

从 1974 年开始,美国国家科学基金和一些公司为了推动城市管理的计算机化,设立了一个叫做城市信息系统(Municipal Infor-mation System,MIS)的长期研究项目,一直跟踪研究到 1997 年。它所指的系统,既包括 GIS,同时又包括其他类型系统,如事务处理系统,类似现在的办公自动化等,实际就是城市的信息化。这个项目对推动美国城市管理利用 GIS,也起了很大的作用。据 1990 年美国公布的资料称:超过 5 万人口的 400 个城市,目前都已用上了计算机化的信息系统。

20 世纪 80 年代后期,我国一些大城市,如上海、广州、北京的城市规划和城市测绘部门,开始对工程性的、基础地理信息的 GIS 项目进行调研和论证。1989 年,利用世界银行贷款,又正式确定在江苏常州、河南洛阳、湖北沙市这 3 个中等城市,进行城市规划管理信息系统子系统的研究探索和建设。由于沿海经济特区建设的加快,深圳、厦门、海口等城市的地理信息系统建设的步伐也加快了。多数城市是在进入 90 年代后,才真正开始了城市地理信息系统实质性的建设工作。

至 20 世纪 90 年代中后期,一些城市的地理信息系统相继投入运行,经济社会效益越来越明显。据不完全统计,北京、上海、天津、重庆 4 个直辖市都建立了基础地理信息系统,前 3 个市还建立了城市规划管理信息系统。从应用领域来看,多数城市还是先建立基础地理信息系统,再根据需要,选择一些迫切要解决的问题,来建立子系统。例如,城市规划管理、地下管网综合管理、市政设施及电信、电力、燃气、热力、给排水、交通、消防等单项专业系统。总之,应用领域正在逐步扩大和深入。

GIS 与环境保护

人口、资源和环境是当今人类社会所共同面临的最严峻的问题。随着全球性环境的日益恶化,人们已越来越认识到环境保护的重要性。同时,也越来越认识到科学技术,特别是信息技术对环境保护所起到的重大作用。环境保护离不开环境信息的采集和处理,而环境信息85%以上与空间位置有关,所以,地理信息系统就自然成为环境保护工作的有力工具。在地理信息系统的帮助下,我们不仅可以方便地获取、存储、管理和显示各种环境信息,而且可以对环境进行有效的监测、模拟、分析和评价,从而为环境保护工作和管理提供全面、及时、准确和客观的信息服务和技术支持。

目前,全国环境保护系统已有省、地、市、县 2 222 个环境监测站,初步形成了以国控网络监测站为骨干的环境地面监测网络体系,进行水环境、大气环境、生态环境全面监测。随着 GIS 技术的发展,环境地理信息系统的建设水平也在不断发展。最初的 GIS 应用主要制作环境专题地图,如水质功能区划图、大气功能区划图等。后来,GIS 应用逐渐为环境管理服务。利用 GIS 的空间分析功能建立大气、水污染扩散模型,模拟大气、水的扩散过程。

目前,我国环境保护 GIS 的应用集中在以下几个方面:

(1) 城市环境质量现状评价在区域环境质量现状评价工作中,对整个区域的环境质量(水环境质量、大气环境质量、噪声等)进行客观、全面的评价,以反映出区域中受污染的程度以及空间分布情况。如通过叠加分析,可以提取行政区域内噪声网格图、噪声分布图、大气污染分布图。

(2) 自然生态现状分析,水土流失、沙漠化、草场退化、森林过度砍伐是人类目前面临的主要资源环境问题。使用 RS、GPS、GIS 结合的技术能够比较精确地计算出沙漠化面积、森林砍伐面积等,客观地评价出生态破坏程度,并可以进行动态变化的实时监测。

(3) 建设项目管理,查询建设项目周围环境情况,如项目的地理位置、排污去向、地下排水管道等信息。

(4) 城市环境综合整治定量考核,其指标由环境质量、污染控制和城市建设 3 部分组成。利用 GIS,可以制作专题地图,如地面水质监测状况、城市绿地、工业污染源分布、烟囱分布等。

（5）应急预警预报系统，建立重大环境污染事故区域预警系统，能够对事故风险源的地理位置及其属性、事故敏感区域单位位置及其属性进行管理，提供污染事故的大气、河流污染扩散的模拟过程和应急方案。例如对淮河流域建立紧急应急预警预报系统，根据监测网络监测数据，及时了解流域洪水和污染状况，如有异常情况，系统就可以发出警报并提供应急处理方法（如打开闸坝等），并根据建立的经济模型提供经济损失费用估算。

（6）重点流域水质污染状况分析与评价，根据某条河流上的监测断面的监测数据，评价整条河流的水质状况以及排放到该条河流的工业污染源贡献率，为国家地方环保局决策人员及时提供信息，尤其是重点流域（淮河、辽河、海河、太湖、巢湖、滇池）的相关资料。

GIS 与智能交通

20 世纪 70 年代，GIS 开始应用于交通管理。交通管理涉及公路交通、铁路交通、水上交通和航空等，其中公路交通管理应用地理信息系统最早，使用 GIS 也更为普遍。例如：在 GIS 支持下，交通管理部门管理人员通过计算机可以查询全国地势图、全国和分省公路交通图、干线桥梁隧道渡口分布图等，了解交通运输状况。通过定义属性查询条件，可以在图上显示对应的图形信息，并可以对国道的线路代码、名称、起止点名称、里程数据等进行属性查询。

在不远的将来，GIS 还将在智能交通系统中发挥重要作用。智能交通系统是指采用 GIS、GPS（全球卫星定位系统）、通信和其他高新技术手段减少道路塞车、提高车速和减少交通事故的智能化系统。在智能化系统中，基于网络的 GIS 具有快速查询、管理和分析功能，它是交通指挥控制系统、交通综合信息管理系统和交通警务管理系统的基础，如利用 GIS 可以将城市各种道路信息显示在交通管理指挥中心的大屏幕上，管理人员可以根据各个交通路口自动监视器传来的车流、人流信息，进行交通管理。

交通数据库可以制作成电子地图，供驾驶人员参考。电子交通图将广泛出现在飞机、轮船、汽车内的高清晰度荧光屏上，其位置恰到好处，便于驾驶员阅读。只要驾驶员轻轻地按一下触摸开关，荧光屏上就会出现交通线路，同时出现一个汽车、轮船或者飞机形状的光标指示着你现在的位置。在行驶过程中,光标也跟着移动。当驾驶员在电子地图上指定行驶路线后,电子地图会把行车路线与规定的路线相比较,一旦发现驾驶员偏离了指定的路线,电子地图会提醒驾驶员,告诉他走错了路线,并指出如何调整方向才能返回到正确的路线上来。若驾驶员有兴趣,他可以向电子地图查询出发地至目的地两点之间最短道路,请电子地图帮助他标出最短线路。在上、下班高峰期间,车流如潮,交通拥挤,道路不畅,这时,驾驶员可以请电子地图标出最佳线路,供司机在客流高峰时间中选取最快行车路线,避免堵车。

GIS 支持下的电子地图还是一个出色的导游。电子地图最终会走入家庭,取代目前使用的地图册、交通图、旅游图,成为人们行路的参谋。在一个巴掌大小的液晶屏幕上,显示着城市交通图或者地形图,汉字提示有关信息,只要按一个按钮就可以将地图放大或缩小,输入城市名称就会看到这个城市的地图。与印刷在纸张上的地图相比,使用起来要方便得多。电子地图还会成为盲人的"电子导盲犬",盲人告诉电子地图行走路线与目的地后,电子地图会引导盲人按照确定的路线行走,并能利用声音告诉盲人路走错了,提示他请向左拐,或者向右拐,一直引导他到达目的地。以上事例说明,电子地图可以给司机或残疾人员提供很大方便,这对于改善交通管理很有帮助。

GIS 与防灾减灾

自然灾害是给人类生存环境造成破坏、危及生命财产安全,并带来重大的经济损失的一种地理空间现象和过程。自然灾害不仅包括短时间内突发的自然灾害,也包括发展缓慢、持续恶化的生态环境灾害。目前世界范围内每年因自然灾害造成的直接经济损失达数千亿美元以上,死伤人数超过几十万人。最大限度地防减灾害造成的损失,是全人类面临的共同任务。

任何自然灾害均发生在特定的地理空间和位置。显然,GIS 在防灾减灾决策中可以发挥出重要的作用。近年来已有不少基于 GIS 的防灾减灾应用系统被开发,并成功地应用在防灾减灾决策中。随着 GIS 与 RS(遥感)、GPS 相结合的"3S"集成以及计算机互联网的迅速发展,GIS 在防灾减灾辅助决策中的应用也越来越广泛,越来越深入。

GIS 用于防灾减灾辅助决策的优势表现在:

（1）GIS 适合于灾害数据的组织与管理。

（2）由于 GIS 图形表达的直观性和形象性，GIS 可将各种数据或分析成果，直观而有效地显示在二维或三维电子地图上。

（3）GIS 的空间分析功能。

（4）GIS 可将多源灾害信息集成在一起。GIS 平台有能力将不同来源的数据有机地集成在一起，以多尺度、多方式反映灾情与背景信息。

（5）GIS 用于灾害的动态监测和灾害模拟，实现对灾害实时、准确的监测，了解其发展过程及灾害损失情况。

基于 GIS 的防灾减灾信息系统的建设应用一般有以下几个步骤：

（1）灾前做好防灾减灾信息系统区划、河流山川、道路桥梁、厂矿企业等各种专业背景数据和经济背景数据，建立基于 GIS 的防灾减灾信息系统。

（2）灾害发生时，及时汇总各种灾情数据，通过各种航天、航空遥感，电话、录像、互联网等手段采集、传输各种实时、准实时的灾情信息，并通过基于 GIS 的防灾减灾系统将各种来源的数据集成到一起，以多尺度、多方式形象地将灾情信息展示给抗灾指挥部门。

（3）灾后评估损失，补充所需功能及数据，在 GIS 平台上将各种来源的灾情数据整合在一起，结合灾区的经济背景数据库，准确计算出灾区各行政单元的财产损失，辅助救灾领导和民政部门做出各种救灾补偿和恢复生产的措施。

1996 年湖南省洞庭湖地区发生严重的洪涝灾害，数百万亩农田被淹，部分城镇进水，灾区人民遭受了很大的损失。为了及时监测灾情，评估灾害损失，国家测绘局组织力量对灾区进行了遥感监测，并应用航天遥感（卫星影像）、全球卫星定位系统（GPS）等技术，采用多种手段，获取了多品种、多角度的实时调查数据，对洪水淹没地区进行了监测。然后在 GIS 平台上对多种来源的数据进行各种纠正和预处理，在中国测绘科学研究院研制的 GeoWindows 平台上以多媒体形式输出结果，为抗洪救灾提供了迅速、准确、可靠的辅助决策服务。

GIS 与数字农业和精准农业

数字农业又叫精细农业或信息农业。1997 年，经美国科学院、工程院两院院士讨论,正式提出了数字农业的概念,它是指在地学空间和信息技术支撑下的集约化和信息化的农业技术。具体地讲,数字农业技术系统是以大田耕作为基础,定位到每一寸土地。它从耕地、播种、灌溉、施肥、中耕、田间管理、植物保护、产量预测到收获、保存、管理的全过程实现数字化、网络化和智能化,全部应用遥感、遥测、遥控、计算机等先进技术,以实现农业生产的信息驱动、科学经营、知识管理、合理作业。它以促进农业增产为目的,使每一寸土地都得到最优化使用,形成一个包括对农作物、土地和土壤从宏观到微观的监测预测、农作物生产发育状况以及环境要素的现状和动态分析、诊断、预测、耕作措施和管理方案的决策支持在内的信息农业技术系统。

数字农业是借助于3S技术——遥感(RS)、地理信息系统(GIS)和全球定位系统(GPS)这一完整体系,对农业生产的资源环境、生产状况、气象和生物性灾害等进行有效测报,指导人们根据各种变异情况实时实地采取相应的农事操作,变过去凭经验进行农事操作为实现智能化的科学管理,以提高农业的稳定性和可控程度。

数字农业技术系统的组成:

(1) 遥感和遥测技术。高分辨率的陆地遥感卫星、海洋遥感卫星可以对农、林、牧及沿海养殖业、远洋捕捞业提供及时的信息与预报。

(2) 自动化、智能化的农业机械操作技术。带有电脑、GPS、GIS及各种检测仪器和计量仪器的农业机械,如收割机、播种机、施肥机、喷药机、喷灌机等,除具备一般的农业功能之外,还具有自动化操作及集聚和绘图功能。

(3) GPS、GIS与自动化农机一体化技术。近两年来,欧美等若干国家已开始对玉米、甜菜、土豆、甘蔗、棉花等联合收割机进行产量计量传感的研究,安装有DGPS定位系统,处方图读入装置的小麦精密播种机、自动施肥施药机、可控喷水量的喷灌机等,均已有商品化生产。与智能化农业机械配套的DGPS定位系统,可用于农田土壤、苗情、病虫、草害的信息采集和操作,通过电子传感器和GPS装在联合收割机上的仪器,在整个收获季节,可以不断地记录下几乎每平方米面积的产量及其他信息。为建立作物栽培管理的辅助决策支持系统,投入产出分析模拟模型和智能化专家系统,作出诊断,提出科学处方,指导科学调控制作。

1993年,美国开始试行数字农业模式,目前,美国20%的耕地、80%的大农场都已实行这种模式,数字农业将在2010年前得到普及。我国对数字农业的认识尚处于启蒙阶段,但政府对此已予以高度重视。我国已经在新疆和北京分别建立了用GPS和遥感控制农业机械操作的试验基地。数字农业反映了农业现代化的大趋势,它必将成为未来21世纪农业的崭新模式。

精准农业的含义是指根据土地内部每个小区中的特定条件来调整土壤与作物管理,以实施减少投入、收益最大化的技术。近20年来,作物科学、农艺学、土壤学、植保科学、资源环境科学和智能化农业装备与自动监控技术、系统优化决策支持技术等在GPS、GIS空间信息科技支持下组装集成起来,形成了新的精准农业技术体系,并相应开展了一系列试验实践。

精准农业技术在近10年得到了迅猛发展,尤其是最近5年的发展更为可观。主要表现在以下几方面:

(1)全球定位系统(GPS),特别是差分GPS(即DGPS)的广泛应用,大大提高了精准农业技术的效率和效益,也促进了GIS在精准农业中更加广泛的应用。

(2)大量的智能化的农业机械已进入商品化阶段,如英国、美国和加拿大等国生产的带有DGPS和产量自动测量计的联合收割机,可以实时地记录空间位置和小区的作物产量信息。

(3)对地观测技术(遥感技术)的迅速发展,尤其高分辨率(高空间分辨率、高光谱分辨率、高时间分辨率)信息的出现以及遥感信息提取方法的不断发展,使遥感信息日益成为精准农业重要的信息源,特别是在作物长势监测、病虫害监测等方面将提供廉价的及时的信息。

(4)对田间土壤、作物各种信息进行采集的各类传感器的研制与开发。

(5)由于商用GIS不能完全满足精准农业的需要,许多专用于精准农业的GIS软件大量开发。

农业生产是在异质性的耕地上进行的,而地理信息系统是对异质性进行管理的有效工具,所以GIS在精准农业上具有广泛的应用。主要表现在:

(1)对农业空间数据的存储。包括精准业所需地形、土壤类型、土壤理化性质专题图等的存储与管理。

(2)农业空间数据的显示。根据精准农业管理目的的需要,利用所存储的数据进行制图与显示,以辅助农业管理与决策。

(3) 农业空间数据的分析。包括从存储的农业空间数据中提取对精准农业实施有用的其他数据,例如根据地形图、土壤肥力图等信息制定施肥、喷洒农药、灌溉、播种等的管理方案。

GIS 与森林防火

由于 GIS 非常便于对不同的信息源进行统一管理和综合分析,因而将更有利于对林火的发生、发展进行分析,并且以最形象、直观的形式将林火的火险分析提供给管理者。涉及 GIS 林火预测预报的过程包括:

(1) 接收气象数据,选用火险等级分析模型综合资源气象和地形地貌数据进行综合分析,得出火险等级数据图形显示或输出火险等级分布图,发出警告信息。

(2) 火险等级区划有宏观和微观的不同层次。宏观预报是根据不同区域各气象台站观测的数据和区域植被的生长特点来预测火险等级指数,如省火险等级分布、全国火险等级分布。微观火险等级预报具体可落实到山头、地块。预测的结果具体详细,但需要的数据量大。

林火信息管理有以下几个方面:

(1) 数据库建立。可以通过不同的方法将森林防火有关的数据采集到计算机之中,建立相应的数据库。

(2) 数据库的动态管理和地图数据的编辑更新。对可利用资源状况、社会经济状况、生产经营状况的各种数据进行及时的更新。如造林、抚育、采伐、道路建设等各种经营活动对资源的变化都可以随时利用 GIS 管理起来,随时都有反映现状的信息,做到决策方案的真实可靠。

(3) 数据检索和输出。利用 GIS,可以随时制作输出各种专题图和有关表格,也可以在几分钟甚至几秒钟之内查询到所要的数据,并以不同方法(地图、表格、多媒体)和形式表现出来。

林火设施的布局分析:

(1) 瞭望台布局分析。利用地形图和瞭望台站网的分布特点,可计算出盲区(瞭望台不可见的山头地块)、定位区(可以利用不同瞭望台定位的地块)和不可定位区(只有一个瞭望台可见)。在需要建立或增设瞭望台站的地区,可以利用 GIS 设计观察覆盖面大、盲区小的瞭望台分布方案。

(2)交通道路布设。根据目前的林道分布的现状和林火火险等级的分布图以及森林经营的要求,利用GIS,可以设计出既有利于社会经济要求、又利于林火快速扑救的林区交通道路的设计方案。

(3)防火隔离带的布高以。秆用GIS所表现的综合治理信息,以直观地在地图上设计出经费节省、效果最佳的防火隔离带。

由于GIS的特点,它的功能和方法正不断在森林防火管理的工作中得到很好地应用。

全球定位系统(GPS)

漫步街头,不经意间,会有一辆涂有"GPS"图案的汽车闯入你的视野;想买一部手机,会在它的功能说明书上发现有关GPS功能的介绍。随着GPS的不断改进,其软、硬件的不断完善,GPS应用范围正在不断地扩展,目前已遍及许多领域,并开始逐步深入人们的日常生活中。那么,什么是GPS呢?

GPS(Global Positioning System),全称全球卫星定位系统,是一种全球性、全天候、连续性的卫星无线电导航系统,可提供实时的三维(经度、纬度、高度)位置、三维速度和高精度的时间信息(图6-1)。它具有精度高、速度快、成本低的显著优点,因而已成为目前世界上应用范围最广、实用性最强的全球精密授时、测距、导航、定位系统。全球定位系统是美国从上世纪70年代开始研制,历时20年,耗资200亿美元,于1994年全面建成,具有在海、陆、空进行全方位实时、三维导航与定位能力的新一代卫星导航与定位系统。简单说,GPS卫星导航定位技术随时都能够准确地回答:我在哪里?你离我多远?现在是何时间?我走得多快?有否倾斜?

GPS之所以能够定位导航,是因为无论在任何时刻、在地球上任何位置,每台GPS接收机都可以同时接收到最少4颗GPS卫星发送的空间轨道信息。接收机通过对接收到的每颗卫星的定位信息的解算,便可确定该接收机的位置,从而提供高精度的三维定位导航及授时系统。而且和以前各种定位系统大不一样的是,GPS接收机简单小巧,小型的只有香烟盒大小,重量约500克,价格仅几百美元。任何人拿着这种接收机,都可以准确地知道自己在地球上的哪一点。GPS接收机是被动式全天候系统,只收不发信号,所以不受卫星系统和地面控制系统的控制。用户数量也不受限制。GPS

接收机的性能因机种不同而有差异,接收机根据用户不同的使用需要又可分为大地型 GPS 接收机和导航型 GPS 接收机两类,但接收机都具有国际通用的标准仪器接口,可以和自动驾驶仪、电台、话音通道及计算机等仪器对接,以便迅速地将导航定位信息传送到交联的相应系统。

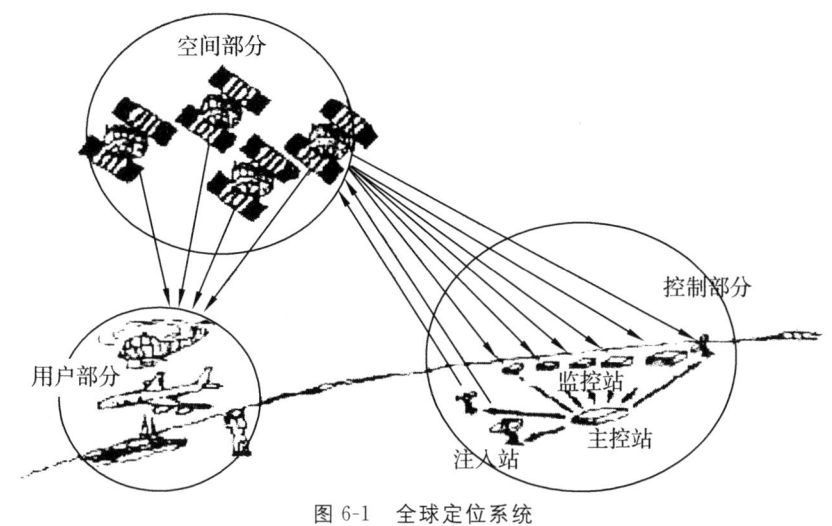

图 6-1 全球定位系统

GPS 系统的组成

全球定位系统,是美国第二代卫星导航系统,是在子午仪卫星导航系统的基础上发展起来的,它采纳了子午仪系统的成功经验,和子午仪系统一样,GPS 卫星定位系统由 GPS 卫星网、地面控制站和 GPS 接收机三部分组成。GPS 卫星网是美国国防部发射的 24 颗卫星组,这 24 颗卫星分布在高度为 2 万千米的 6 个轨道上绕地球飞行,每条轨道上拥有 4 颗卫星,在地球上任何一点,任何时刻都可以同时接受到来自 4 颗卫星的信号,也就是说 GPS 的卫星所发射的空间轨道信息覆盖着整个地球表面。地面主控站遥测所有卫星,进行测距数据的采集和处理,并向各卫星发送控制指令和导航信息。GPS 卫星网向地面发射两个频率的定位导航信息,GPS 接收机接收 GPS 卫星信号进行解算,即可确定 GPS 接收机的位置。卫星的分布使得在全球的任何地方、任何时间都可同时观测到 4 颗以上的卫星,并能保持良好定位解算精度的几何图形(DOP),这就提供了在时间上连续的全球导航能力。

地面监控部分包括四个监控间、一个上行注入站和一个主控站。监控站设有 GPS 用户接收机、原子钟、收集当地气象数据的传感器和进行数据初步处理的计算机,监控站的主要任务是取得卫星观测数据并将这些数据传送至主控站。主控站设在范登堡空军基地,它对地面监控部实行全面控制。主控站主要任务是收集各监控站对 GPS 卫星的全部观测数据,利用这些数据计算每颗 GPS 卫星的轨道和卫星钟改正值。上行注入站也设在范登堡空军基地,它的任务主要是在每颗卫星运行至上空时把这类导航数据及主控站的指令注入到卫星。这种注入对每颗 GPS 卫星每天进行一次,并在卫星离开注入站作用范围之前进行注入。

GPS 接收器利用 GPS 卫星发送的信号确定卫星在太空中的位置,并根据无线电波传送的时间来计算它们之间的距离,计算出至少 3~4 个卫星的相对位置后,GPS 接收器就可以用三角学来算出自己的位置。每个 GPS 卫星都有四个高精度的原子钟,同时还有一个实时更新的数据库,记载着其他卫星的现在位置和运行轨迹。当 GPS 接收器确定了一个卫星的位置时,它可以下载其他所有卫星的位置信息,这有助于它更快地得到所需的其他卫星的信息。

尽管拥有高精度的原子钟,定位过程中仍旧潜伏着一些误差。Selective Availability(SA)是美国国防部为非军方 GPS 用户提供的程序,出于安全方面的考虑,它把定位精度略微降低了一些,当 SA 起作用时,GPS 用户的定位的精度在 50~100 米之间。即使没有 SA,其他一些误差也是要考虑的,最明显的误差是由于地球电离层变化引起的,它们对 GPS 的无线电波的速度有影响,另外一个引起误差的原因是大气中的水蒸气。不过这些误差都是极小的,GPS 的精度可通过 DGPS 功能来提高。

全球定位系统具有性能好、精度高、应用广的特点,是迄今最好的导航定位系统。早期仅限于军方使用,由美国国防部(Depart of Defense,DoD)计划发展的,其目的是针对军事用途,如战机、船舰、车辆、人员、攻击目标物的精确度定位等。随着全球定位系统的不断改进,硬、软件的不断完善,应用领域正在不断地开拓,目前已遍及国民经济各个部门,并开始逐步深入人们的日常生活。近 10 年来,我国测绘等部门的使用情况表明,GPS 以全天候、高精度、自动化、高效益等显著特点,赢得广大测绘工作者的信赖,并成功地应用于大地测量、工程测量、航空摄影测量、运载工具导航和管制、地壳运动监测、工程变形监测、资源勘察、地球动力学等多种学科,从而给测绘领域带来一场深刻的技术革命。

GPS 的特点和用途

GPS 系统的特点,充分体现在高精度、全天候、高效率、多功能、操作简便、应用广泛等方面。

(1) 定位精度高:应用实践已经证明,GPS 相对定位精度在 50 千米以内可达 10～6、100 千米～500 千米可达 10～7、500 千米～1 000 千米可达10～9。

(2) 观测时间短:随着 GPS 系统的不断完善,软件的不断更新,目前,20 千米以内相对静态定位,仅需 15～20 分钟;快速静态相对定位测量时,当每个流动站与基准站相距在 15 千米以内时,流动站观测时间只需 1～2 分钟,然后可随时定位,每站观测只需几秒钟。

(3) 测站间无须通视:GPS 测量不要求测站之间互相通视,只需测站上空开阔即可,因此可节省大量的造标费用。由于无需点间通视,点位位置可根据需要,可稀可密,使选点工作甚为灵活,也可省去经典大地网中的传算点、过渡点的测量工作。

(4) 可提供三维坐标:传统的经典大地测量是将平面与高程采用不同方法分别施测,GPS 可同时精确测定测站点的三维坐标,目前 GPS 水准可满足四等水准测量的精度。

(5) 操作简便:随着 GPS 接收机不断改进,自动化程度越来越高,有的已达"傻瓜化"的程度;接收机的体积越来越小,重量越来越轻,极大地减轻了测量工作者的工作紧张程度和劳动强度,使野外工作变得轻松愉快。

(6) 全天候作业:目前 GPS 观测可在 24 小时内的任何时间进行,不受阴天黑夜、起雾刮风、下雨下雪等气候的影响。

(7) 功能多、应用广:GPS 系统不仅可用于测量、导航,还可用于测速、测时,测速的精度可达 0.1 米/秒,测时的精度可达几十毫微秒,其应用领域不断扩大。

GPS 的最初用途是为军方提供精确定位,至今美国军方仍在使用。军用 GPS 产品主要用来确定并跟踪在野外行进中的士兵和装备的坐标,给海中的军舰导航,为军用飞机提供位置和导航信息等。

目前,GPS 系统已不再局限于军用,可以满足各种不同用户的需要。对船舶来讲,可以供海上导航定位、船舶交通管制、海洋测量、石油勘探、海洋捕捞、浮标布设、管道铺设、港口导航等方面广泛应用。对飞机而言,它可以在进场、着陆、航路导航、飞机会合和空中加油、武器投掷及控制交通管制等方面进行服务。在陆地上,它可以用于各种车辆、陆军部队、炮兵、空降兵和步兵的定位,还可用于大地测量、摄影测量、野外调查和勘探定位,甚至还可深入到人们的生活中去,例如用于汽车、旅行、探险、狩猎等方面。在空间技术方面,可用于导弹的引航和定位、空间飞行器的导航和定位等。总之,GPS 的建立,使导航和定位技术发生了巨大的变化。

GPS 与我们日常生活联系最密切的便是它在公安工作中广泛的应用前景,它对指挥疏导交通,预防、打击犯罪和维护社会治安具有重大作用。它可以将跟踪定位、报警、监控、指挥调度系统融为一体,形成现代化、动态化的公安通信指挥系统,提高公安部门快速反应和协同作战能力,提高公安队伍的战斗力。目前我国很多省市公安部门已采用 GPS 技术装备了定位追踪报警指挥系统和部分巡逻警车,建立了警用移动目标卫星定位指挥系统,初步显现出 GPS 技术的先进性。在金融保卫部门,大都建立了运钞车等运动目标和金库等固定目标的卫星定位跟踪监控系统,提高了处理突发事件的快速反应能力,有些车辆经营管理部门也采用 GPS 技术定位导航、监控、指挥、调度车辆,有效地提高了防劫防盗能力和运营效率。

目前,GPS、GLONASS、INMARSAT 等系统都具备了导航定位功能,已开始形成了多元化的空间资源环境。这一多元化的空间资源环境,促使国际民间形成了一个共同的策略,即一方面对现有系统充分利用,一方面积极筹建民间 GNSS 系统,待到 2010 年前后,GNSS 纯民间系统建成,全球将形成 GPS/GLONASS/GNSS 三足鼎立之势,才能从根本上摆脱对单一系统的依赖,形成国际共有、国际共享的安全资源环境,世界才可进入将卫星导航作为单一导航手段的最高应用境界。国际民间的这一策略,反过来又影响和迫使美国对其 GPS 使用政策做出更开放的调整。总之,由于多元化空间资源环境的确立,给GPS的发展应用创造了一个前所未有的良好的国际环境。

遥感不遥远

如果说人类最早的遥感意识是懂得凭借人的眼、耳、鼻等感觉器官来感知周围环境的形、声、味等信息,从而辨认出周围物体的属性和位置分布的话,那么,人类自古以来就在想方设法不断地扩大自身的感知能力和范围。古代神话中的"千里眼"、"顺风耳"即是人类这种意识的表达和流露,体现了人们梦寐以求的美好幻想,而遥感则使人类的这一梦想变为现实。

"遥感",顾名思义,就是遥远地感知,英文叫做"remote sens-ing",简称RS。人类通过大量的实践,发现地球上每一个物体都在不停地吸收、发射信息和能量,其中有一种人类已经认识到的形式——电磁波。电磁波根据波长的大小又分为X射线、γ射线、紫外线、可见光、红外线、微波等,人类肉眼能够分辨的仅仅是可见光部分,而不同物体的电磁波特性是不同的。遥感就是根据这个原理来探测地表物体对电磁波的反射和其发射的电磁波,从而提取这些物体的信息,完成远距离识别物体。简单地来讲,遥感可以分为四大部分:

(1) 遥感平台系统:飞机、卫星、火箭、航天飞机,甚至地面的车辆,都可以做它的平台系统,简单地说就是装传感器的载体。

(2) 传感器,就是装在上面讲的卫星、飞机为代表的平台上的一些仪器。根据不同的电磁波对地面的不同识别能力,科学家设计了不同的传感器,如照相机、红外扫描仪、雷达等。

(3) 信息处理:指运用光学仪器和计算机设备对所获取的遥感信息进行校正、分析和解译处理的技术过程。信息处理的作用是通过对遥感信息的校正、分析和解译处理,掌握或清除遥感原始信息的误差,梳理、归纳出被探测目标物的影像特征,然后依据特征从遥感信息中识别并提取所需的有用信息。

(4) 信息应用:是指专业人员按不同的目的将遥感信息应用于各业务领域的使用过程。信息应用的基本方法是将遥感信息作为地理信息系统的数据源,供人们对其进行查询、统计和分析利用。遥感的应用领域十分广泛,主要用于：军事、地质矿产勘探、自然资源调查、地图测绘、环境监测以及城市建设和管理等。

针对不同的应用目的和波段范围，人们已经研究出很多种传感器，探测和接收物体在可见光、红外线和微波范围内的电磁辐射。传感器会把这些电磁辐射按照一定的规律转换为原始图像，原始图像被地面站接收后，要经过一系列复杂的处理，才能提供给不同的用户使用。

运筹帷幄　决胜千里

古语："运筹帷幄之中，决战于千里之外"常用来形容一个人足智多谋，原意为指挥、策划于军帐而赢得战争的胜利。战争的胜利固然离不开智慧人物的英明决策，但这种决策要想付诸实践并取得效果，必须要以客观事实和现实信息为依据。遥感图像的判读分析，可以说就是"身居斗室，胸怀世界"，许多与人类生活息息相关的大自然的信息，就是从这方寸之大的图像的判读分析中获得的，遥感则是获取这类信息的主要途径。

现代战争中，利用遥感手段，同样可以"运筹帷幄，决胜千里"。在伊拉克战争中，美国军队使用了大量侦察卫星，侦察卫星上装有对地观测的从紫外光到远红外光各种波长的遥感仪器或其他探测仪器，收集来自陆地、海洋、大气的各种频段的电磁波，从中提取有用的信息，分析、判断、识别被测物体的性质和所处的状态。侦察卫星居高临下，视野广阔，能昼夜不间断地侦察战略目标，尽管离地面十分遥远，但是它却能用高性能的侦察照相设备很清楚地拍摄地面照片，获取大量有用的信息，做到"知己知彼"。

通过遥感技术，还可以预告人类患病的时间和地点。乍一听，这个想法简直是异想天开，实际上，科学家已经掌握了运用卫星和地表流行病原理来预测疾病的方法。从1985年开始，美国航空和宇航局就把遥感技术和传染病的预报结合起来了。他们曾经利用加利福尼亚州和新墨西哥州乡村稻田的卫星照片进行研究，发现这里的地貌非常适合蚊子的生存，而这些蚊子正是疟疾的载体。在新墨西哥州，在卫星观测过的湿地里，研究人员发现了大量的蚊子，其中19%的人传染上了疟疾。生活在海洋中的病菌也无法逃脱卫星的搜索。在美国迈阿密召开的微生物会议上，马里兰州大学的考韦尔教授公布了他们用卫星遥感来预测霍乱的研究成果。在过去的10年里，他们通过研究发现，霍乱病毒附着在以海洋浮游生物为食的海洋微生物质上，而水温的升高则会使海洋微生物的数量增加，霍乱病菌也随之增加，也就是说，监测海洋暖流或许可以预测霍乱爆发的时间。如1991年，霍乱在南非流行，其时间就与太平洋暖流的时间相吻合。此外，他们发现，孟加拉的霍乱流行也与孟加拉湾的水温升高同步。

目前，遥感技术已广泛地应用于陆地水资源调查、土地资源调查、植被资源调查、地质调查、城市遥感调查、海洋资源调查、测绘、灾害监测、考古调查、环境监测和规划管理等方面。

去伪存真　明察秋毫

在"伸手不见五指"的黑夜里，假若你把手伸到响尾蛇面前，虽然你没碰着它，但也肯定会受到响尾蛇的袭击。科学实验证明，响尾蛇头部有一个"热定位器"，它能探测物体发出的红外线，响尾蛇是通过感知动物体温发出的红外线而捕捉动物的。红外线是人类肉眼所看不到的，但通过遥感技术，进行红外线遥感摄影则可以去伪存真，发现隐藏在表面之下的真实。据1984年6月13日人民日报报道，科学家分析一颗离地面890千米的卫星飞越澳大利亚上空时，拍到其下的红外像片时发现，一条条带状的影像从澳大利亚西北岸的布鲁姆以南400千米开始，一直延伸到茫茫的沙漠中心，而且，影像所显示的温度在夜晚明显降低。科学家根据这些迹象推断，沙层下可能埋藏着地下河，于是，他们把厚厚的沙层挖开，终于在地下30米深处找到一条巨大的古河道系统。

1973年，印度孟买附近的稻田患了稻白叶病，当时1 600公顷农田中大部分水稻已经成熟，稻田一片金黄，而染病的稻田也呈黄色，粗看起来，难与成熟的稻田区分，真可谓鱼目混珠，良莠不齐。常规的彩色摄影对此无能为力，在这燃眉之际，彩色红外航空相片大显身手，它轻而易举地就把病害水稻"揪"了出来。原来，在彩虹外相片上，成熟的黄色稻田呈黄绿色，而感染了稻白叶病的黄色稻田呈黑色。

黑夜历来是兵家隐蔽自己、攻击敌方的大好时机，但在现代战争中，黑夜里的攻击变得越来越不容易了。这是因为正如前面说到的，任何物体都会发出红外线，人的眼睛看不见，不等于人做的仪器看不见，遥感给我们装上了一只明察秋毫的"慧眼"。军用红外夜视仪就是一种可以探测红外光的仪器设备,在夜战中功不可没。早在第二次世界大战的后期,在美军登陆进攻日本冲绳岛的战争中,红外夜视仪初露锋芒,把鬼鬼祟祟偷袭的日本兵看得真真切切,打得敌人落花流水。半个世纪后的海湾战争中,美军装备的红外夜视器材,可以透过弥漫的风沙和硝烟,发现伊拉克军队的坦克,就是因为坦克的红外辐射吸引了探测器的"眼球"。战火纷飞的战场上,士兵们的头上、武器上往往都用植物的树叶编制成伪装覆盖,但通过红外遥感,这一切伪装就会马上被揭穿,因为,活的植物与伪装所用的死去的植物枝叶在遥感的眼睛里是泾渭分明的。雷达遥感通过微波辐射可以穿透冰雪、森林和土壤,探测地表以下一定深度的状况。

就这样,通过遥感探测,人眼的功能扩展了、延伸了,能"看"到包括红外、紫外、微波等系列光谱,能克服"夜障"、"雾障"、"云障"等弱点。遥感作为一门对地观测综合性技术,它的出现和发展是人们认识和探索自然界的客观需要,有着其他技术手段与之无法比拟的优点。遥感技术的优点主要有以下三个方面:

(1)探测范围广、采集数据快:遥感探测能在较短的时间内,从空中乃至宇宙空间对大范围地区进行对地观测,并从中获取有价值的遥感数据。这些数据拓展了人们的视觉空间,为宏观地掌握地面事物的现状情况创造了极为有利的条件,同时也为宏观地研究自然现象和规律提供了宝贵的第一手资料。

(2)能动态反映地面事物的变化:遥感探测能周期性、重复地对同一地区进行对地观测,这有助于人们通过所获取的遥感数据,发现并动态地跟踪地球上许多事物的变化,同时,研究自然界的变化规律,尤其是在监视天气状况、自然灾害、环境污染甚至军事目标等方面,遥感的运用就显得格外重要。

(3)获取的数据具有综合性:遥感探测所获取的是同一时段、覆盖大范围地区的遥感数据,这些数据综合地展现了地球上许多自然与人文现象,宏观地反映了地球上各种事物的形态与分布,真实地体现了地质、地貌、土壤、植被、水文、人工构筑物等地物的特征,全面地揭示了地理事物之间的关联性,并且这些数据在时间上具有相同的现势性。

遥感技术前途光明

现在的遥感技术已经比较成熟,但人类为了实现遥感的愿望,曾走过了漫长而艰苦的历程。1858年,法国人从气球上拍摄了巴黎的城市相片,开创了从地球外面观察地球的历史,继后的空中摄影师是鸽子和风筝。劳伦斯的风筝摄影成就使他闻名全世界,1906年他的相机在600米的上空拍摄的1.35米×2.4米的相片,许多人认为是从新发明的一架飞机上拍的,然而,劳伦斯的这架相机比世界上第一架飞机的重量还要重。第一张有据可查的飞机相片是1909年4月24日由威尔伯·赖特驾驶的飞机拍摄的。此后,航空遥感便获得迅速发展。

第一次世界大战中,法国航空部队每天显影和洗印的相片达1万张。1917年,法国从航空相片中判读出德军进攻的意图,从而使法国从速调整部队防御,免遭其难。第二次世界大战期间,相片判读技术受到空前的鼓励,德军总参谋部参谋长纳·冯·费力奇就预见到"拥有最好照相侦察能力的国家将赢得下次战争"。遥感应用突破了航空摄影测量学的发展及其应用领域的扩展,特别是第二次世界大战爆发以后军事上的需要,以及科学技术的不断进展,使彩色摄影、红外摄影、雷达技术及多光谱摄影和扫描技术相继问世,传感器的研制得到迅速的发展,遥感探测手段取得了显著的进步,从而超越了航空摄影测量只记录可见光谱段的局限,向紫外和红外扩展,并扩大到微波。同时,运载工具以及判读成图设备和计算机技术等也都得到相应的完善和发展,遥感迎来了一个全新的现代遥感的发展时期。

自上世纪初莱特兄弟发明人类历史上第一架飞机起,航空遥感就开始了在军事上的应用,此后,航空遥感在地质、工程建设、地图制图、农业土地调查等方面得到了广泛应用。二次大战中,由于伪装技术的不断提高,促使军事遥感出现了彩色、红外和光谱带照相等技术。

多光谱摄影技术是航空遥感的重要发展,从20世纪60年代最早采用的多像机型传感器多光谱摄影,到稍后的多镜头型传感器多光谱图像获取,人们把多光谱特征用到了地形、地物判别上。

卫星遥感把遥感技术推向了全面发展和广泛应用的崭新阶段。自1972年第一颗地球资源卫星发射升空以来,美国、法国、俄罗斯、欧空局、日本、印度、中国等国都相继发射了众多对地观测卫星。现在,卫星遥感的多传感器技术,已能全面覆盖大气窗口的所有部分,光学遥感可包含可见光、近红外和短波红外区,以探测目标物的反射和散射热红外遥感的波长可从 8 微米到 14 微米,以探测目标物的发射率和温度等辐射特征的,微波遥感的波长范围从 1 毫米到 100 厘米,其中被动微波遥感主要探测目标的散发射率和温度,主动微波遥感通过合成孔径雷达探测目标的反向散射特征。微波遥感实现了全天时、全天候的对地观测,雷达干涉测量采用两副天线同时成像或一副天线相隔一定时间重复成像,并利用同名像点的相位差测定地面目标的 3 维坐标,高精度可达 5~10 米,差分干涉测量测定相对位移量的精度可达厘米至毫米级,大大提高了自动获取数字高程模型的精度。

随着传感器技术、航空航天技术和数据通讯技术的不断发展,现代遥感技术已经进入一个能动态、快速、多平台、多时相、高分辨率地提供对地观测数据的新阶段。

光学传感器的发展进一步体现为高光谱分辨率和高空间分辨率特点,高空间分辨率已达纳米级,波段数已达数十甚至数百个。微波遥感的发展,进一步体现为多极化技术、多波段技术和多工作模式。

为协调时间分辨率和空间分辨率这对矛盾,小卫星群计划将成为现代遥感的另一发展趋势,例如,可用 6 颗小卫星在 2~3 天内完成一次对地重复观测,可获得高于 1 米的高分辨率成像光谱仪数据。除此之外,机载和车载遥感平台,以及超低空无人机载平台等多平台的遥感技术与卫星遥感相结合,将使遥感应用呈现出一派五彩缤纷的景象。

中国遥感事业的辉煌

我国国土辽阔,地形复杂,自然资源丰富。为了清查和掌握我国土地、森林、矿产、水利等自然资源,更好地服务于国家建设,我国对遥感技术的发展一直给予重视和支持。

20 世纪 50 年代,我国就组织了专业飞行队伍,开展了航空摄影和应用工作。60 年代,我国航空摄影工作已初具规模,完成了我国大部分地区的航空摄影测量工作,应用范围不断扩展。有关院校设立了航空摄影专业或课程,培养了一批专业人才,专业队伍得到巩固和发展,为我国遥感事业的发展打下了基础。

70年代,随着国际上空间技术和遥感技术的发展,我国的遥感事业迎来了一个新的发展时期。1970年4月24日,我国成功地发射了第一颗人造地球卫星。继而,1975年11月26日我国发射的卫星在正常运行之后,按计划返回地面,并获得了质量良好、清晰的卫星影像。随着美国陆地卫星图像以及数字图像处理系统等遥感资料和设备的引进,特别是我国经济建设的恢复和发展需要,80年代遥感事业在我国空前地活跃起来。经过20世纪80年代及90年代初期的发展,我国相继完成了从单一黑白摄影向彩色、彩虹外、多波段摄影等多手段探测的航空遥感的转变;特别是数项大型综合遥感试验和遥感工程的完成,使我国遥感事业得到长足发展,大大缩短了与世界先进水平的差距,有些项目已进入世界先进水平行列。我国遥感事业的发展前途似锦。

2002年5月15日长征火箭发射了我国第一颗海洋卫星,从此,我国在陆地、海洋、气象3个领域都有了自己的遥感卫星。这对于一个国家来说,意义十分重大,表明我国遥感技术已跻身世界先进行列,而且在某些单项技术上已经"冒尖",处在领先水平。

我国是除了美国以外唯一拥有海洋卫星的国家。与美国的海洋卫星相比,我国的海洋卫星还具有自己的特色,比如能测水温,对海岸带成像的分辨率是美国海洋卫星水色扫描仪的16倍。在2002年试飞的我国"神舟3号"上,携带了我国研制的中分辨率光谱仪,我国成为除美国之外唯一拥有这一先进遥感器的国家。以前我国有关部门监测环境,只能靠船、飞机,费力费钱,现在有了这种仪器,可以很容易地得到需要的环境资料,具有重大科学意义。

中国遥感科技起步并不晚,我国科学家也已在国际遥感界占有一席之位,我国的遥感科技,特别是陆地遥感在国际上有一定地位,大气遥感方面也具有一定的水平,海洋遥感方面虽然起步较晚,应用水平也不够,但发展前景广阔。相信通过国际间的广泛交流,必将提高我国遥感科技,特别是我国海洋遥感科技的不断发展和应用水平,会紧紧跟上世界最先进的遥感科技发展步伐。

GIS RS GPS 集成的"3S"技术

全球定位系统(GPS)、遥感(RS)和地理信息系统(GIS)是目前对地观测系统中空间信息获取、存储管理、更新、分析和应用的三大支撑技术,简称 3S 技术,是现代社会持续发展、资源合理规划利用、城乡规划与管理、自然灾害动态监测与防治等的重要技术手段,也是地学研究走向定量化的科学方法之一。

随着 3S 技术研究和应用的不断深入,科学家们和应用部门逐渐地认识到单独地运用其中的一种技术往往不能满足一些应用工程的需要。事实上,许多应用工程或应用项目需要综合地利用这三大技术的特长,方可形成和提供所需的对地观测、信息处理、分析模拟的能力。例如海湾战争中 3S 技术的集成代表了现代战争的高技术特点,而且 3S 技术的集成应用于工业、农业、交通运输、导航、捕鱼、公安、消防、保险、旅游等不同行业,将产生愈来愈大的市场价值。

我们可以用"两只眼睛一个大脑"来通俗地描述 3S 集成一体化技术思路。"两只眼睛"分别指遥感技术(RS)与全球卫星定位系统(GPS)技术,"一个大脑"指地理信息系统(GIS)的综合管理、规划和决策。

地理信息系统(GIS)是在计算机技术支持下,对空间信息输入、查询、运算、分析、表达的技术系统。利用 GIS 可以把社会经济、人文等信息与反映地理位置的图形信息有机地结合起来,从而使复杂空间问题的科学求解成为可能,为规划和决策提供服务。

遥感(RS)具有视域广、信息更新快的特点,可以实时、快速地提供大面积流域及其周边地区的信息及各种变化参数。利用遥感客观、快速、准确、及时以及周期性的特性,可以把遥感数据作为地理信息系统动态更新的数据源,实现更新数据的实时显示,为决策提供依据。

全球卫星定位系统(GPS)可为所获取的空间目标及属性信息提供实时、快速的空间定位。GPS 作为确定空间位置的最新手段,速度快、精度高、不受气候和通讯条件的影响,具有全天候、布点灵活、作业方便等优点。

3S 集成是指将上述三种对地观测新技术与其他相关技术有机地集成在一起。这里所说的集成,是英文 Integrafion 的中译文,是指一种有机的结

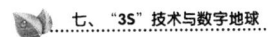

合,实现在线的连接、实时的处理和系统的整体性。GPS、RS、GIS 集成的方式可以在不同技术水平上实现,3S 集成包括空基 3S 集成与地基 3S 集成。

(1) 空基 3S 集成:用空基定位模式实现直接对地观测,主要目的是在无地面控制点(或有少量地面控制点)的情况下,实现航空航天遥感信息的直接对地定位、侦察、制导、测量等。

(2) 地基 3S 集成:车载、舰载定位导航和对地面目标的定位、跟踪、测量等实时作业。

(3) RS 与 GIS 集成:遥感数据是 GIS 的重要信息来源,GIS 则可作为遥感图像解译的强有力的辅助工具。GIS 作为图像处理工具,可以进行几何纠正和辐射纠正,图像分类和感兴趣区域的选取;遥感数据作为 GIS 的重要信息来源,可以进行等高线和其他地物要素的提取,DEM 数据的生成,以及土地利用变化和地图更新。GIS+RS:几何配准、辅助分类,提供和更新区域信息。

(4) GIS 与 GPS 集成:定位(旅游、探险)、测量(土地管理、城市规划)、监控导航(车辆船只的动态监控)。GPS+GIS:定点查询专题信息,提供或更新空间点位。

(5) GPS 与 RS 集成:几何校正、训练区选择以及分类验证,提供定位遥感信息查询。

3S 结合应用,取长补短是发展的自然趋势,三者之间的相互作用形成了"一个大脑,两只眼睛"的框架,即提供更新区域信息以及空间定位进行空间分析,从提供的大量数据中提取有用信息,并进行综合集成,使之成为科学决策的依据。

实际应用中,较为多见的是两两之间的结合。

数字地球

数字地球(Digital Earth)作为一个完整的名词,最初于 1997 年下半年出现在科技界。1998 年 1 月 31 日,美国前副总统戈尔在加利福尼亚科学中心作了题为"数字地球——认识 21 世纪我们这个星球"的讲话,率先在公开场合喊出了"数字地球"这一名词,他说:"我相信我们需要一个'数字地球',一种关于地球的可以嵌入海量数据的、多分辨率和三维的表示。"

通俗地讲,数字地球就是用数字的手法将地球、地球上的活动及整个地球环境的时空变化装入电脑中,实现网上流通,并使之最大限度地为人类的生存、可持续发展和日常的工作、学习、生活、娱乐服务。

严格地讲,数字地球是以计算机技术、多媒体技术和大规模存储技术为基础,以宽带网络为纽带,运用海量地球信息对地球进行多分辨率、多尺度、多时空和多种类的三维描述,并利用它作为工具来支持和改善人类活动和生活质量。

数字地球的核心思想是用数字化的手段来处理整个地球的自然和社会活动诸方面的问题,最大限度地利用资源,并使普通百姓能够通过一定方式方便地获得他们想了解的有关地球的信息,其特点是嵌入海量地理数据,实现对地球的多分辨率、三维描述,也就是虚拟地球。

数字地球是世界进入信息时代的最重要标志之一,对于发展全球信息产业具有非常重要的作用。在计算机上利用数字地球可以对全球变化的过程、规律、影响以及对策进行多分辨率、多尺度、多时空和多种类的三维描述和各种模拟、仿真,从而提高人类应付全球变化的能力。

通过数字地球,人们可以了解到世界上任何地方最新、最全面的实际情况,在生态环境保护、气候变化预测、地震预测、土地利用规划、精细农业、减灾、打击犯罪活动、外交、国防及政府宏观决策等多方面具有广泛的应用前景。

依托数字地球,农民可以获得其农田的长势征兆,通过 GIS 分析,制定出行动计划,然后在车载 GPS 和电子地图指引下,实施农田作业,及时预防病虫害,把杀虫剂、化肥和水用到必须用的地方。

在水利建设方面,通过数字地球可以虚拟大型水库建成后库区周围和上下游的环境变化,一方面对水库修建提供决策依据,另一方面对水库修建后可能出现的问题有比较清楚的了解,从而制定相应对策。

在现代化战争和国防建设中,数字地球具有十分重要的意义。建立服务于战略、战术和战役的各种军事地理信息系统,并运用虚拟技术建立数字化战场,从而掌握战场主动权。

普通大众可以在数字地球上学习、购物、参观、旅游,也可通过时间和空间的变化,穿越时间或空间的范围,领略风土人情、文学艺术、自然景观、植物、动物、天气等,仿佛身临其境。依托数字地球,用户只要戴上显示头盔,就可以看见地球从太空中出现,使用用户界面的开窗放大数字图像,随着分辨率的不断提高,可以看见大陆,然后是乡村、城市,最后是私人住房、商店、树木和其他天然和人造景观;当你对商品感兴趣时,可以进入商店内,欣赏商场内的衣服,并可根据自己的体型,虚拟自己试穿衣服。

信息时代的来临,将改变人类的生存和发展方式,未来的利益分配将无不与数字地球息息相关。在未来的利益冲突(包括军事冲突)中将很大程度依赖对数字地球的控制,数字地球上占优势的一方将在数字地球上展开外交攻势、新闻传播、心理战、政治颠覆、文化侵略、数据破坏等。

"数字地球"与现代测绘

形成和发展"数字地球"必须首先发展国家的信息基础设施和国家的空间数据基础。后者主要包括五个部分:数据框架,空间数据协调、管理与分发,空间数据交换标准以及空间数据交换网站等。这些工作和设施都与现代测绘工作直接有关,特别是国家空间数据框架,包括大地控制、数字正射影像、数字高程模型、交通、水系、行政境界、公共地籍等空间基础数据,它们的获取、处理和管理工作都是测绘工作的业务范围,也是当代测绘事业的发展方向。

我国已建成的国家1∶100万和1∶25万数字化地图数据库是国家法定的空间数据框架。但这两个数据框架的比例尺还不够大,还急需国家和省市两级建立以航天和航空遥感影像为基础的国家级1∶5万和省级1∶1万数字空间数据库,从而可获得直径为1米分辨率的我国地面图像。这些都是国家空间数据基础设施的先行,是不可缺少的重要组成部分,将为我国的"数字地球"打下坚实的基础。在这个框架基础上加载我国经济、社会和人文等各行各业中一切与地理位置有关的空间信息,并由此建成国家空间数据基础设施,将为解决我国的人口、资源、环境、灾害等社会可持续发展中的重大问题,以及有关国土资源的规划保护利用、工农业发展等推动国家经济发展、生态平衡和人民生活质量提高的实际问题做出极其重要的贡献。

数字城市

"数字城市"广义上指城市信息化,它既是城市信息化总的概述又是城市信息化总的目标,为调控城市、预测城市、监管城市提供了革命性的手段,是对城市发展方向本质特征的一种描述。

"数字城市"是用数字化手段来处理、分析和管理整个城市,促进城市的人流、物流、资金流、信息流、交通流的通畅、协调,以计算机技术、多媒体技术和大规模存储技术为基础,以宽带网络为纽带,运用3S技术遥测、仿真—虚拟技术等对城市进行多分辨率、多尺度、多时空和多种类的三维描述,即利用技术手段把城市现实生活中存在的全部内容在网络上数字化虚拟实现。通俗一点说,也就是用数字的方法将城市、城市中的活动及整个城市环境的时空变化装入电脑中实现在网络上的流通,并使之最大限度地为人类的生存、可持续发展和日常的工作、生活、娱乐服务。"数字城市"具有城市地理、资源、环境、人口、经济、社会等复杂系统的数字化、网络化、虚拟仿真、优化决策支持和可视化表现等强大功能。

在"数字城市"研究过程中,其所涉及的理论主要包括:"数字城市"驱动力模型,即城市物流、信息流及人流发展模型;"数字城市"层次结构模型:即城市构筑模型,包括基础设施(通讯、数据等)、资源管理和应用服务三个层次。而其所涉及的技术则集中表现在以下几方面:

(1) 城市基础空间数据生产、管理、更新与服务的实用化、产品化与产业化。

(2) 城市基础空间数据库建设。

(3) 城市空间数据基础设施的标准化与规范化。

(4) 分布式异构数据的管理、共享与交互操作。

(5) 异构多源数据的集成与融合技术。

(6) 3S技术集成与行业应用。

发达国家早在12年前就开始了"数字家庭"和"数字城市"的综合建设实验。美国已成立了数字城市公司,在因特网上发布美国最有影响的60个城市的信息;日本电信与京都大学等合作致力开发网上虚拟京都;新加坡首先提出了"智慧岛"和IT2000的概念,涉及城市生活的方方面面,并在积极进行中。

在我国"数字城市"工程也已有初步设想,比如在"数字北京"中把治理污染放在最紧迫的地位,具体要建成以下几个预期成果:① 城市环境信息平台。② 大气、水、噪声和固体废弃物污染和治理模型库。③ 大气、水、噪声和固体废弃物污染和治理仿真系统。④ 形成城市环境信息管理网络化,预测可视化,成为政府决策工具和日常查询工具。

虚拟现实

虚拟现实(简称VR;又译作灵境、幻真)是近年来出现的高新技术,它是一项综合集成技术,涉及计算机图形学、人机交互技术、传感技术、人工智能等领域,用计算机生成逼真的三维视、听、嗅等感觉,使人作为参与者通过适当装置自然地对虚拟世界进行体验和交互。

VR主要有三方面的含义:第一,虚拟现实是借助于计算机生成逼真的实体,实体是对于人的感觉(视、听、触、嗅)而言的;第二,用户可以通过人的自然技能与这个环境交互,自然技能是指人的头部转动、眼动、手势等人体的动作;第三,虚拟现实往往要借助于一些三维设备和传感设备来完成交互操作。

近年来,VR已逐渐从实验室的研究项目走向实际应用,目前在军事、航天、建筑设计、旅游、医疗和文化娱乐及教育方面应用广泛。在国内,有关VR的项目已经列入科技计划,VR的研究和应用正在全面展开。虚拟现实具有以下三个基本特征:沉浸(Immersion)、交互(Interaction)和构想(Imagination),即通常所说的"3I"。

(1) 沉浸是指用户借助各类先进的传感器进入虚拟环境之后,由于他所看到的、听到的、感受到的一切内容非常逼真,因此,他相信这一切都"真实"存在,而且相信自己正处于所感受到的环境中。

(2) 交互是指用户进入虚拟环境后,不仅可以通过各类先进的传感器获得逼真的感受,而且可以用自然的方式对虚拟环境中的物体进行操作。如搬动虚拟环境中的一个虚拟盒子,甚至还可以在搬动盒子时感受到盒子的重量。

（3）构想是由虚拟环境的逼真性与实时交互性而使用户产生更丰富的联想，它是获取沉浸感的一个必要条件。

虚拟现实技术可以广泛应用于各个领域。这些领域包括仿真建模、计算机辅助设计与制造、可视化计算、遥控机器人、计算机艺术、先期技术与概念演示、教育与培训、数据和模型可视化、娱乐和艺术、设计与规划及远程操作等。由于虚拟现实技术可以在很大程度上解决真实作战训练中的许多实际问题，例如，费用过高、危险、受真实环境的限制等，因此，从一开始便备受各国军方的青睐。

虚拟现实技术应用于 CAD/CAM 最典型的例子是用 VR 技术设计波音777。设计师戴上头盔显示器后，可以穿行于设计中的虚拟"飞机"中，去审视"飞机"的各项设计。这样，便可以减少建造实物模型的经费，同时也可以缩短研制周期，并实现了机翼与机身一次接合成功。在当今的信息时代，虚拟现实技术还将作为一个信息处理支撑技术，为多维信息表示与处理提供必要的手段与支持，以突破原有的基于文字的单维信息表示与处理方法，为人们相互之间用更为直观的方法交流思想、传递信息打下基础。

珠峰三维景观和三维 GIS

珠穆朗玛峰为世界第一高峰，藏语"珠穆朗玛"意为第三女神。整个山体呈巨型金字塔状，四周地形极为险峻，气象瞬息万变，在山脊和峭壁之间，分布着数百条大小冰川和冰塔林。对珠峰高度的精准测量是国际性的难题。1975 年，我国首次测定并发布了珠峰精确高程：8 848.13 米，在国际上得到广泛认可。但由于珠峰地区地壳运动活跃，见诸媒体的珠峰高程并不一致。

2005 年国家测绘局又一次对珠峰进行了高程测量，这次珠峰测高实现了多方面突破：采用先进的 GPS 测量系统，获得的数据更加精确；使用冰雪深雷达探测仪取代人工插杆测量，精确测得峰顶，冰雪深度；采用激光测距手段，使相关精度比 1975 年提高 1 倍以上。最终结果：珠峰峰顶岩石面海拔高程为 8 844.43 米，精度为 ±0.21 米，峰顶冰雪深度为 3.50 米。这是迄今国内乃至国际上历次珠峰高程测量中最为精确的数据。

国家基础地理信息中心是此次珠峰高程测量的具体实施单位,它将这次测量的过程利用先进的三维GIS(地理信息系统)技术,以易于理解的方式展现在世人眼前,同时也向世界展示了我国在三维GIS领域的技术实力(图6-2)。

图6-2 珠穆朗玛峰三维景观

目前我国学者利用卫星影像、数字高程模型、GPS测控数据对珠峰地貌进行仿真再现,同时利用虚拟现实技术对此次复测的过程进行模拟再现,为复测工作提供更直观、更科学的评价工具,并且将珠峰科考拉近百姓,贴近大众。其实,这些都是基于GIS的三维景观显示。

三维GIS是当前诸多应用领域对GIS发展的需要,是近年来兴起的高科技前沿研究领域。与二维GIS相比,它具有连续的数据结构和与之相应的分析功能,可从空间的角度分析和显示物体,从而帮助人们更加准确真实地认识感受客观世界。在三维GIS中,空间目标通过X、Y、Z三个坐标轴来定义,不同于二维GIS中把垂直方向的第三维信息简单抽象成一个单一属性值的处理。第三维坐标的增加使得GIS中的空间关系也不同于二维GIS,其复杂程度更高。三维GIS的研究对象可以归纳为4类,即点、线、面、体,其中的线不仅包括二维GIS中的平面曲线,还包括三维中特有的空间曲线,面不仅包括二维平面,还有三维中的空间曲面,而体则是三维中特有的研究对象。三维空间数据库是三维 GIS 的核心,三维空间分析的可操作性则是其独有的功能。三维 GIS 以立体造型技术给用户展现地理空间现象,不仅能表达空间对象间的平面关系,而且能描述它们间的垂向关系,用以形象客观地描述真实世界。因此,三维 GIS 在景观规划设计界有着广泛的应用前景。

三维仿真虚拟现实技术的基本原理是通过三维建模软件在三维空间建立与现实物体一样的三维模型,然后获取现实物体的属性和纹理数据对模型进行渲染,做成仿真模型后再通过数据转换,导出为 Open Flight 文件,最后导入三维实时驱动软件进行三维动态仿真演示。

GIS 网络的 4 种模式

GIS(地理信息系统)建设首先是网络建设,网络在整个 GIS 项目中处于至关重要的地位。GIS 应用与常规事务处理有很大不同,突出表现在巨大的数据量、复杂的处理方式、空间的分布性,以及对安全容错机制的要求上,网络设计必须满足下列条件:

(1) 网络性能高,传输速率快,GIS 处理对象以图形图像为主,数据量大,非常规类型。当用户较多时,网络传输繁重,容易造成网络阻塞,因而要求有足够的带宽和灵活的传送技术。

(2) Client/Server、Internet 结构,分布式数据处理 GIS 系统是一个有机组合的群体,通过网络将地理上分散、具有自治功能的多个计算机系统互联,实现信息交换、资源共享和协同工作。支持空间分布性、联机事务处理、多用户并发操作,是 GIS 网络的基本特征。

(3) 多媒体数据同步传输 GIS 处理越来越多地涉及声音、动画、影视等多媒体数据,因此需要实现时间敏感数据的同步传输。

(4) 空间操作的复杂性,长型事务处理 GIS 基于空间数据的操作,例如图形修改、拓扑关系建立,都要求独占主机和网络资源,网络必须对此提供足够的支持,而且一旦操作失败,应具备容错和恢复等安全机制。

(5) GIS 网络构成复杂,涉及诸多硬件平台、操作系统、网络类型的综合集成 GIS 硬件平台从传统小型机到各种 UNIX 服务器直至流行的个人工作站,几乎包括了计算产品的各种类型,还有扫描仪、绘图仪、数字化仪、硬盘阵列等专用设备;GIS 系统必须同时支持 UNIX、NT、Windows95 等操作系统及 Web/Browser 应用,其客户端、服务器、中间件、开发工具等产品种类繁多、性能各异;网络设备选择涉及集线器、交换机、路由器、远程访问服务器等各个方面;如何从实际出发,对计算资源进行合理选型与配置以发挥最佳效益,是 GIS 网络设计的关键所在。

根据 GIS 上述特征,应采取结构化网络设计方式,进行细致的工作群组划分和网络分段,按照应用特点选择不同的网络技术,充分发挥各自优势,使用高性能服务器、交换机以提升网络主干性能。

由于应用规模和实际需求不同,GIS 网络设计存在较大差别,大体分为 GIS 小型快速共享局域网、中型交换式局域网、大型 ATM 企业园区网、大型千兆以上企业广域网 4 个不同模式。

(1) GIS 小型快速局域网:网络特点简单实用,易于建立,是低成本的 GIS 网络解决方案,但网络传输速率低,缺乏有效的管理和容错机制,适用于上网设备较少,对实时性、安全性要求不高的部门级应用。

(2) GIS 中型交换局域网:网络特点采用业界先进的千兆以太网技术,大幅度提高网络主干速度;实现 VLAN 划分、智能管理、安全容错机制;网络资源多样,包括 UNIX 工作站/服务器,NT 工作站/服务器,以及各种外部设备的互联,是较为典型的 GIS 局域网应用系统。

(3) GIS 大型 ATM 企业园区网:系统设计目标是建立一个企业骨干网络,将分布在 1 平方千米范围内的三座办公楼局域网连接起来,组成分布式信息处理系统,为工程技术/管理人员构造高速率、高可靠性的计算环境,提供办公自动化服务和辅助决策支持。方案设计采用先进的 ATM 组网技术,通过局域网仿真达到较高性能。

网络特点是网络产品的选择遵循高效率与可靠性原则。

(4) GIS 大型千兆企业广域网:网络特点是物理位置分散、信息量大、网络安全要求高。整个系统是由市局服务器、信息中心局域子网、市局业务处室局域子网、五个分局局域子网组成的分布式联机事务处理综合性广域网络系统,通过千兆以太主干网提供较高的传输速率,满足 GIS 特殊处理的需要,通过 DDN 专线实现总局与分局的数据共享与业务交互,通过 PSTN 远程拨号接入向广大用户提供城市规划信息服务。

赛博 GIS

赛博空间(Cyberspace)是以计算机技术、现代通信、网络技术、虚拟现实技术的综合应用为基础,构造出一种人们进行社会交往和交流的新型空间。在赛博空间中以空间智能体 Geo Agent 为主要构成模块的 GIS 系统就是 Cyber GIS,它自动地接受用户以高级语言描述的指令,利用它能够感知并作用于所处的赛博空间,通过与其他空间智能体的交互,为用户找到赛博空间中所需要的地理信息。

在 Cyber GIS 中,根据完成的任务的不同,Geo Agent 可以分为面向任务 Geo Agent 和面向信息 Geo Agent 两类:

(1) 面向任务的 Geo Agent:负责解释 Cyber GIS 用户的半结构化或非结构化语言描述的任务,而后转换为 Geo Agent 之间的通讯语言;接受面向信息 Geo Agent 的回送数据,转换成 Cyber GIS 用户可以理解的信息。

(2) 面向信息的 Geo Agent:接受面向任务的 Geo Agent 传送的信息请求,运用自己的知识库中的知识并与在其社区成员表中的其他 Geo Agent 通讯,最终把在赛博空间中找到的原始数据加以处理后提交给相应的面向任务的 Geo Agent,如果不成功,则提交预定义的标准信息,再由面向任务的 Geo Agent 转换后告知提交请求的 Cyber GIS 用户。

Geo Agent 在 Cyber Space 中自主运作时,空间元数据具有非常重要的"数据导航"作用。作为对地理相关数据和信息资源的描述性数据,元数据通过地理空间数据的数据内容、定义、来源、精度、空间参照、质量、位置等信息的描述,起到了帮助和促进 Geo Agent 有效地定位、评价、比较、获取和使用这些地理空间数据和信息的作用。

Internet、分布式计算平台和软件 Agent 等技术的不断完善,促进了 GIS 在网络化、标准化、全球化和大众化的过程中向着 CyberGIS 的方向不断发展。引入了 Agent 技术的 GIS 解决方案增加了分布式智能控制的特点,系统的自组织、自适应和协同工作的特点有效地解决了数字地球框架下地理空间信息难以搜索和表现的难题。我们相信,全新的 Cyber GIS 课题在 GIS 迈向"数字地球"的过程中是一个非常具有研究价值和实用价值的课题。

万维网 Web GIS

地理信息系统是在 Internet 或 Intranet 网络环境下的一种兼容、存储、处理、分析和显示与应用地理信息的计算机信息系统。地理信息是描述地球表面的空间位置和空间关系的信息。空间数据包括带有空间位置特征的图像、图形数据和与此相关的文本数据。国际学术界把类似于万维网的地理信息系统称之为 Web GIS(万维网地理信息系统),这主要是由于大多数的客户端应用采用了 WWW 协议。它的基本思想就是在互联网上提供地理信息,让用户通过浏览器浏览和获得一个地理信息系统中的数据和功能服务。与传统的地理信息系统比较,万维网地理信息系统具有 4 个特点:

(1) 更广泛的客户访问范围,客户可以同时访问多个位于不同地方的服务器上的最新数据,而 Internet/Intranet,所特有的优势大大扩展了 GIS 的数据管理能力,增强了对空间数据管理的时效性。

(2) 客户端平台独立性,无论客户机是何种操作系统,只要支持通用的 Web 浏览器,用户就可以访问 Web GIS 数据。

(3) 操作更简单,要推广 GIS,使 GIS 系统为广大的普通用户所接受,而不仅仅局限于少数受过专业培训的专业用户,就要降低对系统的操作难度。通用的 Web 浏览器无疑是降低操作复杂度的最好选择。

(4) 平衡高效的计算负载,传统的 GIS 大都使用文件服务器结构的处理方式,其处理能力完全依赖于客户端,效率较低。而当今一些高级的 Web-GIS 能充分利用网络资源,将复杂的处理交由服务器执行,而简单的操作则由客户端直接完成。这种计算模式能灵活地在服务器端和客户端之间合理分配处理任务,从而提高网络计算资源的利用效率。

经过几年的发展,Web GIS 已经积累了丰富的构造方法和构造的模型。单个 Web GIS 向增强空间分析功能,处理分布式的多源数据方向发展;多个 Web GIS 之间的互操作研究对于构建"数字地球"这样的伟大设想尤为重要。目前 Web GIS 正处在发生重大技术变革的前夕,开放的空间数据交换标准的出现将真正地实现空间数据的互操作和数据共享;数据库技术的发展和成熟使海量数据的管理和数据分析成为可能;分布式技术的成熟使分布式空间数据的访问、计算、存储成为现实;三维技术的发展将会通过互联网把人们带到一个虚拟的地理环境中;无线通信技术将 GIS 应用从室内带到室外,极大地扩展了其应用,并使其成为主流的 IT 技术领域之一。可以说,万维网地理信息系统技术与应用方兴未艾,为一切敢于迎接挑战的人们提供了巨大的机会。

图书在版编目(CIP)数据

揭开地理奥秘/张祖陆主编. —济南:山东科学技术出版社,2013.10(2020.10重印)
(简明自然科学向导丛书)
ISBN 978-7-5331-7039-4

Ⅰ.①揭… Ⅱ.①张… Ⅲ.①地理-青年读物 ②地理-少年读物 Ⅳ.①K9-49

中国版本图书馆 CIP 数据核字(2013)第 205777 号

简明自然科学向导丛书

揭开地理奥秘

主编　张祖陆

出版者:山东科学技术出版社
　　　　地址:济南市玉函路 16 号
　　　　邮编:250002　电话:(0531)82098088
　　　　网址:www.lkj.com.cn
　　　　电子邮件:sdkj@sdpress.com.cn
发行者:山东科学技术出版社
　　　　地址:济南市玉函路 16 号
　　　　邮编:250002　电话:(0531)82098071
印刷者:天津行知印刷有限公司
　　　　地址:天津市宝坻区牛道口镇产业园区一号路 1 号
　　　　邮编:301800　电话:(022)22453180

开本:720mm×1000mm　1/16
印张:14.5
版次:2013 年 10 月第 1 版　2020 年 10 月第 2 次印刷

ISBN 978-7-5331-7039-4
定价:28.00 元